中国特色高水平高职学校 项目建设成果

互联网营销师职业素养训练

王 欣◎主 编

付 杰 刘 岩 李智慧◎副主编

潘 临 王 越 徐慧峰 王晗秋 郭御凤 王宇琦◎参 编

中国铁道出版社有限公司

CHINA RAILWAY PUBLISHING HOUSE CO., LTD.

内 容 简 介

本书针对高职学生的特点，以互联网营销师职业技能标准和岗位要求为导向，突出职业素养的训练与培养，按照学生职业能力成长的过程，围绕工作任务设计教学情境，通过教、学、做一体，帮助学生胜任选品员、直播销售员、视频创推员、平台管理员等岗位工作。本书包括职业规划能力训练、环境适应能力训练、网络社交素养训练、团队协作素养训练、数字媒体素养训练、创造性思维训练等内容。在内容设计中，将真实项目引入教材，从内容选取、教学方法、学习指导等方面体现项目式课程教学改革的思路，突出课程思政，将网络生态文明教育融入教材和课程内容，实现人才培养目标。

本书适合作为高等职业院校以及应用型本科院校电子商务专业的教材，也可作为互联网营销从业者的自学用书。

图书在版编目（CIP）数据

互联网营销师职业素养训练 / 王欣主编 .—北京：中国铁道出版社有限公司，2024.10
中国特色高水平高职学校项目建设成果
ISBN 978-7-113-30897-1

Ⅰ.①互… Ⅱ.①王… Ⅲ.①网络营销 - 高等职业教育 - 教材 Ⅳ. ① F713.365.2

中国国家版本馆 CIP 数据核字（2024）第 041447 号

书　　名：互联网营销师职业素养训练
作　　者：王　欣

策　　划：祁　云　　　　　　　　　编辑部电话：（010）63549458
责任编辑：祁　云　徐盼欣
封面设计：刘　颖
责任校对：刘　畅
责任印制：赵星辰

出版发行：中国铁道出版社有限公司（100054，北京市西城区右安门西街 8 号）
网　　址：https://www.tdpress.com/51eds
印　　刷：北京盛通印刷股份有限公司
版　　次：2024 年 10 月第 1 版　　2024 年 10 月第 1 次印刷
开　　本：850 mm×1 168 mm　1/16　印张：16.25　字数：422 千
书　　号：ISBN 978-7-113-30897-1
定　　价：52.00 元

编写说明

实施中国特色高水平高职学校和专业建设计划（简称"双高计划"）是教育部、财政部为建设一批引领改革、支撑发展、中国特色、世界水平的高等职业学校和骨干专业（群）而做出的重大决策。哈尔滨职业技术大学（原哈尔滨职业技术学院）入选"双高计划"建设单位，学校对中国特色高水平学校建设进行顶层设计，编制了站位高端、理念领先的建设方案和任务书，并扎实开展了人才培养高地、特色专业群、高水平师资队伍与校企合作等项目建设，借鉴国际先进的教育教学理念，开发中国特色、国际水准的专业标准与规范，深入推动"三教改革"，组建模块化教学创新团队，实施"课程思政"，开展"课堂革命"，校企双元开发活页式、工作手册式、新形态教材。为适应智能时代先进教学手段应用，学校加大优质在线资源的建设，丰富教材的信息化载体，为开发工作过程为导向的优质特色教材奠定基础。

按照教育部印发的《职业院校教材管理办法》要求，教材编写总体思路是：依据学校双高建设方案中教材建设规划、国家相关专业教学标准、专业相关职业标准及职业技能等级标准，服务学生成长成才和就业创业，以立德树人为根本任务，融入课程思政，对接相关产业发展需求，将企业应用的新技术、新工艺和新规范融入教材之中。教材编写遵循技术技能人才成长规律和学生认知特点，适应相关专业人才培养模式创新和课程体系优化的需要，注重以真实生产项目、典型工作任务及典型工作案例等为载体开发教材内容体系，实现理论与实践有机融合，满足"做中学、做中教"的需要。

本系列教材是哈尔滨职业技术大学中国特色高水平高职学校项目建设的重要成果之一，也是哈尔滨职业技术大学教材建设和教法改革成效的集中体现。教材体例新颖，具有以下特色：

第一，教材研发团队组建创新。按照学校教材建设统一要求，遴选教学经验丰富、课程改革成效突出的专业教师担任主编，邀请相关企业作为联合建设单位，形成了一支学校、行业、企业高水平专业人才参与的开发团队，共同参与教材编写。

第二，教材内容整体构建创新。精准对接国家专业教学标准、职业标准、职业技能等级标准确定教材内容体系，参照行业企业标准，有机融入新技术、新工艺、新规范，构建基于职业岗位工作需要的体现真实工作任务、流程的内容体系。

第三，教材编写模式形式创新。与课程改革相配套，按照"工作过程系统化""项目＋任务式""任务驱动式""CDIO式"四类课程改革需要设计四大教材编写模式，创新新形态、活页式及工作手册式教材三大编写形式。

第四，教材编写实施载体创新。依据本专业教学标准和人才培养方案要求，在深入企业调研、岗位工作任务和职业能力分析基础上，按照"做中学、做中教"的编写思路，以企业典型工作任务为载体进行教学内容设计，将企业真实工作任务、真实业务流程、真实生产过程纳入教材之中。开发了教学内容配套的教学资源[①]，满足教师线上线下混合式教学的需要，本教材配套资源同时在相关平台上线，可随时下载相应资源，满足学生在线自主学习课程的需要。

第五，教材评价体系构建创新。从培养学生良好的职业道德、综合职业能力与创新创业能力出发，设计并构建评价体系，注重过程考核和学生、教师、企业等参与的多元评价，在学生技能评价上借助社会评价组织的"1+X"考核评价标准和成绩认定结果进行学分认定，每部教材均根据专业特点设计了综合评价标准。

为确保教材质量，哈尔滨职业技术大学组建了中国特色高水平高职学校项目建设系列教材编审委员会，教材编审委员会由职业教育专家和企业技术专家组成。学校组织了专业与课程专题研究组，对教材持续进行培训、指导、回访等跟踪服务，有常态化质量监控机制，能够为修订完善教材提供稳定支持，确保教材的质量。

本系列教材是在学校骨干院校教材建设的基础上，经过几轮修订，融入课程思政内容和课堂革命理念，既具积累之深厚，又具改革之创新，凝聚了校企合作编写团队的集体智慧。本系列教材的出版，充分展示了课程改革成果，为更好地推进中国特色高水平高职学校项目建设做出积极贡献！

哈尔滨职业技术大学中国特色高水平高职
学校项目建设系列教材编审委员会
2024年7月

[①] 2024年6月，教育部批复同意以哈尔滨职业技术学院为基础设立哈尔滨职业技术大学（教发函〔2024〕119号）。本书配套教学资源均是在此之前开发的，故署名均为"哈尔滨职业技术学院"。

前 言

随着数字经济和互联网技术的不断发展，互联网营销深刻改变着人们的生产生活方式，网上购物、网络订餐、线上营销等新型消费和商业模式越来越受到人们的欢迎和认可。2021年，人社部发布的《新职业在线学习平台发展报告》中显示，"互联网营销师"的人才需求缺口到2025年可达4 000万人。人社部等部门颁布的《互联网营销师国家职业技能标准》，针对互联网营销师选品员、直播销售员、视频创推员、平台管理员四个工种，明确了五个等级的职业技能标准，以及互联网营销师的职业能力特征。目前，职业院校和互联网从业人员迫切需要一套系统实用的互联网营销教材。

哈尔滨职业技术大学在国内率先建立网红产业学院，开设全媒体电商营销专业，为了适应《中华人民共和国国民经济和社会发展第十四个五年规划和2035年远景目标纲要》对职业教育的要求，推进网红产业学院"岗课赛证"融通的高技能人才培养模式，依据人社部关于互联网营销师相关岗位技能要求编写了本书。

本书在编写过程中力求突出以下特色：

一是以学生为中心，力求"知行合一"。本书既是教练手册，又是测量工具；既是操作指南，又是成长档案。按照学生职业能力成长的过程，教学情境围绕工作任务设计，通过教、学、做一体，培养满足互联网营销师岗位要求的核心素养，使学生能够胜任选品员、直播销售员、视频创推员、平台管理员等岗位工作。

二是贴近岗位实际，体现行动导向。针对高职学生的特点，以互联网营销师职业技能标准和岗位要求为导向，融合职业岗位变化的趋势和特点，突出互联网营销师职业素养的训练与培养，通过案例分析和知识讲解，并配以同步训练，帮助学生客观地认识自己和职场，使其具备互联网营销行业的职业素养。

三是真实项目进教材，突出"真实生产"。在内容设计中把真实项目引入课堂，从内容选取、教学方法、学习指导等方面体现项目式课程教学改革的思路，强调互联网营销师职业素养的训练与培养。

四是配套数字资源，开发新形态教材。建设立体化数字资源，以二维码形式提供教材所需的微课、视频，纸质版和电子版同步，支持线上与线下混合式教学。

五是突出课程思政，将网络生态文明教育融入教材和课程内容。开发课程思政要素，探索课程思政教学模式与路径，实现人才培养目标。

本书由王欣（哈尔滨职业技术大学）担任主编，付杰（哈尔滨职业技术大学）、刘岩（哈尔滨职业技术大学）、李智慧（黑龙江旅游职业技术学院）担任副主编，潘临（哈尔滨铁道职业技术学院）、王越（哈尔滨职业技术大学）、徐慧峰（黑龙江省电子商务协会）、王晗秋（哈尔滨市香坊区教师进修学校）、郭御凤（中国经济信息社黑龙江经济研究中心）、王宇琦（京东朝千教育科技有限公司）参与编写。具体编写分工如下：项目一、项目五由付杰、李智慧编写；项目二由潘临编写；项目三、项目六由王欣编写；项目四由刘岩编写。王越、徐慧峰、王晗秋、郭御凤、王宇琦参与本书资源制作工作，王欣统稿。

希望本书能够为乐于加入互联网营销师这一行业的学生和社会人士在专业能力的发展上提供支持和帮助，更期待本书可以作为一个平台，供一起研读本书的同行进行交流。

在编写本书过程中，参考了大量的相关书籍，查阅了大量的网络资源，还得到很多一线企业运营人员的大力支持与帮助，在此表示深深的敬意和感谢！参考文献所列不全之处，敬请谅解。

尽管编者本着认真的态度、专业的水准、实用的角度、实效的要求进行教材的编写，但由于互联网营销师作为网络营销领域新兴职业，行业标准和规范尚在发展中，涉及的内容具有较强的时效性，加之编者理论与实践水平有限、时间仓促等因素，难免有疏漏和不妥之处，真诚地期望广大读者提出宝贵的意见和建议，以便今后更好地完善教材。

编　者
2024年7月

目　录

项目一
职业规划能力训练

项目导入

李婷（化名），女，23岁，大学本科学历，电子商务专业应届毕业生。刻苦，有上进心，学习能力强。个人职业目标：互联网营销师。面对目前互联网营销师就业的广阔前景和其未来就业趋势的变化，李婷该如何规划自己的职业生涯？

首先要正确而恰当地认识自我，找准自己的优势和劣势，掌握正确的职业生涯规划制订方法，准确进行自我定位，合理规划职业人生，列出具体措施和路径，通过前瞻性设计，科学、准确地制订自己的职业生涯规划。

学习目标

知识目标：

（1）能够复述自我认知的方法。

（2）能够描述职业目标的作用和具体内容，以及职业生涯发展目标的构成。

（3）能够复述职业决策的方法、职业决策风格的选择。

（4）能够认识职业生涯和职业生涯规划的重要性，描述职业生涯的前期准备和具体步骤。

能力目标：

（1）能充分认识自我、客观分析环境、正确评估自我。

（2）能运用所学的职业生涯规划的方法，选择职业生涯规划的目标。

（3）能科学地树立职业生涯观，运用适当的方法进行自我职业生涯规划。

（4）能有效地制订职业生涯规划方案。

（5）能设计合理的职业生涯规划，并及时进行评估调整。

素质目标：

（1）具有爱国主义、服务奉献、创新创业、科学探索精神。

（2）践行社会主义核心价值观，树立正确的择业观。

（3）树立正确的职业观，勇于承担社会责任。

项目实施

●●●● 任务 1　学会自我认知 ●●●●

任务解析

本任务是针对互联网营销师自我认知能力的训练。学生通过学习相关知识并完成活动任务，掌握采取 SWOT（strengths，weaknesses，opportunities，threats，即优势、劣势、机会和威胁）分析法来确立职业目标的方法，能对自己进行全面的分析，包括优缺点、兴趣爱好及技能和特长，对从事互联网营销师的前景进行评估，制订职业生涯路线。

知识链接

一、自我认知是对自己的洞察和理解

视频

自我认知（self-cognition）是对自己的洞察和理解，指的是对自己各方面的自我观察、自我认识和自我评价。人们的自我认知水平的高低与他们自身生活和学习能力有直接关系，并且受人文环境和氛围的影响。正确而恰当地认识自我，准确识别自己的优势和劣势，并对自己的优势多加发扬和运用，逐步形成有自己特点的品格美德优势，才能做到科学、准确地制订自己的职业生涯规划。

自我认知

自我认知中与个人职业生涯相关的认知内容主要包括对自己的基本情况、职业兴趣、职业能力和适应性、个人特质、职业观、胜任能力等有比较清醒的认知。认识自己也是对自己的思想、行为、能力等特征的判断与评估。自我认知是一生都要去做的事，能够正确地自我认识、自我定位是非常重要的，只有这样才能不断完善自我，在努力符合社会需求的同时，谋求更好的自我发展，这也是个体心理趋于成熟状态的动态过程。

（一）自我认知的含义

自我认知也称自我意识，或称自我，包括对自己的行为和心理状态的认知。具体包括认识自己的生理状况（如身高、体重、体态等）、心理特征（如兴趣、能力、气质、性格等）以及自己与他人的关系（如自己与周围人们相处的关系、自己在集体中的位置与作用等）。正是由于人具有自我意识，才能使人对自己的思想和行为进行自我控制和调节，使自己形成完整的个性。

自我意识是人对自己身心状态及对自己同客观世界的关系的意识。自我意识包括三个层次：对自己及其状态的认识；对自己肢体活动状态的认识；对自己思维、情感、意志等心理活动的认识。自我意识不仅是人脑对主体自身的意识与反映，而且人的发展离不开周围环境，特别是人与人之间关系的制约和影响，所以自我意识也反映人与周围现实之间的关系。自我意识是人类特有的反映形式，是人的心理区别于动物心理的一大特征。

（二）自我认知的内容

自我认知的内容可以分为"生理我""心理我""社会我""家庭我"。

1. 生理我

"生理我"又称"生理自我"，是指个体对自己躯体、性别、形体、容貌、年龄、健康状况等生理特质的意识。有时候人们也将个体对某些与身体密切联系的衣着、打扮以及外部物质世界中与个体紧密联系并属于"我的"人和物（如家属和财产等）的意识和生理自我一起统称为"物质自我"。生理（物质）自我在情感体验上表现为自豪或自卑；在意向上表现为对身体健康、外貌美的追求，物质欲望的满足，对自己所有物的维护等。

正确认知"生理我"对选择职业有重要的影响，如护理岗位对身高有要求，司机岗位对视力有要求，医疗、食品、饮食行业对身体健康状况有要求。"生理我"的自我分析见表1-1-1。

表 1-1-1 "生理我"的自我分析

内　容	结　果
性别	
年龄	
身高	
体重	
视力	
健康状况	
体力	
容貌	
特长	

2. 心理我

"心理我"是指个体对自己能力、兴趣、爱好、气质、性格等诸方面心理特点的认识。在情感体验上表现为自豪、自尊或自卑。在意向上表现为追求智慧、能力的发展和追求理想、信仰，注意行为符合社会规范等。

3. 社会我

"社会我"又称"社会自我"，是指一个人在与他人交往中感知到的他人对自己的看法以及自己的社会责任感。"社会我"会影响一个人的人际关系及在社会中的角色定位，进而影响到一个人的职业生涯规划。

在大学学习期间，大学生要实现由校园到社会的角色转变，也就是说，要把个性塑造得接近社会个性，使自己的欲望符合自己所扮演的社会角色的要求。这种社会角色不仅要有现代人的品质，还要有强烈的社会责任感，要考虑国家发展形势来规划自己的发展。如为了更好地对互联网营销行为进行规范，国家设置了互联网营销师职业，从职业规范入手，倡导大学生基层就业，这都体现了社会对大学生的期待和要求。

素质园地

上海劳动模范徐虎说得十分精辟："你不奉献，我不奉献，谁来奉献？你也索取，我也索取，向谁索取？"对"社会我"的认知要求我们要有社会责任意识，也只有在关注社会的同时，自己才能获得更大的发展，因此，一定要把自己放到社会这个大背景下考虑自己的职业发展，要在社会中实现与创造自己的价值。

4. 家庭我

"家庭我"又称"家庭自我"，是指一个人对于自己的成长感受与作为家庭中的一分子的价值观与责任感。

"家庭我"包括以下内容：

（1）我在家庭的位置。

（2）我对家庭的作用。

（3）我应承担的家庭责任。

（4）家庭在我上学、求职、创业中能提供的帮助。

（5）我的毕业选择是否符合家庭的需求。

"家庭我"的认知可以强化个人的家庭责任意识，在职业选择时，要考虑家庭成员的意见和建议，要考虑选择是否有利于家庭的和谐，是否有利于回报父母。

（三）自我认知的作用

自我认知在个体发展中有十分重要的作用。

（1）自我认知是认识外界客观事物的条件。如果一个人不了解自己，也无法把自己与周围相区别，那么就不可能认识外界客观事物。

（2）自我认知是人的自觉性、自控力的前提，对自我教育有推动作用。人只有意识到自己是谁、应该做什么的时候，才会自觉自律地去行动。一个人意识到自己的长处和不足，就有助于他发扬优点、克服缺点，取得自我教育积极的效果。

（3）自我认知是改造自身主观因素的途径，它使人能不断地自我监督、自我修养、自我完善。可见，自我意识影响着人的道德判断和个性的形成，尤其对个性倾向性的形成极为重要。

（四）自我认知的意义

现代社会的压力增大，高度竞争社会中的个人缺乏成就感，以及城市生活空间导致的个体人际交往减少等，让社会成员时常处于一种希望得到认可、释放自我和躲避孤独的状态中，网络空间的交流给社会成员提供了一个虚拟的社区、一个数字化的交流空间，通过这种交流，可以排遣寂寞与证明自我。因而，从心理和社会层面，互联网营销师在销售、互动的同时，也给社会带来了积极的社会心理疏导与压力释放功能，这也是行业本身持续发展与拓展的内在动因之一。要成为互联网营销师，就必须时刻认知自我，这样有助于不断地自我反省、自我监督、自我提高、自我完善。通过对成功过往的分析，可以发现自己表现优异的一面，如坚强、果断、智慧超群，然后，将此作为个人深层次挖掘潜力的动力之源和魅力闪光点，并以此作为制订职业规划的有力支撑。

"金无足赤，人无完人"，每个人都有自己的弱点，必须要正视，并尽量减少其对自己的影响，尽量寻找弥补、克服的方法，使自我趋于完善。

🅰 案　例

工作态度很重要

某公司新来了一位实习生，他的日常任务之一就是确保在工作日的早上8点前，将必要的文件发送给客户。

有一次，实习生忘了发送文件，他解释说是因为还不熟悉工作流程，带他的同事出于理解，自己向客户表达了歉意并完成了后续事宜。然而，随着时间推移，这种情况并没有改善，实习生频繁地忘记发文件，有时是因为忙于其他事务，有时则是因为突然请假。

如果实习生能提前通知同事自己第二天无法完成这项任务，那么同事还有机会接手并避免出现问题。遗憾的是，他总是临近截止时间才告知同事，这时再想补救已经来不及了。

经过多次这样的失误后，公司决定辞退这位实习生。原因很明确：连这样的基础任务都无法稳定完成，很难让人相信他能胜任更重要的工作。

对于初入职场的新人来说，偶尔犯错是可以理解的，关键在于对待工作的态度和责任心。如果只是因为觉得任务琐碎就不重视，那么很可能会错失展示自己能力和潜力的机会。

特别是在职业生涯的初期，每一项看似不起眼的工作都是对自己的考验。通过这些考验，公司才能评估你的工作态度和责任感。一个对工作充满责任感的人，才能在职业生涯中走得更稳、更远。

说一说

你理想的职业是否也很看重优秀成绩之外的其他品质？你是否已经具备这些品质？

素质园地

学会做人比追求好成绩更加重要。作为学生，首先要学会尊重老师，关心身边的人，并且传承中华民族的传统美德，如尊敬老人、爱护孩子，以及团结合作的精神。我们要培养自己关心他人的习惯，乐于助人，真诚待人。成为一个优秀的人，还意味着要追求德、智、体、美、劳全面发展，不断提升自己的能力和素质，以便将来能为社会做出更多贡献，成为对社会有益的人。

社会是复杂多变的，每天都会遇到各种预料之外的事情。为了在这个不断变化的环境中生存，我们需要有自我认知的能力，也就是要清楚自己的长处和短处，以及自己所处的环境。只有这样，我们才能正确地认识自己，明白自己擅长什么，避免盲目行动和过高的期望。在复杂的社会中，我们需要找到适合自己的位置，不骄不躁，脚踏实地。

认识自己不仅是每个人都要面对的人生课题，也是实现成功的关键。作为大学生，我们应该通过不断提升自我认知的能力，增强自己在职场上的竞争力。

二、职业自我认知的途径和方法

（一）职业测评方法

1. 职业测评简介

职业测评兴起于20世纪初，它的广泛应用大大提高了职业招聘和培训部门的经济效益。随着近年来就业形势的变化，职业测评越来越引起人们的关注。有关职业测评的信息纷纷见诸媒体，人才中介机构相继开展职业测评的服务，各企事业机构也开始将职业测评运用于招聘过程之中。

现在有专业人士用专业技术手段帮助人们去挖掘真实的自我。比内智力测量表、韦克斯

视频

职业测评

勒智力测量表、瑞文推理能力量表可以帮助人们了解自己的智力状况，爱德华个人倾向量表、艾森克个性问卷、卡特尔16种个性因素问卷可以帮助人们了解自己的性格，霍兰德兴趣量表（SDS）、梅尔斯-布瑞格斯类型指标（MBTI）、斯特朗兴趣量表（SII）及坎贝尔职业兴趣和技能量表（CISS）可以帮助人们了解自己的职业倾向。

2. 职业测评的意义

职业测评是指通过一系列科学的手段和方法对职业人的基本素质及其绩效进行测量和评定的活动。职业测评的具体对象不是抽象的人，而是作为个体存在的人的内在素质及其表现出的绩效。其意义着重体现在以下三个方面：

（1）了解自己的兴趣性格和能力倾向，以便确定自己的学习定位和工作定位。人们在考大学报专业以及毕业找工作的时候，经常面临着多个选择。但究竟该选择哪一个，人们往往有着许多困惑。在人生的关键转折时刻，人们的一般会向老师、朋友、家长等寻求建议。事实上，在面临学业或职业选择的时候，可以找专业的测评机构和职业规划师来给自己提供建议。职业测评运用先进的科学方法，对社会各类人员的知识水平、能力及其倾向、工作技能、个性特征和发展潜力实施测量和评鉴。

（2）想要转行时，可以通过测评更好地了解自己。许多人在学习或工作了一段时间后，发现所学的专业或所做的工作，自己不喜欢或觉得不适合自己。这时候人们往往会考虑换一份工作或换一个行业来发展。但是，知道了现在的专业或工作不适合自己，却不能肯定适合自己的专业或工作，这时，通过做一些针对职业生涯规划的职业测评，也可以帮助更好地了解自己，在最大程度上避免自己的选择再次出现失误，避免在人生和职场的道路上走弯路。

（3）了解自己的心理健康水平，并及时做出调整。现代社会普遍存在着竞争压力和生活压力，人们的心理有可能出现各种问题。而对自己的心理出现的问题，如果能做到及早发现并及时调节，就能够有效地避免问题的发生。应该对自己的心理健康程度进行定期检查，以便发现问题并及时调节。

3. 职业测评的内容与工具

1）职业测评的内容

目标职业是否适合自己，取决于自己的气质、性格、兴趣、能力和经历等的积累和改善。当自己的自身气质、性格、能力的优势还不明显或有所欠缺的时候，在职场上只能是被动地被选择，很难有太多的选择余地。其实，选择是一种实力的表现，选择越多，代表自己的实力越强。具体分析如下：

（1）职业兴趣。

兴趣是指建立在需要基础上，带有积极情绪色彩的认知和活动倾向，是个人对其环境中的人、事物所产生的喜爱程度，是个人力求认识、掌握某事物，并经常参与该种活动的心理倾向。当个人对某事物有兴趣时，会对它产生特别的注意力，对该事物感知敏锐、记忆牢固、思维活跃、情感浓厚、意志坚定。兴趣是人们活动的重要动力之一，是活动成功的重要条件。

职业兴趣是指人们对某种职业活动具有的比较稳定而持久的心理倾向，使人们对某种职业给予优先注意，并向往之。良好而稳定的兴趣使人们从事各种实践活动时，具有高度的自觉性和积极性。职业兴趣反映了一个人对待工作的态度，对工作的适应能力，表现为有从事相关工作的愿望和兴趣，拥有职业兴趣将增加个人的工作满意度、职业稳定性和职业成就感。职业兴趣反映了一个人探究某种职业或从事某种职业活动所表现出来的特殊个性倾向。由于兴趣爱好不同，人的职业兴趣也有很大的差异。有人喜欢具体工作，如室内装饰、园林、美容、机械维修等；有人喜欢抽象和创造性的工作，如经济分析、新产品开发、社会调查和科学研究等。

职业兴趣对职业选择和职业发展都有一定的影响。职业兴趣在人的职业活动中起着重要作用，主要表现为影响人的职业定位和职业选择、开发人的能力、激发人的探索与创造、增强人的职业适应性和稳定性。一个人所从事的工作与其职业兴趣相吻合，能更好地发挥才能，并能长时间地保持高效率的工作而不感到疲劳；反之，则无法很好地发挥才能，且很容易感到厌倦和疲劳。个人如果能根据稳定的职业兴趣选择某种职业，职业兴趣就会变成个人在职场中表现优异的巨大动力，从而促使个人在职业生活中不断取得成就；反之，如果个人对所从事的职业并不感兴趣，就会影响个人的积极性，难以从职业生活中得到心理上的满足，从而不利于在工作上取得成就。

兴趣的发展一般要经历有趣、乐趣、志趣三个阶段。对于求职就业活动，往往是从有趣的选择，逐渐产生工作乐趣，进而与奋斗目标和工作志向相结合发展成为志趣，表现出方向性和意志性的特点，最终使人坚定地追求某种职业，并为之尽心尽力。如果一个人选择的职业与自己的兴趣相吻合，那么工作就会变得丰富多彩、趣味无穷，并产生一种强大动力，让人在工作中尽情发挥自己的才能。如果一个人的职业兴趣与职业不吻合，那么这个人的工作就始终处于被动状态，不仅难以取得好的业绩，而且容易产生抱怨、焦虑等负面情绪，并最终影响到自己的整个生活。

案　例

从兴趣到事业

王宇（化名）自小就对摄影抱有极大的热情，他喜欢拿起家里的相机，捕捉生活中的各种风景和人物。这份兴趣不仅仅局限于按下快门的那一刻，他还热衷于照片的后期处理，以及不断学习和探索各种摄影技巧。

大学毕业后，王宇追随自己的内心，选择了一份与摄影紧密相关的实习工作，并且全身心地投入其中。在实习的日子里，他不仅学到了更多专业的摄影技巧，还结识了不少摄影界的同行，并开始通过社交媒体分享自己的作品。

经过几年的努力，王宇逐渐积累起了丰富的经验和良好的口碑，他决定成为一名自由摄影师。尽管起初的收入并不稳定，但他从未放弃。他不断地磨练自己的摄影技艺，并逐渐树立起了自己的品牌形象。

随着时间的推移，王宇的客户越来越多，他的业务也拓展到了婚礼摄影、商业活动摄影以及旅行摄影等多个领域。他的作品开始在各大杂志和媒体上崭露头角，社交媒体上的粉丝数量也迅速增长。如今的王宇，一直做着自己热爱的事情，享受着摄影带来的无尽乐趣。

这个案例展示了职业兴趣对职业发展的重要性。虽然一开始王宇的选择可能看起来不太稳定，但通过坚定不移地追随兴趣，他最终实现了职业成功。他的故事说明，当个人对某一领域充满激情并不断努力提高自己的技能时，他们更有可能在职业生涯中取得成功。兴趣不仅可以激励个人更努力地工作，还可以帮助他们建立自己的声誉并开拓新的机会。兴趣是成功的基石，兴趣对职业发展的影响是职业是否能走向真正成功的重要决定因素。职业的兴趣能让自己全身心地投入工作，不计较一时得失，更能忍受成功前的寂寞，加快职业生涯发展的步伐。

（2）性格特质。

性格是个性心理特征的核心，它是个人在长期生活实践和环境因素作用下，形成的比较稳定的心理特征。一个人的性格是一个复杂的、多层次的体系，是各种心理倾向和各种心理特征的有机结合。可以把性格分为能力型、活跃型、完善型、平稳型四种。

① 能力型。

特征：性格外向、意志坚定、注重实干，具有顽强和独立的倾向且情绪乐观，以做事为重心。适合做指导者、设计人员、执行者、领导者等。

能力型性格的人对既定目标充满动力和信心，面对困难时，勇于攀登高峰。能力型性格的人认为，人生必须超越自己的极限，以更好地实现人生价值。

能力型性格的人比较外向，他们坦诚、爽快，但是，性子比较急躁，他们不喜欢等待，更不喜欢办事拖拉。

典型能力型性格的人的一生就是为了达成目标和完成任务。能力型性格的人有较强的控制欲，在工作中，他们需要有掌控权。假如一个能力型性格的销售人员来到顾客面前，他可能会显得很不自在，因为他没有了掌控权。

② 活跃型。

特征：性格外向、乐观、开朗，多言健谈，他们往往以做事为重心。适合做宣传者、培训教师、公关人员、项目推广者等。

活跃型性格的人容易吸引人们的注意，他们希望利用各种场合热切地表达自己的想法。他们情感外露，热情奔放，懂得把工作变成乐趣，而且乐于与人交往。活跃型性格的人最大的特点是健谈、非常活泼、非常好动。"未见其人，先闻其声"是他们典型的性格特征。

活跃型性格的人善于结交新朋友。别人还在不知如何展开交流的时候，活跃型性格的人就已经跟身边的人谈天说地了。活跃型性格的人对人特别热情，他们懂得创造，想象力丰富。

活跃型性格的人总是希望自己在每件事情都能帮人一把，因此，他们深受大家的欢迎。在会议过程中，这种类型的人总有能力启发大家的思维，让会议充满想象的气氛，然后将会议引向一个颇有新意的主题。

活跃型性格的人是最积极又具有感染力的人，在团队当中总是能够吸引他人的注意力。他们热情开朗，喜欢讲故事。

③ 完善型。

特征：性格内向、办事认真、工作精益求精且一丝不苟，以做人为重心。适合做研究人员、分析师、设计人员等。

具有完善型性格的人天生追求完美，长于逻辑、理性、抽象思维，他们非常擅长对文字、数字、字母等抽象事物进行推理分析。完善型性格的人思维具有相对的静态连续性，同时，他们的思维非常严谨，对人对事要求都非常严格。

活跃型性格的人常常会说"计划赶不上变化"，而完善型性格的人则有着长远的计划，喜欢做有计划的事情。

完善型性格的人容易悲观和焦虑，因为他们总是在思考将来要面对的困难和问题。这种类型的人最懂得成本预算和量力为出。他们希望把一切事情都做到完美。当认同某件事情或目标时，他们会说："要么不做，要做就要做得最好。"

④ 平稳型。

特征：性格内向、喜爱安定、习惯安于现状，办事稳重踏实，以做人为重心。适合做具体任务的执行者、财务管理、决策顾问等。

平稳型性格的人具有良好的人际关系，他们性格随和、冷静，心态平和，有耐心，不干预别人，不侵害他人并且保持心情愉快，能宽以待人，对自己也不过于苛求。好相处是他们的优点，他们往往到了任何环境都能轻松适应。

平稳型性格的人懂得与人和睦相处，并且具备行政管理能力，是个性非常稳重的人。平稳型性格的人也具有擅长管理的特点，他们不喜欢把事情想得太远，而是喜欢稳妥处事并分阶段进行，工作扎实、有条不紊。

以上所列出的四种性格虽然很具有典型性，但现实中的人大都是这几种性格的集合体，同时会兼有多种性格，但一般来说，其中的一种或两种是主导性格。影响人的性格因素有很多，如遗传、家庭、社会、文化等。每个人都是一个独特的组合。所以，要了解自己性格中的优点和缺点，努力强化优点，改正缺点，不断地让自己的性格更趋完善。

（3）职业能力。

能力是个人顺利完成某种活动所需要的，并直接影响活动效率的个性特征。能力总是存在于具体的活动之中，并通过活动表现出来。在步入职场之前，每个人都需要培养自己多方面的能力。职业能力可以分为以下三种：

① 一般职业能力。一般职业能力主要是指一般的学习能力、文字和语言运用能力、数学运用能力、空间判断能力、形体知觉能力、颜色分辨能力、手的灵巧度、手眼协调能力等。

② 专业能力。专业能力主要是指从事某一职业的专业能力。在求职过程中，招聘方最关注的就是求职者是否具备胜任岗位工作的专业能力。例如，你应聘互联网营销师岗位，对方最看重你是否具备最基本的互联网应用能力。

③ 职业综合能力。分为以下四种：

（a）跨职业的专业能力。一是运用数学和测量方法的能力；二是计算机应用能力；三是运用外语解决技术问题和进行交流的能力。

（b）方法能力。一是信息收集和筛选能力；二是掌握制订工作计划、独立决策和实施的能力；三是具备准确的自我评价能力和接受他人评价的承受力，并能够从成败经历中有效地吸取经验教训。

（c）社会能力。社会能力主要是指一个人的团队协作能力、人际交往和沟通能力。

（d）个人能力。个人的社会责任心和诚信越来越被重视，个人的职业道德越来越受到全社会的尊重和赞赏，爱岗敬业、工作负责、注重细节的职业人格会得到全社会的肯定。

（4）职业观。

价值观是指个人对客观事物（包括人、物、事）及对自己行为结果的意义、作用、效果和重要性的总体评价，是推动并指引一个人采取决定和行动的原则、标准，是个性心理结构的核心因素之一。

职业观是人生目标和人生态度在职业选择方面的具体表现，也就是一个人对职业的认识和态度以及他对职业目标的追求和向往。理想、信念、世界观对于职业的影响，集中体现在职业观上。

职业观是人们依据自身的需要对待职业、职业行为和职业发展目标的比较稳定的、具有概括性

视频 ●
职业价值观

和动力作用的一套信念系统。例如，人就业时通常会考虑一些问题，如去技术岗位还是去行政岗位，这些左右人进行职业选择的内在逻辑，就是职业观。很多人把充分发挥自己的才能作为择业的第一标准。

知识拓展

《孟子·告子上》说："鱼，我所欲也；熊掌，亦我所欲也。二者不可得兼，舍鱼而取熊掌者也。生，亦我所欲也；义，亦我所欲也。二者不可得兼，舍生而取义者也。"显然，在孟子看来，鱼和熊掌，熊掌的价值更高，因此孟子舍鱼而取熊掌；同样，孟子觉得，义的价值高于生，所以孟子会舍生而取义。

价值观是我们每个人对于生活中各种事物重要性的个人看法和评价标准。它决定了我们在生活和工作中所坚守的原则、所追求的标准，以及我们所珍视的品质。简单来说，价值观就是我们"需要什么、坚信什么、追求什么"的指南针。它就像一把衡量尺，帮助我们确定哪些事物在我们心中占据更重要的位置。

社会主义核心价值观是我们国家和社会对于价值追求的集中体现。它包含了国家层面的价值目标——富强、民主、文明、和谐；社会层面的价值取向——自由、平等、公正、法治；以及公民个人层面的价值准则——爱国、敬业、诚信、友善。这24个字深刻地概括了我们的核心价值追求，是我们在日常生活中应该积极培育和践行的价值观。

由于个人的身心条件、年龄阅历、教育状况、家庭和环境影响以及兴趣爱好的不同，人们对各种职业的价值认同和主观评价也不同。职业专家通过大量的调查，从人们的理想、信念和世界观角度把职业观分为九大类，如图1-1-1所示。

① 独立型。该类型职业观的人希望不受别人指使和干涉，凭自己的能力拥有自己的小"城堡"。他们更愿意在工作中能有弹性，希望能充分施展本领，不受太多的约束，同时可以充分掌握自己的时间和行动，自由度高，不想与太多人发生工作关系。

图 1-1-1　九类职业观

适合的职业类型：室内装饰专家、图书管理专家、摄影师、音乐教师、作家、演员、记者、诗人、作曲家、编剧、雕刻家、漫画家等职业。

② 经济型。该类型职业观的人武断地认为世界上的各种关系都建立在金钱的基础上，包括人与人之间的关系。这种类型的人认为，金钱可以买到幸福。

适合的职业类型：各种职业中都有这种类型的人。

③ 支配型。该类型职业观的人有着较高的权力欲望，希望能够影响或控制他人，使他人照着自己的意志去行动，认为有较高的权力地位会受到他人尊重，从中可以得到较强的成就感和满足感。他们更想当单位的一把手，一呼百应，无视他人的想法，且很享受这一过程。

职业的类型：进货员、商品批发员、旅馆经理、饭店经理、广告宣传员、调度员、律师、零售商等。

④ 小康型。该类型职业观的人对自己要求不高，很容易满足现状，优越感比较强，渴望能有社会地位和名誉，希望常常受到众人尊敬。欲望得不到满足时，由于过于强烈的自我意识，有时反而会很自卑。

相应的职业类型：记账员、会计、银行出纳、法庭速记员、成本估算员、税务员、核算员、打字员、办公室职员、统计员、计算机操作员等。

⑤ 自我实现型。该类型职业观的人并不关心一时一地的幸福，他们一门心思想的是发挥个人才干、追求卓越。他们不太在意收入、地位及他人对自己的看法，持之以恒地努力挖掘自己的潜力，施展自己的本领，并视此为有意义的生活。

相应的职业类型：气象学者、生物学者、天文学家、药剂师、动物学者、化学家、科学报刊编辑、地质学家、植物学者、物理学者、数学家、实验员、科研人员等。

⑥ 志愿型。该类型职业观的人通常富有同情心，把他人的痛苦视为自己的痛苦，他们不愿干表面上哗众取宠的事，而把默默地帮助不幸的人视为无比快乐的事。

相应的职业类型：社会学者、导游、福利机构工作者、咨询人员、社会工作者、教师、护士等。

⑦ 技术型。该类型职业观的人认为立足社会的根本在于一技之长。因此，他们会潜心钻研一门技术，认为靠本事吃饭既可靠又稳当，他们做事喜欢精益求精，细心缜密，井井有条，并且对未来充满一种平常心态。

相应的职业类型：木匠、农民、工程师、机械师、野生动物专家、自动化技师、机械工、电工、火车司机、公共汽车司机等。

⑧ 合作型。该类型职业观的人认为要取得事业的成功，仅凭单枪匹马很难实现，必须要有良好的人际关系，有困难时可以互相帮助、相互支持。因此，他们注重人际关系的培养，尊师重友，把结交大量朋友看作最大的财富。

相应的职业类型：公司高管、公关人员、推销人员、秘书等。

⑨ 享受型。该类型职业观的人喜欢安逸的生活，不愿从事具有挑战性的工作。他们没有对某些固定职业类型的追求，只要工作能够免于危险、不会过度劳累、确保使自己的身心健康不受影响就可以接受。

相应的职业类型：无固定职业类型。

2）职业测评的工具

职业测评的目的是实现"人适其职，职得其人；人尽其才，才尽其用"。其在研究、咨询、辅导和组织对员工的职业/生涯开发中都占据重要的地位，是不可或缺的工具。职业测评能服务于人力资源规划，为招聘、安置、考核、晋升提供依据，同时也是个人择业的参考，是职业生涯规划与开发的基础。

通过职业测评，可以实现组织和个人"双赢"的目的。一般包含MBTI、大五人格、DISC、PDP、霍兰德职业兴趣自测、施恩职业锚测评、16PF和EPQ等职业测评工具，实操性极强。

（1）MBTI测评。

MBTI源于荣格的理论基础，其认为人格分为四个维度，每个人的性格都会落在标尺的某个点上，这个点靠近哪个端点，就意味着个体就有哪方面的偏好。如在第一维度上，个体的性格靠近外倾这一端，就偏外倾，而且越接近端点，偏好越强。也就是我不允许你站在感觉直觉的中位上，你必须得选择其中一个。该理论可以帮助解释为什么不同的人对不同的事物感兴趣、擅长不同的工作，并且有时不能互相理解。

（2）大五人格测评。

图普斯和克罗斯特尔运用词汇学的方法对人格特征进行分析，找出了五个相对稳定的因素，形成了人格的"大五因素模型"——外倾性、宜人性、尽责性、神经质和开放性。通过测试了解自己的"大五因素"，找到最适合自己的处事方式和工作类型，比起茫然地试探更有方向。

（3）DISC测评。

DISC测评是国内外职场广泛应用的一种行为风格测试，它把人格分为支配型、交际型、稳妥型、服从型，对每个类型又区分出六个类型。由于它能给出较细的分类，同时又能对每种人的特征、团队价值、所适宜的工作环境给出详细说明，因此在工商界受到相当欢迎。DISC测试可用于测评、评估和帮助人们改善其行为方式、人际关系、工作绩效、团队合作、领导风格等。

（4）PDP测评。

PDP（professional dyna-metric programs，行为特质动态衡量系统）是一个用来衡量个人的行为特质、活力、动能、压力、精力及能量变动情况的系统。PDP根据人的天生特质，将人群分为支配型、外向型、耐心型、精确型、整合型五种类型。为了将这五种类型的个性特质形象化，根据其各自的特点，这五类人群又分别被称为"老虎""孔雀""考拉""猫头鹰""变色龙"。PDP是一个进行人才管理的专业系统，能够帮助人们认识与管理自己，帮助组织做到"人尽其才"，是全球涵盖范围最广、精确度最高的管理工具之一。

（5）霍兰德职业兴趣自测。

霍兰德职业兴趣自测（self-directed search）是由美国职业指导专家霍兰德（John Holland）根据他本人大量的职业咨询经验及其职业类型理论编制的测评工具。霍兰德认为，个人职业兴趣特性与职业之间应有一种内在的对应关系。根据兴趣的不同，人格可分为研究型（I）、艺术型（A）、社会型（S）、企业型（E）、传统型（C）、现实型（R）六个维度，每个人的性格都是这六个维度的不同程度组合。当个体所从事的职业和他的职业兴趣类型匹配时，个体的潜在能力可以得到更好的发挥，工作业绩也更加显著。

（6）施恩职业锚测评。

施恩职业锚测评量表是美国职业指导专家施恩编制的专业测评量表。施恩对斯隆商学院44名MBA毕业生进行长达12年的职业跟踪研究，包括面谈、跟踪调查、公司调查、人才测评、问卷等多种方式，最终分析总结出了职业锚（职业定位）理论。职业锚测评需要被测者拥有一定的工作经验，才有相应的指导意义。

（7）16PF测评。

卡特尔的16PF测评（Cattell's 16 personality factor）是世界上最完善的心理测量工具之一。16种个性因素在一个人身上的不同组合，就构成了一个人独特的人格，完整地反映了一个人个性的全貌。16PF测评可广泛应用于心理咨询、人员选拔和职业指导等各个环节，为人事决策和人事诊断提供个人心理素质的参考依据。

（8）EPQ测评。

艾森克人格问卷（Eysenck personality questionnaire，EPQ）是由英国心理学家艾森克（H.J.Eysenck）夫妇编制的一个专用于人格测量的心理测验工具，其搜集了大量有关人格方面的特征，并通过因素分析归纳出三个维度，从而提出决定人格的三个基本因素：内外向、情绪性和心理变态倾向。EPQ目前有成人问卷和青少年问卷两种。成人问卷包括90个条目，让被试根据自己的情况回答。

（二）橱窗分析法

1. 含义

橱窗分析法又称"周哈里窗"，是一种借助直角坐标不同象限来表示人的不同部分的分析方法，它以别人知道或不知道为横坐标，以自己知道或不知道为纵坐标。橱窗分析法也是进行自我认知的一种常用方法。心理学家鲁夫特与英格汉提出"周哈里窗（Johari window）"模式，"窗"是指一个人的心就像一扇窗，周哈里窗展示了关于自我认知、行为举止和他人对自己的认知之间在有意识或无意识的前提下形成的差异，据此分割为四个范畴：一是面对公众的自我塑造范畴；二是被公众获知但自我无意识范畴；三是自我有意识在公众面前保留的范畴；四是公众及自我两者无意识范畴，也称潜意识。普通的窗户分成四个部分，人的心理也是如此。因此，把人的内在分成四个部分：开放的自我、盲目的自我、隐藏的自我、未知的自我。周哈里窗展示了关于自我认知和他人对自己的认知之间的差异，总共两个维度，四个区域，形状如同窗户。

2. 基本要点

第一个维度是自己是否知道，第二个维度是他人是否知道，这两个不同的维度揭示了观察自我的不同角度。这里要注意的是，虽然图1-1-2中四种自我的大小相同，形似窗户，但实际情况中，每种自我的大小是不同的，这取决于个体的人格特质、所处的环境、个体的需求与动机、社会期望等诸多因素。

图 1-1-2　周哈里窗

（1）开放的自我——自己知道，他人知道。

开放的自我也称"公众我"，属于自由活动领域。这是自己清楚别人也知道的部分，所谓"当事者清旁观者也清"。比如，性别、外貌，某些可以公开的信息，包括婚否、职业、工作生活所在地、能力、爱好、特长、成就等。"开放我"的大小取决于自我心灵开放的程度、个性张扬的力度、人际交往的广度、他人的关注度、开放信息的利害关系等。"开放我"是自我最基本的信息，也是了解自我、评价自我的基本依据。

开放区具有相对性，有些事情对于某人来说是公开的信息，而对于另一些人可能会是隐秘的事情。不同的人愿意向别人展现的开放自我的大小不同，外倾性比较高的人，比较乐于向别人表达真实的自我，开放的自我比较大。

同时，随着与他人交往的深入，人们也越来越愿意暴露自我，从最表层的个人兴趣爱好到内心深层次的真实态度和观点。在实际工作中的人际交往中，共同的开放区越多，沟通起来也就越便利，越不易产生误会。

（2）盲目的自我——自己不知道，他人知道。

盲目的自我是"自己不知道但是别人知道的自我"，也就是个人的盲点。这一部分反映了人们对于自身认知的偏差以及被忽略的自我。

盲目的自我有可能是个体没有意识到"好的方面"。比如，有的人可能没有意识到自己的无私和勇敢，但是当自己的亲人或者朋友遇到危险的时候，还是会奋不顾身地冲在最前面。

所谓"当事者迷，旁观者清"。盲目的自我可以是一些很突出的心理特征，比如有人轻易承诺却转眼间忘得干干净净；也可以是不经意的一些小动作或行为习惯，比如一个得意的或者不耐烦的神态和情绪流露，本人不觉察，除非别人告诉你。盲目点可以是一个人的优点或缺点。因为事先不知、不觉，所以当别人告诉自己时，或惊讶，或怀疑，或辩解，特别是听到与自己初衷或想法不相符合的情况时。"盲目我"的大小与自我观察、自我反省的能力有关，通常内省特质比较强的人，盲点比较少，"盲目我"比较小。而熟悉并指出"盲目我"的他者，往往也是关爱你的人，欣赏你的人，信任你的人（虽然也可能是最挑剔你的人）。所以，我们要学会用心聆听，重视他人的回馈，不固执，不过早下结论；学会感恩，是他们帮助自己拨开迷雾见青天。

（3）隐藏的自我——自己知道，他人不知道。

隐藏的自我也称"隐藏我"，属于逃避或隐藏领域。这是自己知道而别人不知道的部分，与"盲目我"正好相反。就是人们常说的隐私、个人秘密，留在心底，不愿意或不能让别人知道的事实或心理。比如，面试的时候希望给面试官留下一个好印象，那就把自己比较劣势的方面隐藏起来，但是在熟悉的朋友面前，人们倾向于暴露更多真实的自己，即隐藏的自我缩小。适度的内敛和自我隐藏，给自我保留一个私密的心灵空间，避去外界的干扰，是正常的心理需要。没有任何隐私的人，就像住在透明房间里，缺乏自在感与安全感。但是"隐藏我"太多，"开放我"就太少，如同筑起一座封闭的心灵城堡，无法与外界进行真实有效的交流与融合，既压抑了自我，也令周围的人感到压抑，容易导致误解和曲解，造成他评和自评的巨大反差，成为人际交往的迷雾与障碍，甚至错失机会。勇于探索自我者，不能只停留在"开放我"的层面，还应敢于直面"隐藏我"的秘密和实质。

（4）未知的自我——自己不知道，他人不知道。

未知的自我也称"潜在我""未知我"，这是自己和别人都不知道的部分，有待挖掘和发现。通常是指一些潜在能力或特性，比如一个人经过训练或学习后，可能获得的知识与技能，或者在特定的机会里展示出来的才干，也包含弗洛伊德提出的潜意识层面，仿佛隐藏在海水下的冰山，力量巨大却又容易被忽视。对"未知我"的探索和开发，有助于更全面而深入地认识自我、激励自我、发展自我、超越自我。学着尝试一些全新的领域，挖掘潜力，才能收获惊喜。勇于自我探索者，要善于开发"未知我"。

总而言之，自我的分类不只一种，自我心理学也还在发展的过程之中，但认识自我、了解自我、发展自我是每个人成长的必经之路，也是人生最重要的课题之一。

3. 实际意义

科学家研究发现，每个人都有巨大的潜能，人类平常只发挥了极小部分的大脑功能。心理学家赫伯特·奥托（Herbert A.Otto）指出，一个人一生所发挥出来的能力，只占他全部能力的4%，也就是说一个人96%的能力还未开发。控制论奠基人诺伯特·维纳说："可以完全有把握地说，每个人即使他是做出了辉煌成就的人，在他的一生中利用他自己的大脑潜能还不到百亿分之一。"由此可见，认识、了解"未知我"，是自我认识的重点之一。

"周哈里窗"是帮助人们认识自我、挖掘潜能、得到职业提升的工具。

要多和身边的人交流，从他人的口中了解他们眼中的我，和自己的认知相比较，虚心接受，认真反省，认识盲目的我。多走出自己的舒适区，挑战新事物，开发未知我。也许会失败，但每次失败都是你的成长，更重要的是在未知领域中你也许就发现了自己独特的天赋，进而取得更大的成就。

最后就是三省吾身了，多反思多总结，进而更好地认识自己，调整定位，成为更好的自己。

（三）个人SWOT分析法

1. SWOT含义

SWOT是英文strengths（优势）、weaknesses（劣势）、opportunities（机会）、threats（威胁）的缩

写，该方法主要是针对自己综合条件的优势、劣势，以及所面临的机会、威胁四个方面进行综合分析。所谓SWOT分析，指的是在四个维度上进行分析，然后通过矩阵式交叉的分析，找出适合于自己的基本策略。SWOT分析实际上是将对自身内外部条件各方面内容进行综合和概括，进而分析自我的优劣势、面临的机会和威胁的一种方法。通过SWOT分析，可以帮助自我把资源和行动聚集在自身的强项和有最多机会的地方。

SWOT分析法不仅仅对企业的战略规划具有积极的指导作用，它对个体进行自我分析同样具有指导好处。透过这种方法，个体能够客观地进行自我认知，明确自我的发展方向，从而为自我的学习、工作和生活做出最佳的决策。

2. 分析步骤

（1）评估自己的长处和短处。

每个人都有自己独特的技能、天赋和能力。在分工日趋细化的市场经济条件下，一个人不可能样样精通。

可以做表列出自己喜欢做的事情和长处所在（如果觉得界定自己的长处比较困难，可以找相关测试习题做一做）。同样，通过列表，可以找出自己不是很喜欢做的事情和劣势。

找出短处与发现长处同等重要，因为可以基于自己的长处和短处做两种选择：一是努力去改正常犯的错误，提高技能；二是放弃那些对不擅长的技能要求很高的职业。列出认为自己所具备的很重要的强项和对职业选择产生影响的劣势，然后再标出那些很重要的优势、劣势。

（2）找出职业机会和威胁。

不同的行业、不同的公司都面临不同的外部机会和威胁，这些机会和威胁会影响个体的第一份工作和今后的职业发展。如果公司处于一个常受到外界不利因素影响的行业里，很自然，这个公司能提供的职业机会将很少，而且没有职业升迁的机会；相反的，充满了许多积极的外界因素的行业将为求职者提供广阔的职业前景。所以，找出这些外界因素将帮助个体成功地找到一份适合自己的工作。

请列出感兴趣的一两个行业（如互联网营销、金融服务或者教育行业），然后认真地评估这些行业所面临的机会和威胁。

（3）为自己制订五年规划。

列出最希望实现的目标，如职位、技能。通过这些目标来激励自己今后努力工作实现自己的目标。无论希望达到什么目标，都应该通过五年工作让自己在所在行业有所成长。请时刻记住：必须竭尽所能地发挥出自己的优势，使之与行业提供的工作机会相匹配。

（4）制订行动计划。

这一步主要涉及一些具体的内容。拟出一份实现上述第三步列出的每一目标的行动计划，并且详细说明为了实现每一目标所要做的每一件事，以及何时完成这些事。如果需要一些外界帮助，请说明需要何种帮助及如何获取这种帮助。例如，个人SWOT分析可能表明，为了实现理想中的职业目标，需要进修更多的管理课程，那么，职业行动计划应说明要参加哪些课程、什么水平的课程以及何时进修这些课程等。拟定的详尽行动计划将有助于决策，也就是说，宏伟的计划和目标必须一步一步地积累才能实现，要把长期目标化解为短期目标，将难度大的事情化为难度小的事情去做，只有这样一步一步地积累，才能良好地实现自己的五年规划。

素质园地

要做好职业分析需要花费大量的时间和精力，其中进行一次详尽的SWOT（优势、劣势、机会、威胁）分析显得尤为关键。完成全面细致的SWOT分析后，便能依据其结果，规划出一条既全面又具备可操作性的个人职业发展路径。

在当今这个充满竞争与挑战的市场环境下，找到一份既能激发热情又充满挑战的工作，无疑是许多人心中的理想，然而，这并非易事。因此，为了让我们的工作和个人职业道路更加具有竞争力，有必要投入一定的时间去自我审视，明确自己的优势与不足，进而制订出一套策略性的行动计划。

三、提升自我认知能力

视频

提升自我认知的能力

（一）自我认知的方法

"人贵有自知之明"，全面、正确的自我认知是培养健全的自我意识的基础。那么，如何进行正确的自我认知呢？

1. 自我反省

面对各种矛盾和冲突，首先能冷静地、理智地思考自我，要学会宏观评价自己，树立良好心态。认识自我，评价自我，找到自我的准确位置。要认识自己，必须要做一个有心人，经常反省自己在日常生活中的点滴表现，总结自己是个什么样的人，并找出自己的优缺点。自我剖析是自我教育、自我提高的重要途径。自我剖析主要包括以下三个方面：

（1）自身智力水平能力的剖析，包括学习习惯、学习方法、学习效率、学习规划执行力、知识结构、专业技能等方面的剖析。

（2）自我形象的剖析，主要是对自己在所生活的集体中的位置和作用、公共生活中的举止表现以及社会适应能力等的剖析。

（3）对自己精神世界的剖析，包括对自己的政治态度、道德水平、性格、兴趣爱好、特长等方面的剖析。要学会经常对自己的行为进行剖析，使自我认知和自我评价逐步接近客观实际。通过与自己内心对话，反思自己。

每个人的成长都会留下痕迹，平时可以通过自我观察和剖析了解自己，然后及时发现问题，及时修正自己的行为。例如，可以回想一下自己所处理过的事务，反思自己是否能从中吸取到有价值的经验教训。可以有意识地通过正念、反省、日记等方式记录自己的内心活动，描绘自己的情绪、情感体验，评价自己的个性特征和行为表现等。

2. 与他人比较

（1）将自己与社会上其他人进行比较，特别是要通过与自己条件、地位相似的人比较来认识自己，而不是孤立地认识自己。

（2）通过社会上其他人对自己的态度来认识自己。

（3）通过对自己参加社会活动结果的分析来评价和认识自己，即在客观上寻找评价的参考尺度来认识自己。

3. 主动征求他人意见

一般来说，他人的评价是认识自我的一面镜子，他人评价有助于形成对自己更为客观、完整、清晰的自我认知。

（1）尊重他人对自己的态度与评价，保持开放、包容的态度，接受外界的评价，甚至是指责。

（2）冷静分析，既不能盲从，也不能忽视。

4. 群体中的角色了解

可以通过自己在单位和生活中的作用、承担的任务，以及在各项群体活动中的角色、举止表现、社会适应能力等表现来认识自己。在群体中得到肯定时，需强化继续努力、保持优势的决心；得不到他人认可时，更需思考自己的差距和问题在哪里，通过调整自我，改善并提高自己。

5. 心理测验

心理测验是心理测量的一种工具和手段，心理测验的方法主要包括四个方面：智力测验、人格测验、心理测验、能力测验。可以根据自己的需要选择使用。应选择心理学家编制的标准化的测验量表，最好在专家或教师的指导下使用。

（二）客观评价自己

在正确的自我认知基础上，正确地自我悦纳，积极地自我体验，有效地自我监控。

1. 正确地自我悦纳

自我悦纳是自我意识健康发展的关键所在。悦纳自我首先要接纳自己，喜欢自己，欣赏自己，体会自我的独特性，在此基础上体验价值感、幸福感、愉快感与满足感；其次是理智与客观地对待自己的长处与不足，冷静地看待得与失。

2. 积极地自我体验

自我体验是主体对自身的认识而引发的内心情感体验，是主观的我对客观的我所持有的一种态度，如自信、自卑、自尊、自满、内疚、羞耻等。自我体验往往与自我认知、自我评价有关，也和自己对社会的规范、价值标准的认识有关，良好的自我体验有助于自我监控的发展。进行自我体验训练，就是为了拥有自尊感、自信感和自豪感，不自卑，不自傲，不自满。

3. 有效地自我监控

自我监控是自己对自身行为与思想言语的控制，具体表现为两个方面：一是发动作用；二是制止作用，也就是支配某一行为，抑制与该行为无关或有碍于该行为进行的行为。进行自我认知、自我体验的训练目的是进行自我监控，调节自己的行为，使行为符合群体规范，符合社会道德要求，通过自我监控调节自己的认识活动，提高学习效率。为提高自我监控能力，重点应放在促使一个转变上，即由外控制向内控制转变。人们往往自我约束能力较低，常常在外界压力和要求下被动地从事实践活动，针对这种现象，应学会如何借助外部压力，发展自我监控能力。

（三）自我提升效能感

提升自我效能感是个体在一定情境下对自我完成某项工作的期望与预期。当人们期望自己成功时，他必然会尽自己最大的努力，并且当面临挑战性任务时，会表现出更强的坚持力，从而增加成功的可能性。自我效能感高的人一般学业期望较高，也就是说，自我效能感与成就动机呈正相关性。提升自我效能感的另一条途径是克服自我障碍。比如，由于考试前身体不好，所以在大考中没有取得好成绩，这便是典型的自我障碍，为自己的考试不成功找到了适当的借口。一个渴望自我发展的人必须主动克服自我障碍，进行积极的自我提升与自我尝试。积极的自我在尝试中会发现自己新的支点。

📝 **任务实施**

活动1: 运用SWOT分析法进行自我分析

活动规则:

(1) 进行SWOT分析的时候必须对自己的优势与劣势有客观的认识。

(2) 进行SWOT分析的时候必须区分职业的现状与前景。

(3) 进行SWOT分析的时候必须考虑全面。

(4) 保持SWOT分析法的简洁化,避免复杂化与过度分析。

(5) SWOT分析法因人而异。

(6) 四人一组,相互评议打分。

(7) 随机抽取四人在班级中进行展示,全班同学进行评价。

活动要求:

(1) 在罗列作为判断依据的事实时,要尽量真实、客观、精确。

(2) 学生提前准备好纸和笔。

(3) 个人SWOT分析结束后,请对方点评,要吸纳同伴合理化建议并改进。

时间:30 min。

活动实施:

第1步:根据社会经济发展需要,收集与本专业或目标职业需求相关的信息,客观描述个人兴趣、性格、知识水平、职业技能、特长和人生目标等相关因素,将其一并列出并填入表1-1-2中(表中的评判内容是可调整的,自我评价要符合客观实际)。

表 1-1-2　SWOT 分析法

项 目			评判内容	评 价	分 值
优势 (S)	个人因素	1	专业知识、职业技能、特长		
		2	社会实践、各种技能比赛获奖		
		3	爱好、兴趣		
		4	性格、气质		
		5	最成功的事、论文、论著		
劣势 (W)	个人因素	1	性格弱点		
		2	经验、工作经历的弱点		
		3	自己的弱点		
		4	知识和能力的不足		
		5	自己最失败的经历		
机会 (O)	个人因素	1	国家鼓励政策		
		2	国家人才市场有利信息		
		3	与自己专业相吻合的招聘信息		
		4	人际资源的有利条件		
		5	最有利的单位和工作岗位		

续表

项　目			评 判 内 容	评　　价	分　值
威胁 （T）	个人因素	1	社会经济状况的不利因素		
		2	人才供需信息不对称		
		3	报酬等的不利因素		
		4	自己中意的工作岗位竞争激烈		
		5	对自己最不利的因素		
SWOT分析 总体鉴定			最理想的职业方向和就业范围；就业的地域；工作单位、工作类型和地理位置；现在需要做哪些准备		

第2步：对表1-1-2中的每个项目内容做出客观的评价（如果要多人评价，并作相互比较，则可以给每项记分值，最高4分，最低1分），了解自己的优势、劣势和环境中存在的机会、威胁，如图1-1-3所示。

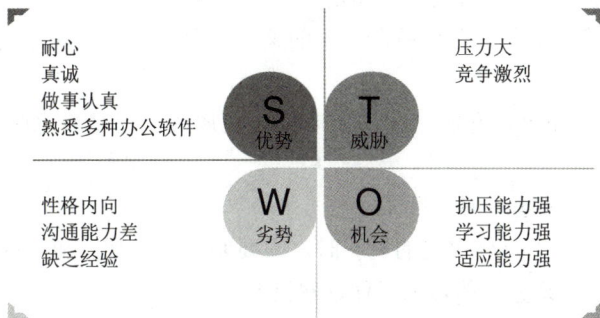

耐心
真诚
做事认真
熟悉多种办公软件　　S 优势　　T 威胁　　压力大　竞争激烈

性格内向
沟通能力差
缺乏经验　　W 劣势　　O 机会　　抗压能力强　学习能力强　适应能力强

图 1-1-3　SWOT 分析法示意图

个体所拥有的知识、技能、经验、资源和支持等，这些通常都是优势。可以按照类别分别列出来，以保证不遗漏。这些方面通常称为内部因素，也就是说，它们与个体相关，是个体可以获得的技能和资源；它们是个体可以控制的因素。对优势，不要谦虚或害羞，要尽可能客观。对劣势，要诚实面对，尽管不愉快。

第一，审视自己的优势，提供一些角度供参考。

（1）你有什么优势，其他人没有（如技能、资格或教育背景等）？

（2）你比别人做得更好的方面有哪些？

（3）你可以利用哪些个人资源？

（4）其他人（你的老师、合作伙伴）认为你的优势是什么？

（5）你最骄傲的成就是什么？

（6）你自己没有展现的独特价值有哪些？

（7）你与有影响力的人的关系如何？

第二，审视自己的劣势，供参考考虑的视角。

（1）你通常避免做哪些任务，因为你对这些任务没有把握？

（2）你身边的人认为你的弱点是什么？

（3）你对教育背景、专业技能通过培训进行提升有信心吗？

（4）你最弱的方面是什么？

（5）你不好的工作习惯有什么？（如是否杂乱无章、分不清优先级、压力一大就脾气暴躁等）

（6）在一些关键方面，别人的表现一直超越你吗？

第三，明确机会。明确所有可以使你达到目标的机会，并且当你达到目标时它还能为你所用的机会，通常是外部因素，与周围的环境和人有关，而非你自己。

比如：

（1）什么新技术可以帮助你？或者你能获得他人的帮助吗？

（2）你的行业在成长吗？如果是这样，你能怎样利用目前的市场？

（3）你有一个关系网络来帮助你，提供很好的建议吗？

（4）你所在的组织是什么发展趋势（管理或技术）？你能怎么利用这种趋势？

（5）你的竞争对手有些重要的方面没有关注或欠缺？如果是这样，他们的失误能成为你的机会吗？

（6）你的公司或行业是否紧缺你这样类型的人才？

（7）你的客户或供应商是否抱怨你所在组织的某些方面？如果是这样，你能否提供一个解决方案来创造一个机会？

（8）组织发生变化，如上司升职、同事离职或休长病假，这是否意味着你有机会做一些新的事情？

（9）你是否胜任一个新的角色或项目？

重要的是，在梳理有利于目标实现的机会时，需要兼顾短期利益和长期利益，保证不与长期目标冲突。根据自己的优势，避开劣势，来抓住这些机会。

第四，识别所有威胁。威胁是指外部事件，令你担心，或者可能发生的事情，会成为你实现目标的阻碍。比如：

（1）你目前在工作中面临什么障碍？

（2）你的同事是否与你竞争参与某个项目或职位？

（3）你的工作（或者你所做的事情的需求）有变化吗？

（4）变化的技术、结构是否威胁到你的位置？

（5）你的弱点是否会导致威胁？

第五，回顾和评估分析。最后，像行动计划一样，任何较宏观的战略思维工具或方法论，最好进行回顾和评估自己的分析，问自己以下问题。

（1）这是真实的情况吗？

（2）有什么被遗忘了吗？

第六，分析关键点。在分析的过程中，分别在优势、劣势、机会和威胁中，最重要的关键点是什么？最好能明确你认为在实现（或阻碍实现）你的目标最为重要的一项或者两项优势、劣势、机会和威胁。这就是开展行动的优先事项。

第3步：在对SWOT四项内容作详细的评价和分析的基础上，做出总体鉴定，主要包括自己最理想的职业方向，所要达到的具体位置，具体可分几个阶段实施，以及现在要做哪些准备。

（1）提纲式地列出今后五年内的职业目标。对自己做一个SWOT分析评估，列出自己五年内最想实现的4～5个职业目标。这些目标可以包括：想从事哪一种职业，将管理多少人，希望达到什么成就。我们必须竭尽所能地发挥出自己的优势，使之与行业提供的工作机会相匹配。

（2）提纲式地列出一份今后五年的职业行动计划。这一步主要涉及一些具体的东西。拟出一份实现上述第一点列出的每一目标的行动计划，并且详细地说明为了实现每一目标要做的每一件事，以及何时完成这些事。如果需要一些外界帮助，则说明需要何种帮助以及如何获取这种帮助。五年的职业行动计划见表1-1-3。

表 1-1-3 五年的职业行动计划

总 体 目 标	时 间				
	第一年	第二年	第三年	第四年	第五年
职业目标					
行动计划					

第4步：小组内形成分享意见。

第5步：展示汇报。

每个小组选一个成员代表小组来分享。提出学习中的疑问，全班共同解决。其他小组可以介绍解决办法，进一步讨论主题，提升对知识点的掌握水平。

第6步：学习评价，见表1-1-4。

表 1-1-4 学习评价

评价内容	4分	3分	2分	1分
要点评价	要点准确、合理；要点数量四个以上	要点准确、合理；要点数量三个	要点准确、合理；要点数量两个	要点准确、合理；要点数量一个
问题意识	在小组活动中能够提出三个以上问题，问题针对性强，且能提出/解决办法，办法具有可行性	在小组活动中能够提出两个以上问题，问题针对性强，且能提出/解决办法，办法具有可行性	在小组活动中能够提出一个以上问题，问题针对性强，且能提出/解决办法，办法具有可行性	在小组活动中未能提出问题
同伴合作	与小组伙伴密切合作，效果好	与同组伙伴有合作，合作效果较好	偶尔与同组伙伴有合作，合作效果一般	没有与同组伙伴进行合作
反思与改进	形成了完善的自我反思，且包含全部细节描述，改进明显	基本形成了自我反思，且包含一些细节描述，有所改进	基本形成了自我反思，但未包含细节描述，有所改进	没有自我反思和改进

活动2：拨开迷雾，遇见自己——学会认识自我

活动要求：

（1）知道与明白：了解"周哈里窗"的基本理论。

（2）尝试与学会：懂得运用"周哈里窗"来初步认识自己。

（3）体验与领悟：感受正确认识自己的重要性。

时间：15 min。

活动实施：

（1）老师说"大风吹"，学生回应"吹什么"，老师说出部分学生的特征。

（2）拥有这些特征的学生需要互换位置，没有被吹到的学生不动。

（3）最迟坐下的或反应错的同学受罚：一起做一个灿烂的笑脸。

（特征备选：戴眼镜、长头发、身高165 cm以上、有上进心、快乐、善良、正直、爱笑）

活动分析：

讨论：指令中的哪些个人特征更容易被了解？为什么？

小结：一个人的外在特征容易被发现，但内在特征较难被了解。只有充分认识自己，才能在游戏中迅速做出反应。

●●●● 任务2　选择职业目标 ●●●●

任务解析

本任务主要是对互联网营销师职业目标与决策的训练，学生通过学习职业目标与决策相关知识并应用，明白什么样的选择决定什么样的生活。要做好职业目标定位与决策，选择最新的信息，了解最新的趋势，从而更好地创造自己的将来。通过训练，掌握正确的目标设立方法，能够为自己的生涯发展设立长远目标和近期目标，并做出相应的行动计划。

知识链接

视频

职业目标认知

一、职业目标认知

（一）职业目标的含义

职业目标，即职业生涯目标，是指个人在选定的职业领域内未来时点上所要达到的具体目标，包括短期目标、中期目标和长期目标。职业生涯目标的确定包括人生目标、长期目标、中期目标与短期目标的确定，它们分别与人生规划、长期规划、中期规划和短期规划相对应。

人生规划：整个职业生涯的规划，时间长至40年左右，设定整个人生的发展目标。

长期规划：是最终要达成的目标，也就是一个月或一两年无法达成的目标，结合自己的实际情况，确立自己的目标，在实现这一目标的过程中，可把这一目标分解成一个小目标，实现一个小目标，会使自己产生成就感和自信感。一般是5~10年的规划，主要设定较长远的目标。

中期规划：一般为2~5年的目标与任务。

短期规划：一般为两年以内的规划。

在确定以上各种类型的职业生涯目标后，就要制订相应的行动方案来实现，把目标转化成具体的方案和措施。这一过程中比较重要的行动方案有职业生涯发展路线的选择、职业的选择和相应的教育和培训计划的制订。

（二）职业目标的作用

1. 确立职业目标使你的精力相对集中，达到"精诚所至，金石为开"的功效

因为特定的目标能提供一个努力奋斗的目的，因此它能指出努力的重点或方向。一旦职业目标确定，接下来就要规划采取支持性的行动和态度。例如，将自己的职业目标定为区域销售经理，就可以围绕实现这一目标来规划自己的战略。如果没有明确的目标，将很难形成行动规划。没有人生目标或人生目标选择不正确，缺乏规划行动，将使人浑浑噩噩，一事无成。

有效的职业生涯规划需要切实可行的目标，以排除不必要的干扰，全心致力于目标的实现。如果没有切实可行的目标作驱动力，则很容易对现状或困难妥协，随波逐流。

2. 确立职业目标使你更积极、更乐观，鞭策你尽力而为，使你坚持不懈去完成任务

一个人的最终目标，实际上源于他的人生原动力。人生原动力来自内心，有了它就会激发职业生涯行动，它是人们肯定自身生命价值的自我表现形态。研究发现，设定了未来一两年内的具体目标的职业规划者，要比那些没有具体目标的人乐观得多。

给自己定下目标之后，目标就会在职业生涯中起两个方面的作用：它是你努力的依据，也是对你的鞭策，目标给了你一个看得着的射击靶。随着你努力实现这些目标，你就会有成就感，就会更积极、更乐观。职业规划专家研究发现，当人们制订的目标既具挑战性又具可实施性时，就能激励他们干得更好。

3. 确立职业目标，可以帮助人们规划有用的战略以实现这一目标

忠于自己的目标，就越有可能制定、规划出具有广阔发展前景的职业生涯战略。明确而适合的目标，是职业生涯中的灯塔，将指引你走向成功。成功的人可以无数次修改方法，但决不轻易放弃目标；与之相反，不成功的人总是修改目标，就是不改规划方案。很多人无法达成他们的目标其原因在于：他们从来没有真正定下职业目标，并规划达成目标的策略。

以上内容可归纳为一点：职业生涯目标越具体，就越有可能制订出有效的战略来实现这一目标。

（三）职业目标的分类

职业目标包括长远目标、阶段目标和近期目标。首先要根据个人的专业、性格、气质和价值观以及社会的发展趋势确定自己的长远目标和阶段目标，然后再把长远目标和阶段目标进行分化，根据个人的经历和所处的组织环境制定相应的短期目标。

1. 长远目标

确定长远目标是职业生涯规划的关键环节，规划的其他环节全部围绕长远目标的确定展开。分析发展条件是确立长远目标的准备工作，构建发展台阶、制定发展措施是为实现长远目标服务的。长远目标的实现，需要经历一个个阶段目标。

2. 阶段目标

阶段目标搭建是否合理，既是长远目标能否实现的必要前提，也是衡量职业生涯规划设计优劣的重要指标。

长远目标是分阶段实现的，各阶段目标之间的关系应该是阶梯形的，前一个目标是后一个目标的基础，后一个目标是前一个目标的方向，所有的阶段目标都指向长远目标。

（1）阶段目标的特点。

阶段目标有三个特点：一是必须"跳一跳"，为之付出努力，不是轻而易举即能达到；二是"够得到"，不脱离自身条件，不脱离社会现实；三是"很具体"，能让自己明确，为实现这个目标到底需要从哪几个方面做出哪些具体的努力。

（2）阶段目标"四要素"。

职业生涯规划的阶段目标应包含以下四要素：一是"什么"，即具体的职位、技术等级等；二是"何时"，即什么时间达到；三是"内涵"，即该职位对从业者素质的具体要求，以及该职位对从业者可能有的精神、物质方面的回报或其他期望；四是"机遇"，即达到此目标应有的外部环境，以及环境变化后的调节手段或备选方案。

按照以上四要素对阶段目标的阐述越具体、详尽，其激励作用越明显。阶段目标不应仅仅是职位的定位，因为与职位相对应的有责任、绩效和挑战，要胜任这一职位，并将此职位作为自己发展的阶段目标，这一职位对从业者的要求有全方位的了解。

阶段目标构成职业生涯规划的脉络，是职业生涯规划优劣的重要标志。脉络清晰、分段有据、阶梯合理、内涵明确、表述准确、衔接紧凑、直指长远目标，是设计阶段目标时需要注意的。

3. 近期目标

近期目标是职业生涯规划中最重要的阶段目标，可依此调整个性、提升素质的目标，具有特殊意义。同时受远期目标和中期目标制约的近期目标，是达到中期目标和远期目标的中介目标。

适合自己的发展目标才是最好的目标。量身定做，成功之路就在自己的脚下。近期目标既要务实，又要能激励自己，要能实实在在地帮助你"做好自己"。

（四）职业生涯发展目标的构成

1. 目标的重要性

缺乏目标容易导致懒惰。无论在工作、学习、生活、人际关系上，人们都要有明确的目标。在现实生活中，很多人之所以失败就是没有瞄准一个点而持之以恒地走下去。而成功者则瞄准了这个点，并坚持走到了最后。这个点就是自己所定的目标，只要能瞄准目标，哪怕力量微小，但只要坚持，就一定能够到达胜利的彼岸。

小故事

两粒种子的不同人生

春天悄然而至，微风轻拂，万物复苏。在肥沃的土地上，两粒种子也苏醒了，它们对未来充满了期待。

第一粒种子满怀激情地说："我要全力以赴地生长！我要深深地扎根于土壤，让自己变得坚韧不拔。我要破土而出，让枝叶在风中摇曳，迎接春天的到来。我还要绽放美丽的花朵，结出丰硕的果实，为大地增添芬芳，为人们带来美味的果实。这样，我就能享受到阳光的温暖，感受到晨露滋润花瓣的喜悦，以及生命成熟时的满足和快乐！"

第二粒种子听后却显得非常担忧："我可没你那么勇敢。如果我向下扎根，可能会碰到坚硬的石头；如果我努力向上生长，可能会弄伤我脆弱的茎。万一我长出了嫩芽，说不定会被蜗牛吃掉；如果我开出了美丽的花，说不定会被小孩摘走；如果我结出了果实，说不定会被别人偷走。我还是等环境安全一些再行动吧！"于是，它继续躲在自认为安全的土壤里。

几天后，一只母鸡在庭院里寻找食物，第二粒种子不幸被母鸡吃进了肚子里。第一粒种子则一直在不懈地努力生长。它经历了许多困难和挫折，包括受伤、挨冻，甚至被人踩踏和蜗牛啃食。但它始终牢记自己的梦想，从未放弃。每当夜深人静时，它也会感到孤独和沮丧，但它总是鼓励自己："我不能放弃，因为我有梦想！"

终于有一天，第一粒种子长成了大树，开出了绚丽的花朵，结出了累累的果实。它感到无比的喜悦和满足。

尽管这两粒种子生活在相同的空间和环境中，但它们的生活方式和生命结果却截然不同。这告诉我们，成功并不取决于出身或起点，而取决于我们的目标和追求。只有那些敢于面对挑战、坚持不懈地追求梦想的人，才能最终收获成功的果实。

2. 个人职业生涯路线

（1）职业生涯路线的选择主要考虑四个方面的问题：希望向哪条路线发展？适合往哪条路线发展？能够朝哪条路线发展？哪条路线可以取得发展？

（2）挑选最佳路线。每个人的基础素质不同，适合的职业生涯发展路线也就不一样。例如，有的人适合搞研究，能够在专攻领域求得突破；有的人适合做管理，可以成为一名优秀的管理人员。

（3）自我创业要有良好的机会和适宜的土壤，主观上创业人不仅有强烈的创造与成就愿望，而且心理素质要高，能够承担风险，善于发现开拓新领域、新产品、新思维。

3. 确定职业生涯的成功标准——职业锚

1）认识职业锚

锚，是使船只停泊定位用的铁制器具。所谓职业锚，又称职业系留点，是指当一个人不得不做出选择的时候，无论如何都不会放弃的职业中的至关重要的信念。实际就是人们选择和发展自己的职业时所围绕的中心。

职业锚也是自我意向的一个习得部分。个人进入早期工作情境后，职业锚由习得的实际工作经验所决定，与在经验中自省的动机、信念、才干相符合，达到自我满足和补偿的一种稳定的职业定位。职业锚强调个人能力、动机和信念三方面的相互作用与整合。职业锚是个人同工作环境互动作用的产物，在实际工作中是不断调整的。

2）职业锚的分类

（1）技术或功能型职业锚。这一类型的人在进行职业选择时，主要注意力是工作的实际技术或职能内容。他们总是围绕着技术能力或业务能力的特定领域安排自己的职业，根据能最大限度地在特定领域保持挑战机会的标准进行工作流动。这些特定领域包括工程技术、财务分析、营销策划和系统分析等。虽然在其技术能力领域也会接受管理职责，但他们对管理职业并不感兴趣。

（2）管理型职业锚。这一类型的人把管理本身作为职业目标，而具体的技术工作或职能工作仅仅被看作通向更高的管理层道路上的必经阶段。他们认识到在一个或多个职能领域展现能力的必要性，但却没有一个职能领域能让他们久留。

（3）创造型职业锚。这一类型的人时时追求建立或创造完全属于自己的成就。他们要求拥有自主权、管理能力和施展自己才华的特殊能力，创造是他们自我发展的核心。他们敢于冒险，个人的强烈需要是能够感受到所发生的一切都是与自己的创造成果联系在一起的。

（4）自主与独立型职业锚。这一类型的人追求一种能最大限度地摆脱组织约束、施展自己职业能力的工作情景。

（5）安全型职业锚。这一类型的人倾向于根据组织对他们提出的要求行事，力图寻求一种稳定的职业。

（6）服务型职业锚。这一类型的人一直追求他们认可的核心价值，不会接受不允许他们实现这种价值的工作变换或工作提升。

（7）挑战型职业锚。这一类型的人喜欢解决难题、战胜强硬的对手、克服障碍等。

（8）生活型职业锚。这一类型的人喜欢允许他们平衡并结合个人的需要、家庭的需要和职业的需要的工作环境。他们希望将生活的各个主要方面整合为一个整体，需要一个能够提供足够的弹性让他们实现这一目标的职业环境。

3）职业锚的作用

当一个人确定了自己的职业锚之后，他的职业生涯将转变为事业生涯，这就是职业锚的作用。找到职业锚是一个人从事的是职业还是事业的分水岭，是职业生涯转换为事业生涯的里程碑。当一个人确定了自己的职业目标，就不在乎自己的职务目标，因为这时候他最关心自己的职业；当一个人确定了自己的事业目标，就不在乎自己的职业目标，因为不管从事什么职业，都是为那个事业服务。

（五）确定职业目标的方法

每个人都有各自的性格、兴趣爱好、特长能力，因此每个人的目标职业也不可能一样，不能用同样的标准和要求来判定。在进行自我衡量之后，选自己所爱，择自己所长。同时，在目标职业的确定方面，不必与他人攀比，也不必羡慕他人，相信自己的实力，一定能找到合适自己的工作。建议从以下几方面入手确定自己的目标职业。

1. 选择适合自己从事的职业/工作

制订职业生涯规划最起码要弄清自己适合从事什么工作，目标职业是什么。围绕职业目标选择，一定要扬长避短，选择不利条件最少、最适宜自己做的工作去做，具体如下：

（1）择己所爱。从事一项你所喜欢的工作，工作本身就能给你一种满足感，你的职业生涯也会因此而变得非常有意义。调查显示：兴趣与成功概率有着明显的正相关性。在设计自己的职业生涯时，务必注意要考虑自己的兴趣，选择自己所喜欢的职业。当你喜欢某个行业、职业，认定该职业符合自己的职业方向时，就要及早去做准备，力争使自己的专业知识、技能、职业能尽快符合目标职业的要求，形成自己的职业竞争能力。同时，相比入职时的情况，应该更看重未来的发展。

（2）择己所长。在职业规划时，要先认识自己，诚实地自问：哪些东西是我生命中不能缺少的？我最看重什么？我有哪些技能是与众不同、可赖以为生的？任何职业都要求从业者掌握一定的技能，具备一定的能力条件，而一个人一生中不能将所有技能都全部掌握。因此，职业生涯设计要根据自身的兴趣、特点，将自己定位在一个最能发挥自己长处的位置，从而发挥自己的优势。运用比较优势原理仔细分析别人与自己在优势上的差异，尽量选择自己更容易施展优势的机会，这样才可以最大限度地实现自我价值。

（3）择己所利。职业生涯规划是人生规划的主体部分，是同个人、家庭和社会生活结合在一起的。所以，制订职业生涯规划，也要和个人人生目标结合起来，要把职业生涯和家庭、社会生活结合起来。在择业时，除了需要考虑所追求的事业，还要在一定程度上考虑自己的预期收益——个人幸福最大化。明智的选择是在由收入、社会地位、成就感和工作付出等变量组成的收益函数中找出最大值，这就是选择职业生涯中的收益最大化原则。

2. 选择能提供自己目标岗位和职业发展通路的用人单位

很多人的心目中都会有一些自己心仪的用人单位，但这些用人单位能否给自己提供目标岗位就很难说了。原因可能有很多，比如岗位编制名额有限、竞争激烈，或者是该岗位对人员要求过高。总之，要根据自己的实际情况，冷静、理性、客观看待现实，不要一厢情愿。只有真正能够提供目标岗位的用人单位，才是值得努力去争取的单位。

3. 选择社会发展所迫切需要的职业

选择职业，确定自己的奋斗目标，不能脱离社会的需求，也就是择世所需。制订职业规划时，会有不少适合自己的职业供选择，但并不是任意一个职业都可作为最终的选择。为减少择业的盲目性，应该主动查询一些与所选择职业相关的信息，如该职业在目前与未来社会中的地位和发展情况，自己所选择的单位未来行业发展中的变化情况，在本行业中的作用、市场占有率及发展趋势等。对职业发展趋势的认识有助于自我把握职业机会，使自己的职业选择更加准确。随着社会经济的发展，社会的需求也在不断变化，旧的需求不断消失，新的需求不断生成，新的职业也在不断产生。因此，要注意职业需求变化对职业生涯的影响，制订职业生涯规划时要有一定弹性，随时密切关注职业发展的新变化，学会收集、分析、整理社会信息，注重对职业需求发展变化的适应性，根据社会的变化调整职业生涯规划。在设计自己的职业生涯时，一定要分析社会需求，最重要的是，目光要长远，不仅仅要看目前的社会需求，而且还要看这种需求是否长久，然后预测该行业或职业的未来发展方向，再做出自己的选择。

知识拓展

《西游记》人物分析之职业目标及决策见表1-2-1。

表 1-2-1   《西游记》人物分析之职业目标及决策

姓　　名	职业目标	团队定位	职业道路	最终成果
唐僧	西天朝圣，求取真经，报还君恩	团队利益中心、团队情感中心、团队的基础核心目标	原为佛祖第二弟子金蝉子投胎，自幼在寺庙中出家，最终被唐朝皇帝选定，前往西天取经	实现预期既定目标
悟空	命之自由，心之自由，身之自由，获得自由	团队竞争过程中的核心竞争力、团队资源整合过程中的外联核心	拜天地石化灵猿，占福祉猴王称胜，谋远虑深发道心，参天机苦学神技，神不稳始种因果，发匪性必受天劫，逢点化潜候机缘，磨心性更增技艺	实现预期既定目标
八戒	老婆孩子热炕头，好吃好喝睡到头	领导与基层的润滑剂、内部矛盾的激化者、团队困难的逃避者、团队利益的趋从者	为天宫中的天蓬元帅，因调戏嫦娥被罚下人间，但错投了猪胎，长成了猪脸人身，后被孙悟空降伏。修得正果的封号为净坛使者	部分目标超高完成，部分目标缺失
沙僧	返回天庭，恢复社会地位	团队中最具奉献精神者，虽有时愚钝，却是忠义性情之人，稳定踏实肯干	原为大宫中的卷帘大将，因在蟠桃会上打碎琉璃盏被贬入人间，最后受封金身罗汉	完全超出了预期目标
白龙马	救赎自我，重获新生	团队利益核心的直接保障者，团队的储备力量	龙王三太子，纵火烧了玉帝殿上的明珠，被贬蛇盘山，不但意志坚定还可以顾全大局，并且有知人之能	完全超出了预期目标

二、什么是职业决策认知

（一）职业决策的含义

职业决策（career decision making）是个体在职业选择和发展过程中抉择的活动。职业决策是职业心理学、职业指导和职业辅导领域研究的重要内容之一。职业决策的研究对职业决

视频

职业决策认知

策实践活动具有重要的指导意义。

（二）职业决策的方法

职业决策的方法有多种，在职业决策过程中，先要明确自己的职业目标，培养良好的决策技能，还要了解和掌握有效的决策方法。

1. 确定职业目标

职业决策问题是人生的重大问题。没有切实可行的目标作驱动力，人们很容易对现状妥协，因此，为自己制定的职业目标，至少在自己看来应该是可行的，以便排除不必要的干扰，全身心投入目标的实现。职业目标通常分为短期目标、中期目标、长期目标和人生目标。短期目标是两年内的规划和目标，短期目标又分为日目标、周目标、月目标、年目标。中期目标一般为2～5年的目标和任务。长期目标为5～10年的规划，主要是设计较长远的目标。

2. 培养决策技能

有些人尽管有很好的自我认知，也对职业世界有较多的了解，但是在进行职业选择时常常做出错误的决策，这是因为缺乏进行职业决策的技能。职业决策能力包括自我评价的能力、获取职业信息的能力、目标设定的能力、职业规划的能力和问题解决的能力。进行职业决策是一个复杂的过程，受到许多因素的影响，因此，要有适当的心理承受能力。有决策专家总结了五种应对风格：

（1）不管有什么风险或是负面反馈都守着某个选择不放；

（2）不假思索地迅速改变目标；

（3）逃避责任；

（4）一拖再拖，直到截止日期临近时才在极度的压力下做出某种决定；

（5）以机敏审慎的态度、在掌握情况和进行了敏锐观察的情况下做出有效决策。

只有上述第（5）种风格才是最有效的一种决策方式。

3. 掌握决策方法

了解自己、了解职业的目的是尽可能多地收集备选职业。而职业决策则是一个逐步排除不适合的备选职业的过程。从兴趣、技能、需要、动机等个体个性特征出发，结合对职业世界的认识，可以确定为数众多的备选职业，必须学会一些方法才能确定最适合自己的职业。常见的方法有：把备选职业同自己对理想职业的描述进行比较，删除与理想职业描述差别较大的职业；排除通过测评量表、职业梦想练习、职业愿望回忆等各种方法判定为不适合的职业；排除与自己的核心职业观不符的职业；排除技能要求远高于或低于自己能力的职业；排除与自身优势不符的职业等。

（三）职业决策风格

1. 职业决策风格"三分法"

职业生涯学者哈瑞恩（Harren）的研究发现，大部分人的职业决定方式可以归纳为以下三类：

（1）理性型。这种类型的人崇尚逻辑分析，往往在系统收集足够的自我和环境信息基础上，权衡各个选项的利弊得失，按部就班地做出最佳的决定。

（2）直觉型。这种类型的人往往依据自己在特定的情景中的感受或者情绪反应直接做出决定。这种风格的人做决定凭感觉，比较冲动，很少能系统地收集相关信息，但他们能为自己做出的抉择负责。

（3）依赖型。这种类型的人常常是等待或者依赖他人为自己收集信息做决定，比较被动和顺从，做选择时十分注重他人的意见和期望。他们常常以社会赞许、社会评价和社会规范作为决定的标准。

2. 职业决策风格"五分法"

美国职业生涯专家斯科特（Scott）和布鲁斯（Bruce）认为决策风格是在后天的学习经验中逐渐形成的，由此将决策风格划分为五种类型：

（1）理智型。这种类型的人具备深思熟虑、分析、逻辑的特性。这类决策者会评估决策的长期效用并以事实为基础做出决策。理智型决策风格是比较受到推崇的决策方式，强调综合全面地收集信息、理智的思考和冷静的分析判断，是其他决策风格的个体需要培养的一种良好的思考习惯。但理智型的决策风格也并不是理想的、完美的决策方式，即使采用系统的、逻辑的方式，也会出现因为害怕承担决策的后果而不能整合自己和重要他人观点的困扰。

（2）直觉型。这种类型的人以依赖直觉和感觉为特征，比较关注内心的感受。直觉型的决策风格以自我判断为导向，在信息有限时能够快速做出决策，当发现错误时能迅速改变决策。由于以个人直觉而不是理性分析为基础，这类决策发生错误的可能性较大，因此，易造成决策不确定性，容易丧失对直觉型决策者的信心。

（3）依赖型。这种类型的人以寻求他人的指导和建议为特征。依赖型的决策者往往不能够承担自己做决策的责任，允许他人参与决策并共同分享决策成果，会受到他人的正面评价，但也可能因为简单地模仿他人的行为导致负面的反应。依赖型的决策者需要理解生活中重要他人对自己的影响程度。

（4）回避型。这种类型的人以试图回避做出决策为特征。回避型的决策风格是一种拖延、不果断的方式。面对决策问题会产生焦虑的决策者，往往因为害怕做出错误决策而采取这样的反应。往往是由于决策者不能够承担做决策的责任，而倾向于不考虑未来的方向，不去做准备，不知道自己的目标，也不思考，更不寻求帮助。所以，这种类型的人需要意识到自身的决策风格及其可能造成的危害，努力调整，增强职业生涯规划的意识和动机，才能从根本上得到帮助。

（5）自发型。这种类型的人以渴望即刻、尽快完成决策为特征。自发型的个体往往不能够容忍决策的不确定性以及由此带来的焦虑情绪，是一种具有强烈即时性，并对快速做决策的过程有兴趣的决策风格。自发型决策者常会基于一时的冲动，在缺乏深思熟虑的情况下做出决策，通常会给人果断或过于冲动的感觉。

3. 职业决策风格"八分法"

学者丁克赖吉（Dinklage）根据人做决策的不同行为特征，把职业决策分为八种类。

（1）延迟型。这种类型的人知道问题所在，但是经常迟迟不做决定，或者到最后一刻才做决定。

（2）宿命型。这种类型的人自己不愿做决定，把决定的权利交给别人或者命运，认为做什么选择都是一样的。

（3）顺从型。这种类型的人自己想做决定，但是无法自己坚持己见，常会屈从权威的决定。

（4）麻痹型。这种类型的人害怕做决定的结果，也不愿意负责，选择麻痹自己来逃避做决定。

（5）直觉型。这种类型的人根据感觉做决定，大多数情况下只考虑自己想要的，不在乎外在的因素。

（6）冲动型。这种类型的人不愿意思考太多，往往基于第一想法做出决定。

（7）犹豫型。这种类型的人考虑过多，在诸多选择中无法下决定，常常处在痛苦的挣扎状态中。

（8）计划型。这种类型的人倾听自己内在的声音，也考虑外在的环境要求，以做出适当的决策。

（四）职业决策的定位

职业决策是人生必经的门槛，是必须面对的人生关键一步。拥有一个好的职业，能够充分发挥自己的聪明才智，成就一番事业，为实现这一目标，在职业决策过程中就需要做好几个定位。

1. 自我定位

自我定位就是要了解自己的需要、特点和能力，并客观评价自我。自我定位首先应从自身实际出发，客观地分析、评估自己的文化素质、能力特征、性格特点、身体条件，总结出自身的特长、兴趣、爱好；其次应进行横向比较，将自己放于同行、同区域进行比较，分析自身的综合素质以及在求职中的优势和劣势。通过纵向和横向的定位分析，找准自己的位置，明确切入社会的起点，避免自我定位过高或过低。

2. 行业定位

在进行了较为准确的自我定位之后，还应该进行行业定位。认真了解行业的整体情况、发展趋势、对人才的基本要求，从而结合自身实际情况，进行行业定位，避免盲目择业和无从择业的现象出现。行业的选择还取决于家庭影响和个人的理想，以及社会舆论。参考他人意见时应该避免社会、家庭和周围人群不正确的舆论导向对自身择业定位的影响，做到真正从社会需求出发，结合个人理想、兴趣以及实际能力做出较为理性的行业定位。

知识拓展

在互联网快速发展的背景下，以消费市场上的直播电商为引爆点，互联网营销掀起热潮。目前，全国的直播基地如雨后春笋般迅速成立，企业、商家、个人均有机会参与到这次营销模式转型升级的浪潮中。从职业发展前景来看，2020年，互联网营销人才需求约1 500万人，缺口约1 000万人。到2025年，人才需求将达到约4 500万人，缺口约为4 000万人。

新业态往往有一个从先发展后规范、边发展边规范走向以规范促发展的过程。直播带货走上规范化、专业化发展是必然趋势。

以下几类人适合从事互联网营销师这个行业：

（1）为了增加就业竞争力的大中专院校学生。

（2）期望利用业余时间增加副业收入的务工人员。

（3）不想朝九晚五坐班的人群。

（4）已经从事互联网营销业务的人群。

（5）想通过互联网转型传统生意、线下业务的人员。

（6）想在互联网上通过一技之长盈利的人群。

（7）想通过互联网实现创业的人士。

（8）想与时俱进不希望被时代淘汰的人士。

大家可以结合自身的实际情况，考虑自己是否适合这个行业。

3. 地域定位

地域定位是指在选择职业时对于工作区域的考虑。不少年轻人趋向于把经济发达地区和大城市作为自己地域定位的首选地。其实，我们还应当看到近几年城镇化建设有了很大的进展，城镇和广大农村地区也有广阔的就业市场。因此，在进行地域定位时，应该多思考自己的能力、优势究竟在何处能得到较大程度的发挥，自己的发展空间在何地能得到较大程度的拓展，而不仅仅着眼于大城市和经济发达地区。同时，在定位时也不要局限于某一城市、某一区域，以便于情况改变时可及时调整方向。

4. 岗位定位

岗位的选择因人而异，它受个人偏好、能力、素质等因素的影响。在进行岗位定位时，要在客观评价自我的基础上，根据自己的性格特点、长处、短处，对照相关用人单位的标准、条件、要求，实事求是地选择自己力所能及的岗位，不要人云亦云、追随大流，更不能仅从收入和工作环境的舒适度出发去选择职业，以免在今后的职业生涯中出现个人与工作岗位的不适应的情况，妨碍自身进一步的顺利发展。

5. 收入定位

准确的收入定位应建立在对市场行情充分了解的基础上，综合考虑自身的素质、能力和岗位发展趋势后得出的收入期望值。不要仅仅从眼前待遇出发，要以发展的眼光来定位。

在完成上述几方面的准备工作后，并不等于就业会水到渠成，这仅仅是职业选择的一个开端，还应把握好以后的各个必要的环节。此外，还应保持积极乐观的态度，具备诚信务实的精神，适时调整自己的择业定位，不断学习新知识、新技术、新技能，提高自己的综合素质，更新自己的知识与技能，为顺利实现就业做好充分而扎实的准备。

（五）职业决策的制订方法

1. 结合自己的性格、特长和兴趣

职业生涯能够成功发展的核心，就在于所从事的工作要求正是自己所擅长的。如果一个人性格内向，不善与人沟通，没有很好的交际意识，那么很难成为一名成功的管理人员。制订职业规划一定要认真分析自己的优缺点。

从事一项自己擅长并喜欢的工作，工作会很愉快，也容易脱颖而出。这正是成功的职业规划核心所在。

2. 考虑实际情况，并具有可执行性

很多人刚开始时雄心壮志，一心想着干出一番事业。但是实际社会里的工作，有时确实会存在一定跨越，但是更多的时候却是一种积累的过程——资历的积累、经验的积累、知识的积累，所以职业规划不能好高骛远，而要根据实际情况，一步一个脚印，最终才能成就梦想。

3. 职业决策必须有可持续发展性

职业决策不能够只制订一个阶段性的目标，应该是一连串的、可以贯穿自己整个职业发展生涯的远景展望。如果职业决策定得过短浅，后面又没有后续职业决策点支撑，肯定会使人丧失奋斗的热情，不利于自己长远发展。

4. 经验借鉴

在经验借鉴方面，父母、邻居、老师、你所知道的知名人士，不管他们是成功还是失败，对于我们的职业决策的制订，都是可借鉴的。某种程度上，他们走过的路的轨迹，就是我们将来的轨迹。只是，我们应该借鉴他们轨迹中最好的，并把我们的喜好兴趣特长组合起来，制订出最适合我们的职业轨迹。

不管什么人，制订什么样的职业决策，都不能够照搬照套，哪怕其所选择的模型跟你几乎一模一样，也不可以完全照搬使用。事实上，世界上不存在相同的两个人，自然也就不存在相同的职业决策。所以要根据现实情况，最终做出职业决策。

素质园地

2020年6月28日，人力资源和社会保障部、市场监管总局、国家统计局联合发布九个新职业。互联网营销师成为国家新职业，并录入《中华人民共和国职业分类大典》。新职业的发布，在进一步规范互联网行业的市场行为、起到宏观管控的作用的同时，直接促成就业率的提高。

互联网营销师是一个集交叉性、多元性和多能性于一身的职业，在知识储备、能力素质和职业要求上展现出多面、多维和多变的特性。随着直播经济、互联网经济的蓬勃发展以及信息技术的日新月异，行业对于这类人才的需求也在持续演变，对优秀人才的渴求始终未能得到满足。优质产品供应、社会需求与人才短缺之间的矛盾将长期存在，这为那些有意投身互联网营销行业的后来者提供了广阔的发展空间和机遇。

任务实施

活动1：职业生涯阶段目标设计

活动规则：

（1）表现形式可以是简图、表格、文字叙述或兼而用之。

（2）明确分段数量，可以是两个阶段，也可以是多个阶段。

（3）巧用分段方法，如职业资格标准的提升、时间等。

（4）四人一组，相互评议打分。

（5）随机抽取四人在班级中进行展示，全班同学进行评价。

活动要求：

（1）结合自身实际情况，领会阶段目标设计要领，完善阶段目标设计。

（2）在罗列作为判断依据的事实时，要尽量真实、客观、精确。

（3）学生提前准备好纸和笔。

（4）阶段目标设计结束后，请对方点评，要吸纳同伴合理化建议并改进。

时间：30 min。

活动实施：

第1步：设定阶段目标的要领。

第一，在分段数量上，职业生涯发展的阶段目标既可分为近期目标与中期目标两大段，也可细分为3～5个，甚至更多阶段。

第二，在表现形式上，可以用简图，可以用表格，可以用文字叙述，也可以兼而用之。形式是为内容服务的，关键在于简明扼要、一目了然，能发挥阶段目标的自我激励和自我监督作用。

第三，在分段方法上，既可以按职务晋升设计自己的阶段目标，也可以按职业资格标准的提升安排阶段目标，还可以按时间设计自己的阶段目标。不论长远目标是什么，不论怎样分段，你所学专业对应的适合横向、纵向发展的职业，都应该成为确定阶段目标的重要依据。参考表1-2-2。

表1-2-2 阶段目标设计

阶段（年）	阶段目标	主要任务	努力方向
例如，第一年	准备从事什么职业	培养所从事职业需要的知识和能力	针对知识和能力不足的努力

第2步：利用简图、表格、文字叙述等方式完成阶段目标设计。

第3步：在小组内分享自己的目标设计，形成分享意见。

第4步：展示汇报。每个小组选一个成员代表小组来分享。提出学习中的疑问，全班共同解决。其他小组可以介绍解决办法，进一步讨论主题，提升对知识点的掌握水平。

第5步：学习评价，见表1-2-3。

表1-2-3 学习评价

评价内容	4分	3分	2分	1分
要点评价	要点准确、合理；要点数量四个以上	要点准确、合理；要点数量三个	要点准确、合理；要点数量两个	要点准确、合理；要点数量一个
问题意识	在小组活动中能够提出三个以上问题，问题针对性强，且能提出解决办法，办法具有可行性	在小组活动中能够提出两个以上问题，问题针对性强，且能提出解决办法，办法具有可行性	在小组活动中能够提出一个以上问题，问题针对性强，且能提出解决办法，办法具有可行性	在小组活动中未能提出问题
同伴合作	与小组伙伴密切合作，效果好	与同组伙伴有合作，合作效果较好	偶尔与同组伙伴有合作，合作效果一般	没有与同组伙伴进行合作
反思与改进	形成了完善的自我反思，且包含全部细节描述，改进明显	基本形成了自我反思，且包含一些细节描述，有所改进	基本形成了自我反思，但未包含细节描述，有所改进	没有自我反思和改进

任务3 制订职业生涯规划

任务解析

本任务主要是对互联网营销师职业生涯规划的训练，学生通过学习并应用职业生涯规划相关知识，能科学地规划互联网营销师职业生涯。在人才竞争的时代，规划职业生涯是迈向工作岗位的关键。作为互联网营销师，这一职业已发展分化出包括选品员、直播销售员、视频创推员与平台管理员在内的四大职业工种。虽然各工种间的职业方向与职位功能存在很大差异，但它们彼此之间相辅相成，共同构成了互联网直播营销链条。通过训练，学生能够明确职业目标，制订职业生涯规划，会撰写职业生涯规划书。

（🖐）知识链接

一、什么是职业生涯规划

视频

职业生涯规划
认知

（一）职业生涯规划的含义

职业生涯规划（简称生涯规划），又称职业生涯设计，是指个人与组织相结合，在对一个人职业生涯的主客观条件进行测定、分析、总结的基础上，对自己的兴趣、爱好、能力、特点进行综合分析与权衡，结合时代特点，根据自己的职业倾向，确定最佳的职业奋斗目标，并为实现这一目标做出行之有效的安排。职业规划就是对职业生涯乃至人生进行持续的系统地计划的过程。

（二）职业生涯规划的意义

职业规划需要遵循一定的原则，对自己的认识和定位是重要的。在全球化的竞争之下，能够发挥出自己的特长。从事热爱的工作，这样的人才是幸福的人，他们最容易在事业上取得成功。"知己"十分重要，"知彼"同等重要。有自我生涯规划的人会有清晰的发展目标，有目标的人才能抗拒短期的诱惑，才会坚定地朝着自己的方向前进，才会感觉充实。每个人只有找准自己的角色定位，才能取得最大的成功，做自己喜欢的事情，做到极致，且容易成功。很多时候失败的人不代表没有能力，而是角色定位的失败。个人生涯规划正是对个人角色的有效定位的方式。职业生涯规划的好坏必将影响整个生命历程。

（三）职业生涯规划的作用

（1）职业生涯规划是个人成才的有效办法。通过对一个人职业生涯的主客观因素进行分析、总结和测定，可以发现自身所具有的潜质、优点和缺点，在此基础上，通过学习和实践，充分发挥个人的长处，努力克服弱项，挖掘潜在的能力，成为有用人才。

（2）职业生涯规划是组织开发人才的有效手段。随着知识经济时代的到来，知识已成为社会的主体，而掌握和创造知识的是人。现代许多管理学家认为，早期的传统产品属"集成资源"，而未来的产品则属于"集成知识"，企业应更加注重人的智慧、技艺和能力的提高与全面开发。通过员工职业生涯开发与管理，使人尽其才，才尽其用，是资源合理配置的首要问题。

（3）职业生涯规划是组织留住人才的最佳措施。企业成功的根本原因是拥有高素质的企业家和高素质的员工。通过企业员工职业生涯开发与管理，努力提供人才施展才能的舞台，实现人才的自我价值，是留住人才、凝聚人才的根本保证，也是企业长盛不衰的组织保证。一旦人的才能和潜力得到充分发挥，人才资源不虚耗与浪费，企业的生存成长就有了取之不尽、用之不竭的源泉。

（四）职业生涯规划的原则

（1）清晰性原则：考虑目标、措施是否清晰、明确，实现目标的步骤是否直截了当。

（2）挑战性原则：目标或措施是否具有挑战性，还是仅保持其原来状况而已。

（3）动态原则：目标或措施是否有弹性或缓冲性，是否能依循环境的变化而进行调整。

（4）一致性原则：主要目标与分目标是否一致，目标与措施是否一致，个人目标与组织目标是否一致。

（5）激励性原则：目标是否符合自己的性格、兴趣和特长，是否能对自己产生内在的激励作用。

（6）合作性原则：个人的目标与企业目标是否具有合作性与协调性。

（7）全程原则：拟定生涯规划时必须考虑到生涯发展的整个历程，作全程的考虑。

（8）量化清晰原则：生涯规划各阶段的路线划分与安排，必须具体可行。

（9）务实原则：实现生涯目标的途径很多，在做规划时必须要考虑到自己的特质、社会环境、组织环境以及其他相关的因素，选择确实可行的途径。

（10）可评量原则：规划的设计应有明确的时间限制或标准，以便评量、检查，使自己随时掌握执行状况，并为规划的修正提供参考依据。

（五）职业生涯规划的前期准备

1. 正确的职业理想，明确的职业目标

职业理想在人们职业生涯设计过程中起着调节和指南作用。一个人选择什么样的职业，以及为什么选择某种职业，通常都是以其职业理想为出发点的。任何人的职业理想必然要受到社会环境、社会现实的制约。社会发展的需要是职业理想的客观依据，凡是符合社会发展需要和人民利益的职业理想都是高尚的、正确的，并具有现实的可行性。年轻人的职业理想更应把个人志向与国家利益和社会需要有机地结合起来。

2. 正确进行自我分析和职业分析

首先，要通过科学认知的方法和手段，对自己的职业兴趣、气质、性格、能力等进行全面认识，清楚自己的优势与特长、劣势与不足。避免设计中的盲目性，达到设计高度适宜。其次，现代职业具有自身的区域性、行业性、岗位性等特点，要对该职业所在的行业现状和发展前景有比较深入的了解，如人才供给情况、平均工资状况、非正式团体规范等；还要了解职业所需要的特有能力。

3. 构建合理的知识结构

知识的积累是成才的基础和必要条件，但单纯的知识数量并不足以表明一个人真正的知识水平，人不仅要具有相当数量的知识，还必须形成合理的知识结构，没有合理的知识结构，就不能发挥其创造的功能。合理的知识结构一般包括宝塔形和网络形两种。

4. 培养职业需要的实践能力

综合能力和知识面是用人单位选择人才的依据。一般来说，进入岗位的新人，应重点培养满足社会需要的决策能力、创造能力、社交能力、实际操作能力、组织管理能力和自我发展的终身学习能力、心理调适能力、随机应变能力等。

5. 参加有益的职业训练

职业训练包括职业技能的培训，对自我职业的适应性考核、职业意向的科学测定等。

二、制订职业生涯规划的步骤

制订职业生涯规划包含对内在因素和外在因素的分析、目标的确立、具体实施方案的制订等环节。具体到制订职业生涯规划时，一般并不能做到一步到位。通常是要根据自己的实际工作能力和专业知识，大致设计好一个自己将要为之奋斗的目标，即自己以后的路如何走，然后随着时间的推移逐步调整。为了使规划更具可行性，可以先给自己定下一个合适的高度，然后再通过自己一步一步地努力朝着这个方向前进，直至达到既定高度后再设立新的高度，这个前方的高度就是自己的未来。职业生涯规划与职业成功没有必然的因果关系，但是制订科学、合理、务实的职业生涯规划会使目标更明确、更切合实际，有助于职业发展与取得职业成功。

视频

制订职业生涯
规划的步骤

要做好职业生涯规划通常需要认真做好以下几方面：

（一）树立正确的职业生涯发展信念

树立正确的职业生涯发展信念对年轻人目前和未来的发展至关重要。没有积极向上、为社会贡献自己才干的信念，事业的成功也就无从谈起。俗话说："志不定，天下无可成之事。"立志是人生的起跑点，反映着一个人的理想、胸怀、情趣和价值观，影响着一个人的奋斗目标及成就的大小。所以，在制订生涯规划时，首先要确立正确的人生志向，对自己的人生取得更大发展有着远大的抱负和格局，这是制订职业生涯规划的动力所在，也是年轻人职业生涯规划最重要的一点。

（二）客观自我评价

客观自我评价就是要对自己有一个全面的了解。一个有效的职业生涯设计必须是在充分且正确认识自身条件与相关环境的基础上展开的。要审视自己、认识自己、了解自己，做好自我评估，包括自己的兴趣、特长、性格、学识、技能、智商、情商、思维方式等方面。即要弄清我是谁、我想要干什么、我能干什么、我应该干什么、在众多的职业面前我会选择什么等问题。

自我认知是避免职业选择盲目性的重要基础。因为只有认识了自己，才能知道自己适合做什么，不适合做什么。所以，自我认知是制订职业生涯规划的最重要步骤之一。通过客观分析自己的知识水平、能力结构、职业兴趣、职业观、行为风格、个性特征等，并将其作为设定职业生涯目标和策略的基础，从而达到准确做好职业定位、实现自我价值的目的。同时，通过自我认知，找到自己与实际职场需求之间的差距，努力采取切实行动缩小这种差距。

（三）择优选择职业目标和路径

职业目标的设定是职业生涯规划的核心。一个人事业的成败，很大程度上取决于是否有正确适当的目标。没有目标就如同大海中的孤舟，没有方向就不会知道自己应该走向何方。只有树立了目标，才能明确奋斗的方向，才能设计通向目标的最佳路径。通常，目标有短期目标、中期目标和长期目标之分。长期目标需要个人经过长期艰苦努力、不懈奋斗才有可能实现，确立长期目标时要立足现实、慎重选择、全面考虑，使之既有现实性又有前瞻性。短期目标更具体，对人的影响也更直接，也是长远目标的组成部分。

在择优选择自己的职业目标过程中，通过自我评估和环境机会的评估，结合生涯发展愿望，可初步确立个人的职业发展目标，如具体的行业/领域、职业、职位，以及希望达到的发展高度等。在知己、知彼的基础上，以自己的最佳才能、最优性格、最大兴趣、最有利的环境等信息为依据，选择最适合自己的目标职业，并确定相应实现自己目标的发展路径和实现策略。

知识拓展

随着社会的不断进步和就业市场的日益严峻，在校期间就制定出一套科学且有效的职业生涯规划，对其未来的就业质量以及人生轨迹有着深远的影响。因此，针对个人的实际情况，明确未来的职业发展方向，对个人的长远发展而言至关重要。为了精准地设定职业目标并铺设一条可行的职业发展道路，我们需要依据职业生涯规划的核心理念与指导原则，学会正确地制定职业生涯规划的方法。这要求我们不仅要准确地进行自我评估与定位，还要细致地规划自己的职业生涯，列出具体可行的步骤和路径。通过这样具有预见性的职业规划，我们可以减少在人生旅途中的迷茫与徘徊，避免时间的无谓浪费，为积极面对未来职业道路上的种种挑战做好充分的准备。

（四）职业定位

职业定位就是要为职业目标与自己的潜能以及主客观条件谋求最佳职业匹配。一个人职业的定位最根本的还是要归结于其学识和能力，而职业发展空间大小则取决于其潜力。对于一个人能力与潜力的了解应该从几个方面去认识，如对事物的兴趣、做事的韧性、持久学习的意愿、面临问题时的判断力以及知识结构是否全面、是否能及时更新等。自己所掌握的专业知识和技能最好能做到学以致用，在职场能充分发挥自己的专长。因此，年轻人在学校期间的学习过程中一定要注意积累自己的专业知识和相关技能。职业定位过程中要考虑的因素很多，包括性格与职业的匹配、兴趣与职业的匹配、特长与职业的匹配、专业与职业的匹配等。

1. 互联网营销师职业定位方向

互联网营销师是指在数字化、信息化、数字化信息平台上，运用网络交互性及传播力，对企业产品进行营销推广的人员。近年来，互联网经济繁荣发展，网络营销应运而生，在拓展消费需求的同时，也促进了产品销售。互联网营销师虽然是由带货主播转变而来，但不是对带货主播的简单复制，而是深层次地发展分化出的选品员、直播销售员、视频创推员及平台管理员，每个工种都有着相应的职业素养要求。

视频

互联网营销师
职业定位方向

1）选品员

如果是自有产品，要提炼出卖点。如果是别人的，则要进行商务谈判、制订合同细节等。选品员是从产品选择、产品卖点提炼、商务谈判、直播流程设计中参与实施管理的人员。产品一定要正、要真、要好、要有利润，才能保证持续发展，这个是根基。好的产品人人需要，也只有好的产品才能赢得大家的信任，让大家产生愉悦的购物体验，从而促进产品流通、消费，使得"互联网+"的新型消费生态稳固发展，进而促进社会经济的发展。

选品员有以下几个岗位职责：

（1）市场分析：了解各个平台市场，分析目标市场网购人群结构，分析目标市场的节日、假日的消费记录，分析目标市场不同时期的消费主力类别（主要是当期类别）等。

（2）挖掘需求：根据对目标市场的历史分析及当期的消费需要，挖掘、开发产品和产品系列。

（3）对所选的产品进行比质、比价、比服务、比评价、比卖点、比亮点等，同时，对产品的供应商进行甄别、筛选，原则上只找有现货的生产厂家。

（4）样品检查：根据初步选择的产品、供应商，联系厂家索要/购买样品，收到样品后对样品进行详细的材质、工艺、质量、气味等方面的综合分析、评判，最终确定是否作为推广产品，并对样品进行入库登记。

（5）推广文案：对推广产品制定产品销售价格，并以文案的方式标记产品的亮点、卖点及广告推广的切入点等。

2）直播销售员

直播销售员是在直播过程中针对企业产品进行宣传推广，以及进行直接直播的营销人员。直播销售员就是直播带货人员，俗称直播博主，负责搭建数字化场景，通过直播或短视频等形式，对产品进行多平台营销推广。主播直接面对受众，他们自身的素养在很大程度上影响了产品的销量。

（1）直播销售员的工作是通过各类直播平台进行品牌宣传、产品营销等工作。

（2）直播销售员需要有健康的个人形象、专业的沟通技巧和营销推广技巧。

（3）直播销售员的业绩及薪酬计算简单来讲可分为以下两种：

① 可以作为直播营销团队讲师或部门管理者，并获取相应报酬。

② 直接在各大直播平台进行品宣或营销售，报酬直接与品宣效果或销额挂钩。

3）视频创推员

视频创推员是通过视频的创作及推广，为后续的直播销售充分预热和赋能，并进一步开展用户互动工作的人员。在快节奏的生活发展趋势下，图文的传播方式已经不能适应人们的生活了，所以短视频是信息传播的主流。人们在忙碌的生活中，用碎片化时间接收信息，在人人都看短视频、直播的今天，未来有效利用短视频和直播的优势将产品推广出去，实现"互联网+"的新型消费生态的可持续发展，视频创推员的存在至关重要。

4）平台管理员

平台管理员是针对直播平台进行后台管理，包括账号管理、数据监控，并通过分析指导直播销售过程的人员。作为直播管理员，需要维护和管理直播的秩序。而管理员有一定的权限，如果是超级管理员，可以在直播间任意地将其他管理员设置为普通管理员或者取消管理员，同时还负责管理直播的话语，如一些违禁词的管理，还需要定期巡查直播间，如对一些不遵守规则的游客禁言、拉黑、清退出直播间等。在互联网时代，大数据不再是一个陌生的词汇，各种各样的数据里面包含着各种信息，平台管理人可以说是幕后的头脑担当。

互联网营销师的四个方向，显而易见是相辅相成、缺一不可的。

2. 职业定位应注意的方面

（1）扬长避短。依据个人情况和客观现实，做好自我评价，然后综合考虑个人具备的条件与社会、用人单位的需求实际，扬长避短，做出目标单位选择的决定。

（2）比较鉴别。对职业条件、要求、性质与自身条件的匹配情况进行比较，进而选择条件更合适、更符合自己特长、更感兴趣、经过努力能很快胜任、有发展前途的职业。

（3）客观面对现实。社会不存在十全十美的职业，选择目标职业时要看主要方面是否与自己的情况相匹配。

（4）根据实际调整目标职业。要审时度势，根据情况的变化，分析产生的原因及时调整择业目标，不要死盯着一个目标不放。

（5）采取切实可行的行动。没有行动，职业目标只能是一种梦想。因此，要制订出周详的行动方案，更要注意去落实这一行动方案，通过具体的行动措施来保证目标的实现。

（五）评估职业生涯机会

每个人都处在一定的环境之中，环境的影响无处不在。所以，在制订个人的职业生涯规划时，要分析环境条件的特点，了解环境的发展变化情况，自己与环境的关系，自己在这种环境中的处境，环境对自己提出的要求，以及环境对自己的有利条件与不利条件等。只有对这些环境因素充分了解，才能做到在复杂的环境中发现机会、避害趋利，使自己的职业生涯规划更符合环境实际。为此，就要通过多种途径，尽可能地获取目标行业、目标职业、目标用人单位的相关信息，结合自己的专业特长、职业兴趣、就业机会、职业选择、家庭环境、社会需求等环境因素，理性地评估职业机会，以此作为设定自己职业目标的基础。

要充分认识和了解相关的环境，评估环境因素对自己职业生涯发展的影响，分析环境条件特点及发展变化情况，把握环境因素的有利与限制性条件，了解本专业的应用领域，掌握目标行业的现状、竞争形势以及发展趋势。

综上所述，整个规划流程中正确的自我评价是最为基础，最为核心的环节。这环节如果做不好或出现偏差，就会导致职业生涯规划的各个环节都出现一定的问题。

（六）制订行动计划和行动策略

在确定了职业生涯目标后，行动就变成了关键的环节。没有行动，就不能达成目标，也就谈不上事业的成功。这里所指的行动是指围绕职业目标的实现，制订具有针对性、有效性与可行性的行动计划，以及落实目标的具体措施。例如，为达成目标，你通过什么样的路径来实现？在学习和工作方面，你计划采取什么措施以提高你的成效？在业务素质方面，你计划如何提高自己的专业业务能力？在潜能开发方面，你采取什么措施开发自己的潜能？要有具体的计划与明确的措施，并且这些计划要尽可能具体化，以便于定时检查、落实和调整。

三、制订职业生涯规划前注意的问题

对于那些希望自己的未来有个明确的人生目标，而且也愿意为实现这一目标而努力奋斗的人来讲，制订职业生涯规划就是朝着实现这一目标所迈开的第一步。所以在制订职业生涯规划前，一般需要搞清如下六个问题（6W）：

视频

制订职业生涯规划前注意的问题

（一）你是谁（Who are you）

为了回答这个问题，需要对自己做一个梳理，真实地写出每一个所能想到的答案，写完了再想想有没有遗漏，如果确实没有了，就按重要性进行排序。该问题的提出是希望你对自己能有一个比较清醒的认知，这也是一次自我分析的过程。分析的内容包括个人的兴趣爱好、性格倾向、身体状况、家庭影响、教育背景、专长、过往经历和思维能力等。通过自我反思，列出自己的优点和缺点、特长、性格类型等，并以此为基础做进一步自我评估，目的是对自己有个全面准确的评价和定位。职业生涯规划要求能根据自身的兴趣、特点，将自己定位在一个最能发挥自己长处的职场平台，这将有利于最大限度地实现自我价值。也就是说，制订职业生涯规划意义不仅在于要适应环境的变化，而且还在于能正确认识自我，寻找努力的方向，在变化的环境中适时地调整自己的坐标，确保将来的职业能顺利发展。

（二）你想要的是什么（What do you want）

制订职业生涯规划实际上就是为自己在未来的职场发展提前绘制出一个比较清晰的愿景蓝图，也就是说在进行职业生涯规划时，要明白自己到底需要的是什么，希望从事何种职业，希望在目标职业中得到什么。如果一个人确定了对某种职业的兴趣，就会很容易迸发出强大的行为动力，推动着自己去发掘自身全部潜能朝着实现这一目标而努力。为了弄清自己想要什么这个问题，可以将思绪回溯到孩童时代，从人生初次萌生想干什么的念头开始，然后随年龄的增长，回忆自己真心向往过哪些想做的事，并一一地记录下来，写完后再想想有无遗漏，确实没有了，就对这些记录进行认真排序。该问题的提出是希望理清自己对职业发展有怎样的心理倾向，实际上也是对目标职业的展望，包括职业目标、收入目标、学习目标、名望期望和成就期望等。每个人在不同阶段的兴趣和目标并不完全一致，有时甚至是完全对立的。但随时年龄和经历的增长而逐渐固定，并最终锁定自己的终身理想和目标。

（三）你能做什么（What can you do）

对于这个问题，需要你把可以证明自己实力和自认为还可以开发的潜能都一一列出来，认为没有遗漏了，就进行认真排序。该问题需要你做的是对自己的能力与潜力进行全面总结并回答自己的专业知识和技能专长是什么、能否学以致用等问题。

（四）哪些因素可支持你的生涯选择（What can support you）

你具有哪些职业竞争优势和能力优势，这些职业优势和竞争力包括了内、外因素对你职业选择的支撑，如外在因素包括经济发展、用人单位人事政策、企业制度、职业发展等，内在因素包括你的各种资源，如家庭、学校、社会的种种资源。两方面的因素应该综合起来考虑，因为这些因素也许能够影响到你的职业选择。有时我们在做职业选择时常常忽视对环境的考虑，没有将一切有利于自己生涯发展的因素都调动起来，从而影响了自己未来发展路径的选择。环境既有来自家庭的影响，也有来自社会政治、经济、文化等的影响。比如，当前社会、政治、经济发展趋势，社会热点职业门类分布及需求状况，所学专业在社会上的需求形势，自己所选择职业在目前与未来社会中的所处态势，社会发展对个人生涯发展的影响，自己所选择的目标单位在未来行业发展中的变化情况，在本行业中的地位、市场占有率及发展趋势等对环境影响的分析和对社会发展大趋势问题的认识，有助于自我把握职场需求，使自己的职业选择能紧跟时代脚步。通过对上述问题的分析，认真思考自己可能获得的环境支持因素，将其写下来，最后再依据重要性排序，从而确定哪些因素可以对自己的职业生涯选择提供支持。

（五）什么职业最适合你（What fit you most）

面对众多的行业和职位，哪个才是适合你的呢？盲目选择目标职业往往会使自己因考虑不周而得不偿失，要知道，最终作出的职业目标选择一定应该是不利条件最少、最适宜自己做的。弄清自己适合从事哪些职业/工作是职业生涯规划的关键和基础。不能选择看起来最好但不适合自己的，只有选择适合自己各方面条件的职业才是最正确的。这就需要在明确前四个问题的基础上再来回答这个问题。

（六）你最后的选择是什么（What you can choose in the end）

最终选择什么样的目标单位很重要，这将影响你的职业生涯。对目标单位的选择实际是建立在综合分析的基础上，包括预测自己在用人单位内的职务提升路径，个人如何从低到高逐级而上，如从技术员做起，在此基础上努力熟悉业务领域、提高能力，最终达到技术工程师的理想生涯目标。此外，还需要预测一下工作范围的变化情况，不同工作对自己的要求及应对措施，预测可能出现的竞争，如何相处与应对，分析自我提高的可靠途径。如果发展过程中出现偏差时如何改变职业方向。所有这些内容都需要在职业生涯规划中列出来，从而建立并形成个人发展计划书档案，然后通过系统地学习、培训，不断充实自己，从而为将来实现就业理想目标奠定基础。

要回答上述问题，还需要通盘考虑以下几方面的因素：

1. 自己目标职业所处行业的发展阶段

面对各行各业，究竟选择哪一个作为自己的理想职业，不仅取决于自身的偏好与能力，还取决于其行业自身的生命力。因此，在确定职业生涯目标时，一定要考察该行业的生命周期和行业所处的发展阶段。同时，选择职业生涯目标还应善于把握社会发展的脉搏，对社会大环境作出分析。虽不能面面俱到，但也要有一定的广度，包括社会政治、经济的发展趋势，社会热点职业门类的分布和需求情况，自己所学专业在社会上的需求形势，自己所选择的单位在未来发展中的情况及在本行业中的地位、市场占有率和发展趋势等，在此基础上寻求一个符合社会发展潮流、有巨大生命力的职业。

2. 自己的职业性向

所谓职业性向，是指一个人所具有的、有利于其在某一职业取得成功的素质之和。它是与职业方向相对应的个性特征，也是指由个性决定的职业选择偏好。一个人如果从事符合自己性向的职业，做事情就容易顺风顺水。比如，在确定职业生涯目标时，最好优先考虑适合自己专业的职业，这样可以免去很多烦恼，不会因为专业与工作不对口等问题而心生烦躁。根据霍兰德的观点，大多数人实际上并非只有一种性向。他认为，这些不同的性向越相似或相容性越强，则一个人在职业选择时所面临的内在冲突和犹豫就会越少。如果这些性向是相互对立的，那么在进行职业选择时将会面临较多犹豫不决的情况，这是因为多种性向将会驱使人们在多种不同的职业之间进行选择，结果反而会造成患得患失、举棋不定的局面。

3. 自己的技能

在职业生涯目标选择与确定时，一定要看清自己的能力大小，分析自己在能力上的优势和劣势，深入了解自我，根据过去的经验选择，推断未来可能的职业发展方向与机会，并结合自身实力考虑其合理性与成功概率。如果你具有某项突出的技能，而这项技能可以成为自己获得目标职业的竞争优势，那么，做职业生涯规划时就应当将其作为一个重要因素加以考虑。

4. 自己的职业锚

职业锚/动机是职业生涯规划时另一个值得认真考虑的要素。职业锚是人们选择和发展职业时所围绕的中心。人们都有自己的职业锚，影响一个人职业锚的因素有天资和能力、工作动机、人生态度和价值观。

5. 自己的职业兴趣

职业兴趣是一个人对待工作的态度，表现为有从事相关工作的愿望和兴趣。在规划职业生涯目标时，职业兴趣是主要动力，只有在自己内心不断涌动的热忱鼓舞下，一个人才能真正热爱自己准备从事的工作。例如，喜欢旅行（适合于经常出差的职业）、喜欢温暖湿润的气候（适合在华南，特别是沿海地区工作）、喜欢自己做出决定（适合创业）、喜欢住在中等城市工作（不愿深陷过度竞争，适合从事稳定性强的工作）、不喜欢整天坐办公室（不愿意坐班受约束，适合从事与公关、出差、市场开拓等方面的工作）等。

四、制订职业生涯规划的步骤

（一）自我评估和环境分析

自我评估和环境分析、职场定位是职业生涯规划的首要环节，它决定着个人职业生涯的方向，也决定着职业生涯规划的成败。一个有效的职业生涯设计，必须是在充分且正确地认识自身条件和相关环境的基础上展开的。此外，在制订个人的职业生涯规划时，还要了解所处环境的特点、发展变化趋势、明确自己在这个环境中的有利条件和不利条件，以及环境对自己提出的要求和可创造的条件等。只有对自我评估及环境分析得透彻，才能做到在复杂的环境中避害趋利，使职业生涯规划具有实际意义。

（二）选择理想目标职业

在准确地对自己和环境做出评估之后，可以确定适合自己的、有实现可能的职业生涯发展目标。目标要具体明确并写出各目标的起讫时间。

年轻人职业生涯规划需要一步步地发展。但在实际操作中，跨度时间太长的规划由于环境和个人自身条件的变化而难以把握，时间跨度太短的规划意义又不大。所以，一般把个人职业规划的重点放在中期规划的制订，这样既便于根据实际情况设定可行目标，又便于随时根据现实的反馈信息进行修正或调整。年轻人最好是为自己制订三年内要达到的规划目标，大的目标可以分解为小的阶段性目标，每个阶段性目标实现起来的难度相对并不大，但积累这些阶段性目标的结果，可为最终实现总体目标创造条件。

（三）制订实现目标的行动方案

在职业生涯规划中，职业目标一经确定，就必须对实现目标的路径做出抉择，以便及时调整自己的学习、实践以及其他各种行动措施沿着预订的方向前进。这里所说的行动，是指落实目标的具体措施，主要包括学习、培训、教育、实践等方面的措施。此时，制订行动方案成为关键的环节。在制订行动方案时，要不断问自己几个问题：你所选择的理想职业正在帮助你实现人生的最终目标吗？是否有一种途径可以让目标职业与人生目标相一致？

（四）付诸行动

采取行动是所有职业生涯设计中最艰难的一个步骤。职业生涯中的行动主要指为达成既定目标，在提高工作效率、学习知识、掌握技能、开发潜能等方面选用的方法。通过制定分阶段的实施方案，采取具体行动举措，有步骤地一步一步实现目标。如果只有目标，没有行动，那么，目标终归也只能停留在梦想阶段。应该做的是，定下自己的目标，采取实际行动并有计划地不断朝目标方向努力，这一点对职业生涯发展起着至关重要的作用。

（五）评估与反馈

影响职业生涯规划的因素很多，有的变化因素是可以预测的，而有的变化因素难以预测。在此状态下，要使职业生涯规划行之有效，就必须不断地对职业生涯规划执行情况进行及时评估。比较多的情况是以季度、半年或年度为单位，对目标的执行情况进行及时总结，确定哪些目标已按计划完成，哪些目标尚未完成。然后，对未完成目标的原因进行分析，找出落实过程中的困难及发展障碍，制订相应的对策。最后，依据评出结果对下一年度的计划和行动进行修订与完善。如必要，也可考虑对职业目标和路线进行修正。通过以上的简单步骤和原则，就可以设计职业生涯规划了。根据不同的情况，个人可以先制订一个整体生涯规划，作为一个纲领性长期规划；或者制订中期职业生涯规划，作为今后发展的中期规划。总之，机会总是偏爱有准备的人，做好了自己的职业生涯规划，也就意味着为自己今后的职业发展做好了准备。对做好职业生涯规划的人来讲，未来的机会定会比没有做准备的更多。

任务实施

活动1：个人职业生涯规划设计

活动规则：

（1）你在择业时，首先考虑的是自己的预期收益——个人幸福最大化。

（2）考虑自己的特点，珍惜自己的兴趣——择己所爱，选择自己所喜欢的职业。

（3）一定要分析社会需求——择世所需。最重要的是，目光要长远，能够准确预测未来行业或者职业发展方向，再做出选择。不仅仅是有社会需求，并且这个需求要长久。

（4）运用比较优势原理充分分析别人与自己，尽量选择冲突较少的优势行业。

（5）四人一组，相互评议打分。

（6）随机抽取四人在班级中进行展示，全班同学进行评价。

活动要求：

（1）根据职业生涯规划测评结果，综合自己的实际情况与社会需求，从专业、就业、职业等方面，按照自我认知来进行职业生涯规划设计。

（2）在罗列作为判断依据的事实时，要尽量真实、客观、精确。

（3）学生提前准备好纸和笔。

（4）职业生涯规划设计结束后，请对方点评，要吸纳同伴合理化建议并改进。

时间：50 min。

活动实施：

第1步：自我分析（对自己进行全方位、多角度的分析）。

（1）职业兴趣——喜欢干什么。

（2）职业能力——能够干什么。

（3）个人特质——适合干什么。

（4）职业观——最看重什么。

（5）胜任能力——优劣势是什么。

第2步：职业分析（对影响职业选择的相关外部环境进行较为系统的分析）。

（1）家庭环境分析，如经济状况、家人期望、家庭文化等以及对本人的影响。

（2）学校环境分析，如学校特色、专业学习、实践经验等。

（3）社会环境分析，如就业形势、就业政策、竞争对手等。

（4）职业环境分析。

行业分析（如××行业现状及发展趋势、从业匹配分析）。

职业分析（如××行业的工作内容、工作要求、发展前景、人岗匹配分析）。

企业分析（如××单位类型、企业文化、发展前景、发展阶段、产品服务、员工素质、工作氛围等，人企匹配分析）。

地域分析（如××工作城市的发展前景、文化特点、气候水土、人际关系等，人城匹配分析）。

职业分析小结。

第3步：职业定位。

结合第一部分（自我分析）及第二部分（职业分析）的主要内容得出本人职业定位的SWOT分析，并填到表1-3-1中。

表 1-3-1　SWOT 分析

内部环境因素	优势因素（S）	劣势因素（W）
外部环境因素	机会因素（O）	威胁因素（T）

将结论填到表1-3-2中。

表1-3-2　职业定位

职 业 目 标	将来从事（××行业的）××职业
职业发展策略	举例：进入××类型的组织（到××地区发展）
职业发展路径	举例：走专家路线（管理路线等）
具体路径	举例：初级—中级—高级

第4步：计划实施。

1.　短期计划

（可以是大学计划）20××—20××年在大学毕业时力争取得相关证书。大一要达到……；大二要达到……；或在××方面要达到……（如在专业学习、职业技能培养、职业素质提升、职业实践计划等方面）。大一以适应大学生活为主；大二以专业学习和掌握职业技能为主……或为了实现××目标，我要……

2.　中期计划

（毕业后五年计划）20××—20××年，毕业后第五年时要达到……如毕业后第一年要达到……第二年要达到……或在××方面要达到……

如尽快实现职场适应、资源积累、岗位转换及升迁等。

3.　长期计划

20××—20××年（毕业后十年或以上计划）如毕业后第十年要……第二十年要……

如事业发展，工作、生活关系，健康，子女教育，慈善等。

第5步：评估调整。

职业生涯规划是一个动态的过程，必须根据实施结果的情况以及相应变化进行及时的评估与修正。

1.　评估的内容

（1）职业目标评估（是否需要重新选择职业）假如一直……，那么我将……

（2）职业路径评估（是否需要调整发展方向？）当出现……的时候，我就……

（3）实施策略评估（是否需要改变行动策略）如果……，我就……

（4）其他因素评估（身体、家庭、经济状况以及机遇、意外情况的及时评估）。

2.　评估的时间

一般情况下，我会定期（半年或一年）评估规划。当出现特殊情况时，我会随时评估并进行相应的调整。

3.　规划调整的原则

现在应该停止各种浪费时间的行为。从现在开始执行短期计划，为此，我要努力为美好的明天创造基石。未来是自己创造的，路是自己走出来的。我要像黎明的小鸟，飞向灿烂阳光。只要努力争取，前途一片光明。

第6步：小组讨论。

在小组内分享自己设计的职业生涯规划，形成分享意见。

第7步：展示汇报。

每个小组选一个成员代表小组来分享。提出学习中的疑问，全班共同解决。其他小组可以介绍解决办法，进一步讨论主题，提升对知识点的掌握水平。

第8步：学习评价，见表1-3-3。

表1-3-3 学习评价

评价内容	4分	3分	2分	1分
要点评价	要点准确、合理；要点数量四个以上	要点准确、合理；要点数量三个	要点准确、合理；要点数量两个	要点准确、合理；要点数量一个
问题意识	在小组活动中能够提出三个以上问题，问题针对性强，且能提出解决办法，办法具有可行性	在小组活动中能够提出两个以上问题，问题针对性强，且能提出解决办法，办法具有可行性	在小组活动中能够提出一个以上问题，问题针对性强，且能提出解决办法，办法具有可行性	在小组活动中未能提出问题
同伴合作	与小组伙伴密切合作，效果好	与同组伙伴有合作，合作效果较好	偶尔与同组伙伴有合作，合作效果一般	没有与同组伙伴进行合作
反思与改进	形成了完善的自我反思，且包含全部细节描述，改进明显	基本形成了自我反思，且包含一些细节描述，有所改进	基本形成了自我反思，但未包含细节描述，有所改进	没有自我反思和改进

项目实训

实训1 职业生涯规划测评——霍兰德职业兴趣自测

实训目的

通过职业生涯规划测评对测评者的兴趣、能力和人格特点进行测评。通过对测评结果的综合分析，可以帮助测评者发现和确定自己的职业兴趣和能力特长，使其对与自身性格匹配的职业类别、岗位特质有更为明晰的认识，从而在其就业、升学、进修或职业转向时做出最佳的选择。

实训准备

霍兰德认为一个人的职业是否成功，是否稳定，是否顺心如意，在很大程度上取决于其个性类型和工作环境之间的适应情况。大多数人都属于六种职业类型中两种以上类型的不同组合，六种职业类型见表1-3-4。

表1-3-4 六种职业类型

类 型	共同特征	典型职业
社会型	喜欢与人交往，不断结交新的朋友，善言谈，愿意指导别人。关心社会问题，渴望发挥自己的社会作用。寻求广泛的人际关系，比较看重社会义务和社会道德	喜欢要求与人打交道的工作，能够不断结交新的朋友，从事提供信息、启迪、帮助、培训、开发等事务，并具备相应能力。如教育工作者（教师、教育行政人员）、社会工作者（咨询人员、公关人员）
企业型	追求权力、权威和物质财富，具有领导才能。喜欢竞争、敢冒风险，有野心、有抱负。为人务实，习惯以利益得失来衡量做事的价值，做事有较强的目的性	喜欢要求具备经营、管理、劝服、监督和领导才能，以实现机构、政治、社会及经济目标的工作，并具备相应的能力。如项目经理、销售人员、营销管理人员、政府官员、企业领导、法官、律师

续表

类　型	共同特征	典型职业
常规型	尊重权威和规章制度，喜欢按计划办事，细心、有条理，习惯接受他人的指挥和领导，不谋求领导职务。喜欢关注实际和细节情况，通常较为谨慎和保守，缺乏创造性，不喜欢冒险和竞争，富有自我牺牲精神	喜欢要求注意细节、精确度，有系统、有条理，具有记录、归档、据特定要求或程序组织数据和文字信息的职业，并具备相应能力。如秘书、办公室人员、记事员、会计、行政助理、图书馆管理员、出纳员、打字员、投资分析员
实际型	愿意使用工具从事操作性工作，动手能力强，做事手脚灵活，动作协调。偏好于具体任务，不善言辞，做事保守，较为谦虚。缺乏社交能力，通常喜欢独立做事	喜欢使用工具、机器，需要基本操作技能的工作。对要求具备机械方面才能、体力或从事与物件、机器、工具、运动器材、植物、动物相关的职业有兴趣，并具备相应能力。如技术性职业（计算机硬件人员、摄影师、制图员、机械装配工）、技能性职业（木匠、厨师、技工、修理工、农民、一般劳动）
调研型	思想家而非实干家，抽象思维能力强，求知欲强，肯动脑，善思考，不愿动手。喜欢独立的和富有创造性的工作。知识渊博，有学识才能，不善于领导他人。考虑问题理性，做事喜欢精确，喜欢逻辑分析和推理，不断探讨未知的领域	喜欢智力的、抽象的、分析的、独立的定向任务，要求具备智力或分析才能，并将其用于观察、估测、衡量、形成理论、最终解决问题的工作，并具备相应的能力。如科学研究人员、教师、工程师、计算机编程人员、医生、系统分析员
艺术型	有创造力，乐于创造新颖、与众不同的成果，渴望表现自己的个性，实现自身的价值。做事理想化，追求完美，不重实际。具有一定的艺术才能和个性。善于表达、怀旧，心态较为复杂	喜欢的工作要求具备艺术修养、创造力、表达能力和直觉，并将其用于语言、行为、声音、颜色和形式的审美、思索和感受，具备相应的能力。不善于事务性工作。如艺术方面（演员、导演、艺术设计师、雕刻家、建筑师、摄影家、广告制作人）、音乐方面（歌唱家、作曲家、乐队指挥）、文学方面（小说家、诗人、剧作家）

实训内容

每个人完成一次职业生涯自我测评，根据对下列每一题目的第一印象作答，不必仔细推敲，答案没有好坏对错之分。具体填写方法是，根据自己的情况，如果选择"是"，请打"√"，"否"则请打"×"。

第1步：完成答题。

1. 我喜欢把一件事情做完后再做另一件事。
2. 在工作中我喜欢独自筹划，不愿受别人干涉。
3. 在集体讨论中，我往往保持沉默。
4. 我喜欢做戏剧、音乐、歌舞、新闻采访等方面的工作。
5. 每次写信我都一挥而就，不再重复。
6. 我经常不停地思考某一问题，直到想出正确的答案。
7. 对别人借我的和我借别人的东西，我都能记得很清楚。
8. 我喜欢抽象思维的工作，不喜欢动手的工作。
9. 我喜欢成为人们注意的焦点。
10. 我喜欢不时地夸耀一下自己取得的好成绩。
11. 我曾经渴望有机会参加探险。
12. 当我一个独处时，会感到更愉快。

13. 我喜欢在做事情前，对此事情做出细致的安排。
14. 我讨厌修理自行车、电器类的工作。
15. 我喜欢参加各种各样的聚会。
16. 我愿意从事虽然收入不高、但是比较稳定的职业。
17. 音乐能使我陶醉。
18. 我办事很少思前想后。
19. 我喜欢经常请示上级。
20. 我喜欢需要运用智力的游戏。
21. 我很难做那种需要持续集中注意力的工作。
22. 我喜欢亲自动手制作一些东西，从中得到乐趣。
23. 我的动手能力很差。
24. 和不熟悉的人交谈对我来说毫不困难。
25. 和别人谈判时，我总是很容易放弃自己的观点。
26. 我很容易结识同性朋友。
27. 对于社会问题，我通常持中庸的态度。
28. 当我开始做一件事情后，即使碰到再多的困难，我也要执着地干下去。
29. 我是一个沉静而不易动感情的人。
30. 当工作时，我喜欢避免干扰。
31. 我的理想是当一名科学家。
32. 与言情小说相比，我更喜欢推理小说。
33. 有些人太霸道，有时明明知道他们是对的，也要和他们对着干。
34. 我爱幻想。
35. 我总是主动地向别人提出自己的建议。
36. 我喜欢使用榔头一类的工具。
37. 我乐于解除别人的痛苦。
38. 我更喜欢与自己相关的比赛或游戏。
39. 我喜欢按部就班地完成要做的工作。
40. 我希望能经常换不同的工作来做。
41. 我总留有充裕的时间去赴约。
42. 我喜欢阅读自然科学方面的书籍和杂志。
43. 如果掌握一门手艺并能以此为生，我会感到非常满意。
44. 我曾渴望当一名汽车司机。
45. 听别人谈一些伤心的事时，很难引起我的同情。
46. 如果待遇相同，我宁愿当商品推销员，而不愿当图书管理员。
47. 我讨厌跟各类机械打交道。
48. 我小时候经常把玩具拆开，把里面看个究竟。
49. 当接受新任务后，我喜欢以自己的独特方法去完成它。
50. 我有文艺方面的天赋。

51. 我喜欢把一切安排得整整齐齐、井井有条。

52. 我喜欢做一名教师。

53. 和一群人在一起的时候，我总想不出恰当的话来说。

54. 看情感影片时，我常禁不住眼圈湿润。

55. 我讨厌学数学。

56. 在实验室里独自做实验会令我寂寞难耐。

57. 对于急躁、爱发脾气的人，我仍能以礼相待。

58. 遇到难解答的问题时，我常常放弃。

59. 大家公认我是个勤劳踏实愿为大家服务的人。

60. 我喜欢在人事部门工作。

第2步：根据第1步，将得分最高的三种类型从高到低排列，得出一个（或两个）三位组合答案，再对照后面的分类即可大致了解自己所匹配的职业。

职业人格的类型：（符合以下"是"或"否"答案的记1分，不符合的记0分）

常规型："是"（7，19，29，39，41，51，57），"否"（5，18，40）。

实际型："是"（2，13，22，36，43），"否"（14，23，44，47，48）。

调研型："是"（6.8，20，30.31，42），"否"（21.55，56，58）。

企业型："是"（11，24，28，35，38，46，60），"否"（3，16，25）。

社会型："是"（15，26，37，52，59），"否"（1，12，27，45，53）。

艺术型："是"（4，9，10，17，33，34，49，50，54），"否"（32）。

实训要求

（1）将每2名学生分成一组，以小组为单位完成测评。

（2）智慧教室或一体化实训室，能够围坐在一起交流。

（3）学习用具。

成果要求

该测试能帮助被测试者发现和确定自己的职业兴趣和能力专长，从而科学地做出求职择业。每位同学提交一份"职业生涯自我测评报告"，从而更加清楚自己的人格特征更适合从事哪方面的工作。

考核评价

（1）每个同学提交一份"职业生涯自我测评报告"作为一次作业。

（2）根据在班级交流中的表现评定成绩。

实训2　职业生涯规划书的撰写

实训目的

（1）通过撰写职业生涯规划书评估当前工作成绩。

（2）通过撰写职业生涯规划书更好地规划自己的职业生涯。

（3）通过撰写职业生涯规划书精确评价个人特点和强项，在职业发展中发挥个人优势。

（4）通过撰写职业生涯规划书评估个人目标和现状的差距，以更好地前行。

（5）通过撰写职业生涯规划书精确定位职业方向。

（6）通过撰写职业生涯规划书重新认识自身价值并使其增值。

（7）通过撰写职业生涯规划书全面了解自己，增加职业竞争力，发现新的职业机遇。

实训准备

职业生涯规划书应具备合适性、合理性、真实性、逻辑性、创新性、可行性，以近期目标规划为撰写重点，近期目标规划指大学期间（或刚毕业一年）和毕业后五年内的职业生涯规划。

实训内容

职业生涯规划书要有封面，封面上注明姓名、性别、电话、E-mail等相关信息。职业生涯规划书的内容包含但不限于以下内容：

1. 自我评价

结合霍兰德职业兴趣的评估报告结果来说明自身适合从事某种职业，如职业兴趣、职业观、自身的优劣势等，可深入探索测评结果跟自己的关系是什么。

2. 环境评价

充分认识与了解相关的环境，评估环境因素对自己职业生涯发展的影响，分析环境条件的特点、发展变化情况，把握环境因素的优势与限制。

3. 职业定位

要为职业目标与自己的潜能以及主客观条件谋求最佳匹配，职业定位过程中可考虑性格与职业、兴趣与职业、特长与职业、专业与职业等的匹配。

4. 确立目标

规划书中应有短、中、长期规划，短期计划应重点阐明，可选择两条路径，在时间、可控性、实现程度上加以比较，最终确定实施方案。

5. 实施策略

制订实现职业生涯目标的行动方案，要有具体的行为措施来保证。

6. 评估调整

整个职业生涯规划要在实施中去检验，及时诊断生涯规划各个环节出现的问题，找出相应对策，对规划进行调整与完善。

实训要求

（1）将学生分成4～5组，以小组为单位完成测评。

（2）智慧教室或一体化实训室，能够围坐在一起交流。

（3）学习用具。

成果要求

（1）每位同学提交一份"职业生涯规划书"，字数1 500字以上。

（2）结合自己撰写的职业生涯规划书，自愿面向全班分享，激发其他同学的参与度与积极性。

考核评价

每人制订一份"职业生涯规划书"作为一次作业，并根据以下内容评定成绩。

1. 自我认知（比重：10%）

结合职业发展、职业倾向、兴趣等，对自己进行客观分析。

2. 环境分析（比重：20%）

对影响职业选择的相关外部环境进行较为系统的分析。

（1）家庭环境分析。如经济状况、家人期望、家庭文化等以及对本人的影响。

（2）学校环境分析。如专业学习、实践经验等。

（3）社会环境分析。如就业形势、就业政策、竞争对手等。

（4）职业环境分析。

① 行业分析（如××行业现状及发展趋势、人业匹配分析）。

② 职业分析（如××职业的工作内容、工作要求、发展前景，人岗匹配分析）。

③ 企业分析（如××单位类型、企业文化、发展前景、发展阶段、产品服务、员工素质、工作氛围等，人企匹配分析）。

④ 地域分析（如××工作城市的发展前景、文化特点、气候水土、人际关系等，人城匹配分析）。

3. 职业定位（比重：10%）

[综合第一部分（自我分析）及第二部分（环境分析）的主要内容得出本人职业定位]

（1）职业发展策略：如进入××类型的组织（到××地区发展）。

（2）职业发展路径：如走技术路线（管理路线等）。

（3）具体路径：如选品员、直播销售员、视频创推员与平台管理员。

4. 确立目标（比重：10%）

职业目标：将来从事（××行业的）××职业。

5. 实施策略（比重：40%）

根据上一阶段所制订的职业目标进行计划，分析达到目标所需的条件，开始实施。可分为专业学习、素质拓展、相关学科、人际交往等方面。

6. 评估调整（比重：10%）

定期评估规划，当出现特殊情况时，进行相应的调整。

项目总结

　　全面的自我认知是职场上必要的技能之一，只有如此才能理性地分析出自己未来的道路。职业规划是对未来职业道路的计划书和目标书，每一个青年人都需要对自己的未来进行规划。根据所学专业和个人的专长来思考人生发展目标，解析和认知自己，同时，对相应的职业给予更多的关注和定位，确立未来奋斗的方向，确定自己所具备的素质与总体目标间的差距，让自己更有针对性、有重点地学习，填补自身不足，在不断地学习和实践中丰富自我，让自己在未来的发展中更具竞争能力。

　　互联网营销师作为新的职业，其还处在培育期、成长期，相关的专业建构、行业规范、职业资质评价等都尚未成形。未来这个行业将从零散、偶然、混杂逐渐走向系统化、制度化，行业的专业性也会随之形成，与之相应的知识体系、教育体系与能力体系等将陆续建立，人才从选拔、培养到实践就业等将逐步规范。

素养测试

一、判断题

1. 一个人的价值观一旦形成，就不会再发生改变。（　　）
2. 理性决策的判断标准之一是知道自己做出了一个满意的选择。（　　）
3. 当面对重要抉择时，计划型的决策风格更可能做出理性的决定。（　　）
4. 在进行生涯决策时，不管做出哪种选择，结果都存在风险。（　　）

二、单项选择题

1. 自我认知是我们进行职业生涯规划的第一步。进行自我认知的方法途径有（　　）。
   A. 借助适当的职业测评工具
   B. 向专业咨询机构或学校的就业指导部门咨询
   C. 个人对成长中的重大事件进行思考总结
   D. 以上方法都可以

2. 自我认识的维度之一是"心理我"。以下选项中不属于"心理我"维度的是（　　）。
   A. 性格　　　　　B. 家庭背景　　　　C. 知识经验　　　　D. 能力和技能

3. 自我认知的方法包括（　　）。
   ①借助测评工具；②他人评价；③自省。
   A. ①　　　　　　B. ①②　　　　　　C. ①③　　　　　　D. ①②③

4. （　　）是指个人对自己所希望从事或者所从事的职业（包括人、物、事）及对自己的职业行为结果的意义、作用、效果和重要性的总体评价。
   A. 职业态度　　　B. 职业观　　　　　C. 职业认知　　　　D. 职业评价

5. 通过SWOT分析，人们提出了很多处理事情的策略，其中SW策略是指（　　）。
   A. 增加自己的机会，减少自己的威胁
   B. 增加自己的机会，减少自己的弱项
   C. 增强自己的强项，减弱自己的威胁
   D. 增强自己的强项，减弱自己的弱项

6. 生涯是个人依据他的人生理想，为了自我实现而逐渐展开的一种独特的生命历程，不同的个体有不同的生涯。这里指出了生涯的（　　）特点。
   A. 综合性　　　　B. 终身性　　　　　C. 发展性　　　　　D. 独特性

7. 生涯是以个人事业角色的发展为主轴，也包括了其他与工作相关的角色，包括学生、子女、父母、公民等涵盖人生整体发展的各个层面的各种角色。这体现了生涯的（　　）特性。
   A. 综合性　　　　B. 终身性　　　　　C. 发展性　　　　　D. 独特性

8. （　　）是生活中各种事件的演进方向与历程，统合了个人一生中各种职业与生活角色，由此表现出个人独特的自我发展形态。
   A. 工作（work/job）　　　　　　　B. 职业（vocation）
   C. 事业（enterprise）　　　　　　D. 生涯（career）

9. 以下影响生涯决策的因素中，个人较难控制的是（　　）。

　　A．年龄　　　　　　B．健康状况　　　　C．兴趣爱好　　　　D．职业观念

10. 制订职业生涯规划书，需要遵循很多原则，其中不包括（　　）。

　　A．喜好原则　　　B．擅长选择　　　　C．价值原则　　　　D．自我原则

11. 职业生涯规划书的制订需要注意的事项中不包括（　　）。

　　A．个人职业生涯的发展始终要服从国家的发展

　　B．国家的期待就是个人职业生涯制订的方向

　　C．职业生涯规划书的制订需要综合考虑个人因素

　　D．职业生涯规划书的制订只需要考虑个人兴趣

三、案例分析题

王帅（化名）与薛平（化名）是同窗好友。王帅行事严谨、冷静，习惯于有计划的行动；薛平则机智灵活，充满干劲。毕业之际，两人共同加入南方一所大学的同一院系任教。在一次新教师座谈会上，院长深情寄语，鼓励年轻人要怀揣梦想，勇往直前。会后，两人半开玩笑地定下了共同的"目标"——成为院长，并约定看谁先实现。

三年后，薛平凭借活跃的思维，迅速晋升为系副主任，而王帅仍是一名普通教师。但十五年后，反转发生，王帅成为了院长，而薛平仍是系副主任。

原来，王帅自那日起，便为自己的人生制定了详尽的规划。初期，他专注于教学，打下了坚实的基础；随后几年，他备考并攻读博士学位，深化自己的学术造诣；接着，他潜心研究，逐渐在学术界崭露头角。到了第十三年，他不仅在教学和科研上取得了显著成就，还开始积极构建人际网络。十五年后，当老院长退休时，王帅自然而然地成为大家心目中的接班人。

反观薛平，起初他一心追求仕途，迅速晋升为系副主任。然而，他在教学和科研方面的表现平平，压力倍增。为了缓解压力，他盲目跟风，涉足商海，但均以失败告终。当他重新将重心放回教学和科研时，已经错过了十年的黄金时光，与王帅的差距越拉越大。

问　题

王帅与薛平处在同一起跑线上，有着一致的目标，但最终结果相距甚远。请结合本项目内容分析两者出现差距的主要原因。

项目二
环境适应能力训练

项目导入

　　职场新人晓琴（化名）站在镜头前，面对着销售压力和消费者的审视，感到压力巨大，说话结结巴巴，招致直播间里网友们的质疑，眼见人越来越少，最后空无一人。目睹此景，晓琴情绪崩溃，最后只得中断了直播。从晓琴的例子来看，做一名合格的互联网营销师，不仅要有扎实的专业技术，更要具备情绪管理、压力管理，处理临时意外问题等方面的稳定、过硬的心理素质和环境适应能力，这样才能在这个行业里站稳脚跟、做得长远。

学习目标

知识目标：

（1）能明确职业心态的重要意义。

（2）能判断积极心态和消极心态的区别。

（3）能列举3～5种培养互联网营销师积极职业心态的方法。

（4）能列举3～5种互联网营销师压力管理和提升临场应对能力的方法。

能力目标：

（1）能辨别自己现在所处的心态，具备积极调适的意识。

（2）能通过积极率的计算来判断自己是积极心态还是消极心态。

（3）能运用3～5种互联网营销师调适心态、压力管理和提升临场应对能力的方法进行自我调节。

（4）能养成在日常生活、工作中主动提升自己心理素养的习惯。

素质目标：

（1）内心常怀积极、必胜的信心。

（2）做一个乐观的人，培养健康的职业态度。

（3）以积极心态激励自己和他人，成为受欢迎的职场人士。

（4）压力是双刃剑，能将压力转化为工作动力，创造工作奇迹。

项目实施

●●●● 任务 1　培养积极职业心态 ●●●●

视频

培养积极职业
心态的方法

任务描述

公司新入职了三位主播，缺乏实战经验，心理素质高低有别。主管找到你，要求你为他们量身定做一份积极职业心态培养方案。

任务解析

本任务通过学习基础知识点、测量问卷、实践练习等方式，帮助学生获得确立职业心态和培养积极情绪的认知，训练学生识别积极情绪和消极情绪，掌握测量自己积极率的方法和3～5种培养积极情绪的办法，在践行积极职业心态训练等方面有效提升职业能力。

知识链接

2020年7月，国家职业大典中将"互联网营销师"收录为"正式工种"，次年10月，互联网营销师国家职业技能标准正式发布，"互联网营销师"成为国家认证的新兴职业之一。在吸引了大众视线的同时，互联网营销师也面临着网络情况复杂、工作时间长、工作压力大等新情况，培养互联网营销师健康的职业心态将会对职业发展具有至关重要的作用。如果能做到有意识地锻炼自己积极乐观的职业心态，不但有助于自如应对工作压力、情绪困扰、突发事件，还能激发出工作的毅力和决心，助力成就个人职业发展的辉煌。

一、职业心态概述

在某互联网营销公司，同期入职的小张和小王在年底听到了同事不同的评价反馈。同事们评价小张在销售工作中专业、乐观、乐于与人合作，评价小王容易把个人情绪带入工作中，不够专业。小张和小王的表现就是职场中经常会出现的两种心态类型的外在表现，区别在哪里呢？小张把职业心态作为自己职业技能之一，将其作为营养品来滋养自己的职场人生，获得了大家的认可和职业成长。小王则没有将个人心态和职业心态二者区分开来，在职场中仍用个人情绪、个人心态来对待工作，没有培养起良好的职业心态，最后屡屡碰壁。

如果让你选择，你愿意选择哪个类型呢？个人心态和职业心态又各是什么？二者有什么联系和区别？

（一）个人心态

个人心态是心理活动的基本形式之一，指的是个人的心理状态，是心理活动在一定时间内的完整特征，如注意、疲劳、紧张、轻松、忧伤、喜悦等。它兼有心理过程和个性心理特征的特点，心理过程是不断变化着的、暂时性的，个性心理特征是稳固的，而心理状态则是介于二者之间的，既有暂时性，又有稳固性。它是联结心理过程和个性心理特征的中间环节，是一切心理活动展开的背景，如图2-1-1所示。

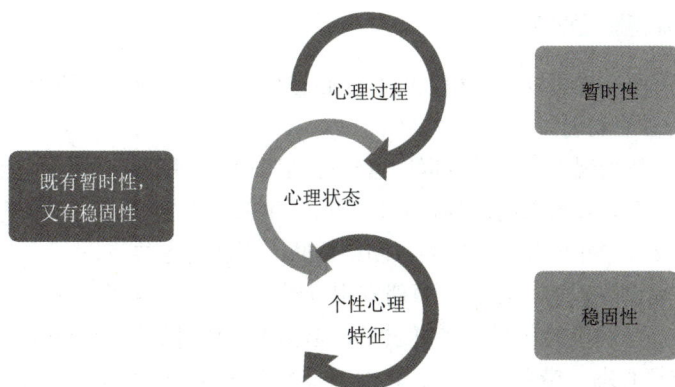

图 2-1-1　个人心态的构成

（二）职业心态

所谓职业心态，指的是在所从事的职业当中，根据所从事职业的需求，展现和表露出来的心理态度和心理感情，包括职业认知、职业情感、职业意志等（见图2-1-2），是根据职业技能标准、职业特点、职业需求所培养出来的职场胜任力。

（1）职业认知是对自己所从事的职业的认识，主要包括对所从事行业领域的发展方向、所属行业性质、所从事的岗位职能的认识。不正确或者不充

图 2-1-2　职业心态的构成

分的职业认知，会让人对职业产生错觉或偏差，产生不正确的价值观念。

（2）职业情感则较为复杂，是指对所从事的职业具有的稳定的工作态度和生活体验，可分为积极的职业情感和消极的职业情感两种。持有积极的职业情感的人在工作中会主动地积极投入、克服困难，对团队有更多的认同感；持有消极的职业情感的人则把工作仅当作生存手段，更多地考虑个人，易忽视团队利益，易有更多的负能量。

（3）职业意志是指在从事职业实践中展示出来的职业精神，是对职业的认识、评价等心理过程的状态反映。职业意志是人们职业行为的内驱动力，是职业目的达成基础，通常表现为职业道德和职业责任。在职场中，没有不需要承担职业责任的工作，也没有不需要完成任务的岗位。

（三）个人心态和职业心态的关系

职场生涯是生活的重要组成部分。在生活中，人们需要保持的是积极、稳定的个人心态，在职场中，需要保持的是积极、稳定的职业心态。相较而言，个人心态是职业心态的来源和基础，职业心态包含于个人心态中，可以发展成积极或消极的状态，同时又反过来影响着个人心态的发展变化，如图2-1-3所示。积极职业心态的获得来自良好的个人心态和专业的职业素养，凭借积极职业心态可以获得更多的合作机会、更好的人际关系、更多的工作成绩。二者相辅相成，互相成就。

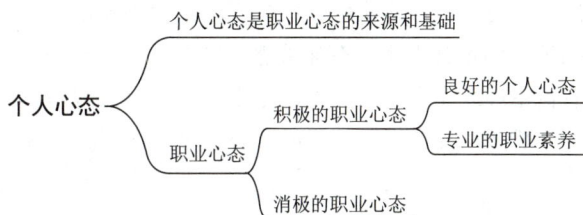

图 2-1-3　个人心态和职业心态的关系

二、互联网营销师的职业心态

互联网营销师的职业心态可以分为积极的职业心态和消极的职业心态两种。

（一）积极职业心态的表现

（1）敬业担当。具体表现为：热爱互联网营销师的职业，有职业荣誉感，能够及时学习本行业、职业、岗位的新技能，有忘我投入的志趣，对自己所从事的工作负责任、有承诺，出现问题不逃避，能够勇于面对、自我反省，并积极改正错误，团结团队，愿意同舟共济。

（2）务实虚心。具体表现为：在工作中遇到困难时，注重问题导向，不空谈方向和想法，能够给出解决方案。注重工作成果的获得，实事求是，忠实于工作目标。合理安排工作，就事论事，遵守契约。能够怀着空杯心态，带着"三人行，必有我师"的认知去学习、工作，尊重身边的同事，认真倾听他人意见等。

（3）真诚自信。具体表现为：实事求是，言行一致，对人坦诚，客观表达观点，就事论事，以理服人，赞扬别人和批评他人时都怀着真诚的态度。在合作中，发现问题及时沟通。有主见，敢于表达自己的观点，不盲从、不迷信领导权威。在工作中专业做事，有包容心和公正心。

（4）主动竞争。具体表现为：知晓自己的优势，并能够主动争取机会来磨炼职业意志，锻炼自己的核心竞争力，积极思考，多提问题，多想解决办法，不惧反对和被否定。能够做到事前分析，事中努力，事后总结。

（二）消极职业心态的表现

（1）畏难退缩。具体表现为：没有达到既定目标，受到拒绝和挫折以后出现畏缩情绪，恐惧工作，不愿面对，甚至泛化到社交生活里的其他方面。伴有明显的植物神经症状，如头晕、晕倒、心悸、心慌、出汗等，有人会转而变成物质依赖患者，如沉溺于烟酒、盲目购物或网络成瘾。

（2）敌对愤怒。具体表现为：在相安无事、诸事顺利和心情愉快的时候表现如常人，而一旦遇到一些不顺心的事，或处于情绪低落时，其敌对心态就会发作。当感觉自己受到他人轻视、指责和伤害时，常常表现为怒目相对、冷漠仇视。常有"以偏概全"的负性认知，带着愤怒情绪，易激惹，甚至有爆发挑衅、报复、破坏等攻击性行为。

（3）偏执多疑。具体表现为：敏感多疑，易对别人无意的行为上心，误解为伤害自己的行为，爱钻牛角尖，听不得他人意见，不能宽容他人，具有消极的解释风格。常常自以为是，易情绪化，在自大与自卑的两端徘徊，遇事耿耿于怀，易陷入固执追求个人利益的死胡同。

（4）悲观痛苦。具体表现为：因为工作原因、人际关系、情绪压力等原因导致出现焦虑情绪，在心理上表现为紧张、不安、害怕、心烦、反复纠缠；有明显的身体不适感，如疼痛、严重失眠、头晕，注意力不集中；对身体有病理性的过分担忧，有痛苦感，坐立不安、提心吊胆；伴有自主神经症状，社会功能受损；失去自信心，害怕面对。

积极职业心态与消极职业心态对比如图2-1-4所示。

积极职业心态的表现	消极职业心态的表现
敬业担当	畏难退缩
务实虚心	敌对愤怒
真诚自信	偏执多疑
主动竞争	悲观痛苦

图 2-1-4　积极职业心态与消极职业心态对比

知识拓展

通过对互联网营销师积极、消极职业心态表现的分析，在表2-1-1中写出自己希望获得的职业心态表现，绘出自己理想的互联网营销师形象。

表 2-1-1　我理想的职业心态

我希望获得的职业心态表现	1.
	2.
	3.
	…

从互联网企业或组织管理者的角度来换位思考，企业或组织显然更欢迎一个能够坚守岗位、完成任务的职工，更容易接纳拥有积极职业心态、不轻言放弃的人。在职业生涯中，我们需要将职业心态和个人心态区分开来，更多地展现出积极的工作态度，提升自己的理解和执行能力，这不是要求一人分饰两角，而是要从根本上端正职业认知，培养积极的职业情感和情绪，坚定职业发展方向，培养良好的职业精神状态，这既是个人发展的需要，更是时代形势的必然。

三、培养积极职业心态的方法

互联网营销是高竞争、高压力的行业，出现消极情绪是正常的，在这种的环境下，更要有意识地去提升自己的积极情绪，注意调节和降低负面情绪。

（一）识别积极情绪和消极情绪

心理学家的研究结果显示：消极情绪会缩小视野，局限思维，让人们只关注一些特定的事物，积极情绪则恰恰相反，它是一种拓展工具，可以帮助人们获得喜悦、感激、宁静、兴趣、希望、自豪、有趣、激励、敬佩、爱这些良好的感觉。它是个体因为需要的满足而产生的伴有愉悦感受的情绪，是心理健康的重要组成部分，能让人们"感觉良好"，通过改变思维内容来扩展思维的广度和边界，让人们看到生活中更多的可能性，鼓励人们去探索外面的世界，加强与他人的连接，尝试更多的解决问题方法，抑制消极情绪。

视频
培育积极职业心态的方法

积极情绪和消极情绪的对比见表2-1-2。

表 2-1-2　积极情绪与消极情绪的对比

对比项	积 极 情 绪	消 极 情 绪
进化意义	生活：拓展和建构	生存：攻击和逃跑
获益方式	积累长期资源，包括智力、生理、社会和心理资源，享受生活	短暂、暂时获益，帮助生存
适用情境	无威胁的情境	有威胁的情境
思维影响	开放、尝试、接受新信息	窄化个体思维资源
行为倾向	间接、缓和采取非特定性行为	直接、立即采取特定行为
生理反应	心跳缓和，血压平稳，身体放松，胸腔扩展	心跳加快，分泌肾上腺素，肌肉收紧

积极情绪的十种类型及内涵见表2-1-3。

表 2-1-3　积极情绪的十种类型及内涵

类 型	内 涵
喜悦	因意愿的满足或意外的收获而产生积极的体验
感激	因他人的好意或帮助而对其产生的回报意愿
宁静	无压迫感的情况下专注而平和的状态

续表

类　型	内　涵
兴趣	力求认识某种事物或从事某项活动的心理倾向
希望	一种积极的动力和期待
自豪	为自己或与自己有关的集体、他人所取得的成就、荣誉而感到光荣骄傲
逗趣	好笑的感受
受激励	因为看到别人的良好行为而激发自己设立新的目标，让自己产生做到最好的冲动
敬佩	敬重、佩服
爱	爱不是一种独立的情绪，而是上述所有情绪的组合，如果某一对象引发了自己更多上述情绪，自己就会趋向于它

知识拓展

组织心理学家马歇尔·洛萨达（Marcial Losada）花了10年时间观察公司不同的管理团队如何规划他们的年度战略计划，借以研究高绩效商业团队的特点，以帮助业绩不佳的商业团队变得成功。研究结果显示，当洛萨达把团队区分为高绩效团队、低绩效团队和一般绩效团队时，这些团队表现出惊人的差异。高效绩团队的积极率约为6∶1；低绩效团队的积极率远低于1∶1；一般绩效团队的积极率约为2∶1。根据洛萨达的计算，积极情绪与消极情绪的最佳配比是3∶1。于是洛萨达预测：只有当积极率高于3∶1的时候，才能有足够的积极情绪来滋养团队，使团队朝着欣欣向荣的方向发展。

（二）增加积极情绪，缓解消极情绪

在工作和生活中遭遇消极情绪是很正常的，这就要求平时要有意识地多加练习，缓解消极情绪，提升积极情绪。

1. 生理层面

出现消极情绪是跟大脑中的杏仁核相关的。杏仁核是大脑中消极情绪的加工中心。研究发现，不好的气味或口渴会导致杏仁核内所检测到的信号扩大，看到生气、恐惧或哀伤的脸也会使杏仁核的血流升高，引发焦虑。所以，需要减少不好的信息源对杏仁核的刺激，以缓解消极情绪。

2. 策略层面

（1）针对外界环境做出改变，如避开某些让人不愉快的人、事件和场合，针对无法选择的情境，可以尝试着去改变讨论话题。

（2）针对个人做出改变。保持情绪的平稳，把注意力从原来的关注点转移到可以让自己觉得舒服的关注点，让自己的情绪不会非常低落。换个角度看问题，改变自己对事件的看法和信念，从而改变情绪，并练习尝试表达。

（3）适当放松。

① 深呼吸：在紧张的直播工作中如果感受到焦虑、烦躁、紧张等消极情绪，可以停下来，做3～4组腹式呼吸来恢复情绪状态，如图2-1-5所示。可以有效地降低杏仁核的温度，让人平静、淡定下来。

② 训练自己露出"迪香式"微笑：这种笑容很有感染力，会让双方都能感受到发自内心的幸福。

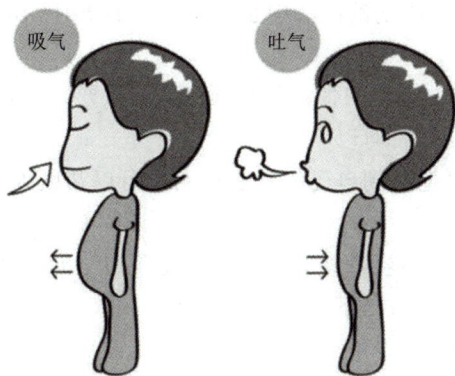

图 2-1-5 腹式呼吸练习示意

🔖 **知识拓展**

练习"迪香式"微笑

1860年，法国神经学家迪香（Duchenne）尝试对人类的微笑表情进行科学研究。他发现，当一个人三块肌肉同时活动的时候，就会产生一种特别有感染力的微笑。"迪香式"微笑具体的状态是：人们情不自禁会把牙齿露出，嘴角肌上扬，颧骨肌上提，眼角肌收缩，眼角会有细纹产生，三块肌肉同时活动，就会产生有魅力的迪香式的微笑。同时，迪香表示：尽管真笑和假笑都会牵动嘴角边的肌肉，但是只有真笑才会引起眼角周围出现皱纹。这种真实的、具有感染力的、发自内心的笑容，就是迪香式微笑。

积极心理学家深入研究迪香式微笑，发现拥有迪香式微笑的人，具有更积极的情绪，更具有创造力，也更具有感染力，有更好的人际关系，更幸福，更健康，更长寿。

③ 闻香："闻香"是一种调节情绪、复原心理的快速方法。好闻的气息直接作用在人们的杏仁核上，让人们产生愉悦的感受。遇到不开心的事情时，闻一闻自己喜欢的香气，如花香、书香、茶香等，都会让感官产生愉快反应。

④ 体感：身体上有很多情绪的神经元，人们想要安抚情绪时，可以选膻中穴以及腹部。肠胃有丰富的情绪神经元，胃口好其头就是心情好；还可以用击掌、互相碰撞、拥抱等方式缓解紧张情绪。我们多为他人鼓掌，也多为自己鼓掌。

⑤ 幽默：培养一些幽默的感受，听听相声、看看喜剧，更容易产生快乐情绪的体验。亲人之间多一些幽默的对话，能够有心灵的沟通，对紧张心情有缓解作用。

⑥ 倾诉：倾诉是有长度、深度的交流。一般来说，倾诉要经过30 min以后才能慢慢地打开心扉。

🔖 **知识拓展**

在沟通时应该遵循四项原则：描述事实（我看到/听到……）、分享感受（我感觉……）、表达需求（是因为……）、提出期望（我请求……），如图2-1-6所示。另外，面对他人的痛苦，应给予理解、同理心以及陪伴。积极沟通并不是一味地表扬，想要获得有效沟通，还需要控制好话语批评的比例。心理学家洛萨达发现，成功的团队中正向与负面的语言比例一般在5：1～8：1之间。

⑦ 运动：保持固定、良好的运动习惯，什么项目并不重要，重要的是在动，哪怕是打扫卫生、跳舞、唱歌都可以。

⑧ 正念：通过练习正念来觉察到自己的身心活动，可以帮助人们控制、调整情绪。

⑨ 写作：可以关注生活中的各类事情，每天随手记录自己的感受、心得等，有助于让情绪流动起来，让人放松下来。

图 2-1-6　沟通四原则

知识拓展

在网络上流行过这样一句话：我们懂得很多道理，却依然过不好这一生。其中原因可以用积极心理学中非常经典的话来回应——"积极心理学是脖子以下的"，即积极情绪的获得需要去行动、去实践、去做的。这些情绪调节的策略，越在前期阶段着手调节，耗费的资源越少。相反，越在后期阶段着手调节，难度越大，效果越不理想。有负面情绪的时候，一定不要压抑，应想办法去发泄、转变、升华。在日常生活中去践行，在不开心、不顺利、不舒服的时候能够使用一些调适方法排解郁闷，保持职业心态的稳定。

（三）培养感恩心态

1. 感恩的概念

感恩是指人们对生活中美好事物和情感表达感激和欣赏的心理状态。一般意义上解释为"对别人的帮助给予感激"。推而广之，感恩是对外界施予自己的恩惠和自己给予自己的恩惠表示物质上或是精神上的感谢。

知识拓展

感恩作为一种积极心理学中常用的实践活动，已经被大量研究表明能够对个体的情感状态、心理健康乃至人际关系产生积极影响。比如，感恩可以提升人们的幸福感，定期表达感恩之情可以让人更加关注生活中的积极方面，从而提高整体幸福感；感恩可以使人保持心态稳定，有助于人们从积极的角度看待问题，即使面对挑战也能保持乐观的心态；感恩可以使人抵御抑郁和焦虑，多项研究表明，感恩练习可以减轻抑郁症状，缓解焦虑情绪，帮助个体更好地应对压力；感恩可以使人维护心理健康，可以增强个体的心理韧性，帮助人们在面对逆境时恢复更快，从而维护心理健康。

同样的，在职场中应用感恩情绪也是好处多多。比如，应用感恩可以提高工作满意度，当员工对自己的工作环境或同事表示感激时，这种正面情绪会转化为更高的工作满意度；应用感恩可以增强团队合作，表达对同事的感谢可以增进彼此之间的信任感，促进团队合作精神，提高工作效率；应用感恩可以激发积极情感，感恩的心态会让人们更容易体验到满意、幸运等积极情绪，这反过来又会激励他们以积极的态度对待他人和工作；应用感恩可以促进外部支持，感恩的行为往往会得到他人的积极回应，从而有助于建立起一个互相支持的良性循环；应用感恩可以减少压力感受，当一个人能够专注于生活中的美好事物时，他们就不太容易感到压力重重，这有助于改善工作与生活的平衡；应用感恩可以提高个体自尊，认识到自己受到他人欣赏和尊重的感觉会提升个人的自尊心，使人更加自信；应用感恩可以激励道德行为，感恩之心往往伴随着对他人的尊重和关，这会促使人们做出更多符合道德的行为。

2. 培养感恩心态

（1）注意避免"过度理由效应"。这是指每个人都力图使自己和别人的行为看起来合理，人们在寻找原因时，总是先找那些显而易见的外在原因，因此，如果外部原因足以对行为做出解释时，人们一般就不再去寻找内部的原因了。

知识拓展

在日常生活中我们常有这样的体验：一个陌生人向我们伸出援手，我们通常会解释为"这个人乐于助人"，这是因为我们在做解释时，所引用的依据里缺乏显而易见的外在原因，因此转而寻找内在原因，将其解释为个人的内在品质。但如果换作我们熟悉的亲朋好友帮助我们，我们的解释更多地偏向于显而易见的外在原因，如"他是我的亲戚""他是我的朋友"，理所当然他们会帮助我们，而不再去想更多的内在原因。

（2）怀着感恩的心态，记住别人对你的付出。既然别人对你有所付出，要想感恩，首先要做的一点就是牢记别人对你的付出。试想，如果别人为你做了什么事情，你都不知道，又谈何感恩呢？

（3）适当地为对方付出。感恩不能只是一句话，必须有适当的行动。这些行动既是对对方的一种回报，也是一种感恩心态的表现。当然，这种行动要分场合、时机和具体的对象，特别是在对方需要你帮助的时候，正如我们听到的很多感恩故事所说，与其锦上添花不如雪中送炭。

知识拓展

如何提升自己的感恩情绪

1. 感恩日记

每天记录三件让自己感恩的事情，可以是工作上的成就或同事的帮助。不需要记录结婚、升职之类的大事，从小事开始，记录好自己的积极情绪和事件就好。

2. 口头感谢

主动向同事表达感谢之情，哪怕是对一件小事的认可也能带来积极影响。

3. 公共表彰

在会议上或公开表扬那些值得感谢的人或事。

4. 感恩信件

写一封感谢信给曾经帮过自己的人，无论是现在的同事还是以前的朋友。

（四）享受"福流体验"，提高工作的积极投入

人类是社会动物，会参与到社会建设的过程中去。工作可以为人们带来收入、安全的环境、职业幸福感、投入感、自我效能感和和谐的人际关系。作为互联网营销师，我们也渴望自己在聚光灯下体现自己的价值，获得成功的感觉，希望这项工作能够给我们带来"福流"。

1. 福流体验的概念

福流体验又称沉浸体验，是指个体将精力全部投注在某种活动当中，以至于无视外物的存在，

甚至忘我时的状态。它是人们体验到的一种积极的感受，这种感受能够给人以充实感、兴奋感和幸福感，因此也称"最佳体验"。

知识拓展

美国心理学家米哈里在20世纪60年代提出了"FLOW"的概念，当时，米哈里教授将其译为"心流"。他发现，人们在全神贯注地工作时，时常遗忘时间的运转轨迹以及对周遭环境的知觉。这些人参与的活动完全出自其内在的乐趣，这些乐趣来自活动的过程，而不是外在的报酬。清华大学社科学院积极心理学研究中心的彭凯平教授把它译为更有中国味的"福流"——"做一件事情时全神贯注、物我两忘、驾轻就熟、身心合一、酣畅淋漓，忘记了时间和空间，心流涌动于心间"。人做自己喜欢的事情时，常常进入福流状态，这是一种能够让人产生积极体验的方式。

工作中也可以获得福流体验。无论做什么事，若能既乐在其中，又不断成长，能够带来新发现、创造感，就是最理想的状态。处在沉浸体验下的人，在工作中能发挥潜能。人们在从事有利于锻炼自身技能，有利于个人成长及发挥潜能的工作时会感到快乐。大家可以回想一下，当我们观摩某场活动时，有的活动酣畅淋漓，虽然实际时间长，但给我们意犹未尽、时间短暂的感受；有的活动却让我们感觉不耐烦，感觉时间漫长无比。哪种场景是你希望经历的？是前者有福流体验的，还是后者没有的？

2. 福流体验的获得方法

在日常工作中，可以通过寻找自己在工作中的幸福感，为自己所做之事赋予意义，为他人和社会贡献价值，树立工作的积极意义，达到"福流"体验。

可以通过自问自答的形式来探索福流体验，填写表2-1-4。

表2-1-4　福流体验探索记录表

我最看重的意义是什么？	
是什么带给我快乐？	
我的优势是什么？	

知识拓展

爱笑的人更幸福

赫滕斯坦等（Hertenstein et al., 2009）的研究表明，通过面部表情可以推断一个人的情绪状态，进而预测其未来的幸福感和社会关系质量。具体来说，他们的研究通过编码大学生合影照片中的微笑程度，探讨了微笑与后续婚姻稳定性之间的关系。研究发现，那些展现真正笑容（即同时涉及眼轮匝肌和颧大肌的运动）的人，日后离婚的可能性较低，这暗示着积极心态与幸福生活的关联。

那么，什么是真正的笑容？当人真诚地笑时，眼轮匝肌会使脸颊上升并在眼睛周围形成皱纹，颧大肌则负责嘴角上扬，形成微笑的表情，这种笑容称为提香式微笑（Duchenne smile），被认为是发自内心的笑。真正的笑容反映了人们内心的真实情感，而经常保持这样积极的面部表情有助于维持良好的心理状态，从而提高幸福感。研究表明，经常笑的人更容易建立积极的人际关系，因为笑容传递了友好和开放的信息，有助于吸引他人并维持友谊。

在职场中，保持积极的心态非常重要。乐观的人更有可能在面对挑战时保持冷静，并寻找解决问题的方法。积极心态有助于提高工作效率和创造力，同时也是团队合作的关键因素。工作压力大时，保持微笑和积极情绪可以帮助缓解紧张情绪，预防职业倦怠。微笑是人际交往中最基本也是最有效的非言语沟通方式之一，它能够拉近人与人之间的距离，促进形成和谐的工作氛围。乐观的态度和积极的表现还能够给上级和同事留下良好印象，有利于个人的职业发展。

爱笑的人确实可能更幸福。

任务实施

活动1：完成和积极情绪相关的测试量表

活动内容：根据量表和测试题，完成对情绪的识别和测量任务，并学会如何计算自己的积极率。

活动要求：

（1）分组，设置组长和记录员，为小组命名、制订组规，组长带领组员确认规则，并承诺在练习过程中遵守之。

（2）以小组为学习单位，完成三项任务，并组织讨论交流。

（3）每个小组形成分享的意见，在全班同学面前进行分享。

活动实施：

第1步：小组根据提供的十条语句，练习识别积极情绪和消极情绪。

我们通常将情绪状态分为积极情绪和消极情绪，二者各有作用，不能以好坏来区分，只能依所处情景来判断利弊。消极使人生存下来，积极使人生活得更好。请阅读表2-1-2所示积极情绪与消极情绪的对比表和表2-1-3所示积极情绪的十类类型及内涵，并完成如下练习：

分析下列语句分别反映了什么样的情绪状态，判断哪些属于积极情绪，哪些属于消极情绪，并填入相对应的括号内。

（1）只有相信自己，才能让别人肯定你、帮助你。（____）

（2）喜欢归喜欢，太卑微就没必要了。（____）

（3）过树穿花，踏遍山河，终要与你相遇。（____）

（4）生活就像海洋，只有意志坚强的人，才能到达彼岸。（____）

（5）她怒气横生，一把抢过相片，用尽全身之力，把相片扯个粉碎。（____）

（6）想要走得快，就单独上路；想要走得远，就结伴同行。（____）

（7）当你把生活变成黑白，就看不见彩虹了。（____）

（8）做自己的决定，然后准备好承担后果。（____）

（9）请手机自我检讨一下，为什么总拉着我一起熬夜。（____）

（10）发光并非太阳的专利，你也可以发光。（____）

小组结论：

有关积极的心态的句子（_____）

有关消极的心态的句子（_____）

其中，我们认为比较好辨认的是（_____）等情绪状态，争议较大的是

（＿＿＿＿＿＿＿），经过讨论，我们认为它应该是（＿＿＿＿＿＿＿）等情绪状态。

第2步：小组共同复习表2-1-2和表2-1-3中关于积极情绪和积极率的知识点，完成生活满意度、正面情绪、负面情绪、积极率的测试题，并形成记录。

扫描二维码测量生活满意度、正面情绪、负面情绪。

请完成积极率测试问卷，测试自己的积极率。

你在过去一周感觉如何？请回忆在刚刚过去的一周，你体验到的每一种情绪的程度，并填写在积极率测试问卷中。此问卷共有20条描述情绪体验的句子，阅读每个句子，并在最符合实际情况的选项上打"√"。

序　号	题　目	一点都没有	有　一　点	中　等	很　多	非常多
1	你感觉到的逗趣、好玩或可笑的程度有多少					
2	你感觉到的生气、愤怒或懊恼的程度有多少					
3	你感觉到的羞愧、屈辱或丢脸的程度有多少					
4	你感觉到的敬佩、惊奇或叹为观止的程度有多少					
5	你感觉到的轻蔑、藐视或鄙夷的程度有多少					
6	你感觉到的反感、讨嫌或厌恶的程度有多少					
7	你感觉到的尴尬、难为情或羞愧的程度有多少					
8	你感觉到的感激、赞赏或感恩的程度有多少					
9	你感觉到的内疚、忏悔或应受谴责的程度有多少					
10	你感觉到的仇恨、不信任或怀疑的程度有多少					
11	你感觉到的希望、乐观或备受鼓舞的程度有多少					
12	你感觉到的激励、振奋或兴高采烈的程度有多少					
13	你感觉到的兴趣、吸引注意或好奇的程度有多少					
14	你感觉到的快乐、高兴或幸福的程度有多少					
15	你感觉到的爱、亲密感或兴奋的程度有多少					
16	你感觉到的自豪、自信或自我肯定的程度有多少					
17	你感觉到的悲伤、消沉或不幸的程度有多少					
18	你感觉到的恐惧、害怕或担心的程度有多少					
19	你感觉到的宁静、满足或和平的程度有多少					
20	你感觉到的压力、紧张或不堪重负的程度有多少					

计分方法：选择"一点都没有"记0分；"有一点"记1分；"中等"记2分；"很多"记3分；"非常多"记4分。

逗趣、敬佩、感激、希望、激励、兴趣、快乐、爱、自豪和宁静，是你体验到的积极情绪。

生气、羞愧、轻蔑、反感、尴尬、内疚、仇恨、悲伤、恐惧和压力，是你体验到的消极情绪。

请把测量积极情绪的第1、4、8、11～16、19题的得分相加之和作为分子，把测量消极情绪的第2、3、5～7、9、10、17、18、20题的得分之和作为分母，然后计算两者的比值。这个比值就是你的积极率。

你的积极情绪得分是＿＿＿＿＿＿，消极情绪得分是＿＿＿＿＿＿，积极率是＿＿＿＿＿＿。

学会测量积极率，回答以下问题：我认为我的生活、工作的价值在＿＿＿。

第3步：小组内形成分享意见。

意见关键词：＿＿＿＿＿＿＿＿＿＿＿＿＿＿＿＿＿＿＿＿＿＿＿＿＿＿＿＿＿

第4步：展示汇报。

每个小组选一个成员代表小组来分享。提出学习中的疑问，全班共同解决。其他小组可以介绍解决办法，进一步讨论主题，提升对知识点的掌握水平。

第5步：学习评价。

评价内容	4分	3分	2分	1分
要点评价	要点准确、合理；要点数量四个以上	要点准确、合理；要点数量三个	要点准确、合理；要点数量两个	要点准确、合理；要点数量一个
问题意识	在小组活动中能够提出三个以上问题，问题针对性强，且能提出解决办法，办法具有可行性	在小组活动中能够提出两个以上问题，问题针对性强，且能提出解决办法，办法具有可行性	在小组活动中能够提出一个以上问题，问题针对性强，且能提出解决办法，办法具有可行性	参与小组活动，在小组活动中未能提出问题
同伴合作	与小组伙伴密切合作，效果好	与小组伙伴有合作，合作效果较好	偶尔与小组伙伴有合作，合作效果一般	参与小组活动，没有与小组伙伴进行合作
反思与改进	形成了完善的自我反思，且包含全部细节描述，改进明显	基本形成了自我反思，且包含一些细节描述，有所改进	基本形成了自我反思，但未包含细节描述，有所改进	参与小组活动，没有自我反思和改进

活动2： 提升积极情绪状态的训练

活动内容： 根据"一周积极情绪事件记录表"，练习提升积极情绪状态。

活动要求：

（1）仍以活动1中的小组为学习单位，完成"一周积极情绪事件记录表"，并组织讨论交流。

（2）每个小组形成分享的共识，回到全班同学面前进行分享。

活动实施：

第1步：回忆、记录自己过去一周内在工作生活中遇到的积极情绪事件，形成"彩色的一周"。

这些事情可大可小，可以琐碎也可以宏大，请大家注重记录每件事发生时你的体验和感受。共十种积极情绪：喜悦、感激、宁静、兴趣、希望、自豪、逗趣、受激励、敬畏、爱。

积极情绪	星期一	星期二	星期三	星期四	星期五	星期六	星期日
喜悦							
感激							
宁静							
兴趣							
希望							
自豪							
逗趣							

积极情绪	星期一	星期二	星期三	星期四	星期五	星期六	星期日
受激励							
敬畏							
爱							

第2步：总结与提升。

在这一周的记录中，我观察到：

我比较满意的是_____等积极情绪，我认为下周可以在_____等积极情绪方面继续提升。

为此，我将会作出如下计划：

_____

_____

_____

第3步：在小组内分享自己的测试结果，形成分享意见。

第4步：展示汇报。

每个小组选一个成员代表小组来分享。提出学习中的疑问，全班共同解决。其他小组可以介绍解决办法，进一步讨论主题，提升对知识点的掌握水平。

第5步：学习评价。

评价内容	4分	3分	2分	1分
要点评价	要点准确、合理；要点数量四个以上	要点准确、合理；要点数量三个	要点准确、合理；要点数量两个	要点准确、合理；要点数量一个
问题意识	在小组活动中能够提出三个以上问题，问题针对性强，且能提出解决办法，办法具有可行性	在小组活动中能够提出两个以上问题，问题针对性强，且能提出解决办法，办法具有可行性	在小组活动中能够提出一个以上问题，问题针对性强，且能提出解决办法，办法具有可行性	参与小组活动，在小组活动中未能提出问题
同伴合作	与小组伙伴密切合作，效果好	与小组伙伴有合作，合作效果较好	偶尔与小组伙伴有合作，合作效果一般	参与小组活动，没有与小组伙伴进行合作
反思与改进	形成了完善的自我反思，且包含全部细节描述，改进明显	基本形成了自我反思，且包含一些细节描述，有所改进	基本形成了自我反思，但未包含细节描述，有所改进	参与小组活动，没有自我反思和改进

活动3：培养和运用优势训练

活动内容：根据任务清单，训练学生强化自身优势。

活动要求：

（1）仍以活动1中的小组为学习单位，完成优势训练，并组织讨论交流。

（2）每个小组形成分享的共识，回到全班同学面前进行分享。

活动实施：

第1步：完成优势运用的训练。

学习善用、巧用自身优势对个人职业发展具有积极的促进作用，可以促使人们在工作中获得更多的积极经验并产生更强的使命感，提升个体的幸福感，降低抑郁水平。

请完成如下练习：

我最想学习的互联网营销行业里的偶像是＿＿＿＿＿＿＿＿（一或二位），在观摩他们工作时，我注意到，他们表现出来的突出优势是：

＿＿＿＿＿＿＿＿，表现在＿＿＿＿＿＿＿

＿＿＿＿＿＿＿＿，表现在＿＿＿＿＿＿＿

＿＿＿＿＿＿＿＿，表现在＿＿＿＿＿＿＿

＿＿＿＿＿＿＿＿，表现在＿＿＿＿＿＿＿

相比较，我的优势是＿＿＿＿＿、＿＿＿＿＿、＿＿＿＿＿

（列举1～3项）。

我可以在以下这些方面来练习运用我的优势：

＿＿＿＿＿＿＿＿＿＿＿＿＿＿＿＿＿＿＿＿＿＿＿＿＿＿＿＿＿＿＿＿

＿＿＿＿＿＿＿＿＿＿＿＿＿＿＿＿＿＿＿＿＿＿＿＿＿＿＿＿＿＿＿＿

第2步：在小组内分享自己的结果，形成分享意见。

第3步：展示汇报。

每个小组选一个成员代表小组来分享。提出学习中的疑问，全班共同解决。其他小组可以介绍解决办法，进一步讨论主题，提升对知识点的掌握水平。

第4步：学习评价。

评价内容	4分	3分	2分	1分
要点评价	要点准确、合理；要点数量四个以上	要点准确、合理；要点数量三个	要点准确、合理；要点数量两个	要点准确、合理；要点数量一个
问题意识	在小组活动中能够提出三个以上问题，问题针对性强，且能提出解决办法，办法具有可行性	在小组活动中能够提出两个以上问题，问题针对性强，且能提出解决办法，办法具有可行性	在小组活动中能够提出一个以上问题，问题针对性强，且能提出解决办法，办法具有可行性	参与小组活动，在小组活动中未能提出问题
同伴合作	与小组伙伴密切合作，效果好	与小组伙伴有合作，合作效果较好	偶尔与小组伙伴有合作，合作效果一般	参与小组活动，没有与小组伙伴进行合作
反思与改进	形成了完善的自我反思，且包含全部细节描述，改进明显	基本形成了自我反思，且包含一些细节描述，有所改进	基本形成了自我反思，但未包含细节描述，有所改进	参与小组活动，没有自我反思和改进

●●●●● 任务2　学会减压抗压 ●●●●

任务描述

在工作一段时间以后，小张发现自己开始出现脱发、疲惫、焦虑和睡眠等问题，意识到这是因为工作压力所致，需要制订一份自我减压方案了。

任务解析

本任务通过学习基础知识点、测量问卷、实践练习等方式，训练学生树立压力管理的意识，学会识别压力，掌握压力管理的3～5项技巧，帮助学生获得在岗位上识别压力、调节压力、转化压力，实现减压，增强抗压能力。

知识链接

职场社交平台和部分在线职业教育平台共同发布了《中国职场压力报告2021》，经过深度的市场调研，直观反映了2021上半年职场群体在压力指数、压力来源，以及缓解压力和职业提升方面的形势。通过报告，可以看到，职场人整体压力达7.26。25～30岁的人的压力指数破7，成为最大的职场压力人群。探究压力来源时可以发现，近七成职场人会因事业无成压力大；"职场瓶颈"是职场人真正的"压力制造机"。

人生不可能没有压力，人生的每一次成长都是一次次施压的结果。互联网营销作为新兴职业，包括产品定位、包装策划营销、产品推介等一系列工作，对互联网营销师的能力提出了较高的要求，压力自然也就相伴而生。有些人由于缺乏科学有效的压力调控方式而产生了一些恶性循环反应，为各行各业的人们又一次敲响了关注健康、有效管理压力的警钟。

知识拓展

压力的危害你怕不怕

从目前的各项调查结果看，职场压力已成为白领普遍面临的问题，反映到人的身体状况和行为上，其主要表现为脱发、易生病、脸色不好、沟通越来越少、不愿与人接触、容易忘事、难以专注工作、忧愁、易急躁等。有人将职场压力给白领带来的种种问题称为"白领综合征"。

那些认为自己受到极大压力的管理人员，身心健康水平最差，心理问题也最严重，而普通工作人员，身心健康处于较好的状态，心理问题也不明显。职场压力过大，不管是对个人还是对社会，都会造成很大的危害。对于个人来说，一个人的压力过大，就会出现血压增、肠胃失调、溃疡、身体疲劳、心脏疾病、呼吸问题、汗流量增加、皮肤功能失调、头痛、肌肉紧张等生理变化，而各类癌症和情绪抑郁等现象都和压力有着很大的关系。

一、压力和压力管理的含义

（一）压力的概念

视频

压力和压力管理

压力也称应激，它是一种个体感到需求与自己满足那种需求的能力之间出现不平衡时所产生的感受。通常可以将压力按时间段来划分，在短期将压力视为刺激和反应，在中长期将压力视为历程。当面临个人内在（如疲劳、饥饿）和外在环境（如噪声、工作要求等）的刺激下，有可能引发生理反应以及认知、情绪、行为等心理反应，同时，压力源与压力反应之间具有互为因果的关系，有时候人们对于原始压力源所产生的反应会演变成另一种压力源，引发下一波的压力反应。

例如，临近月底，小李的销售任务还没有完成，这几天他频繁地出现失眠，越失眠，越紧张，每天睡觉之前都惴惴不安地想自己再失眠可怎么办，结果越想越睡不着。在这个事例中，小李之前失眠所带来的压力就带来了睡眠质量的进一步恶化，成了后期失眠的压力源之一。

（二）互联网行业里压力的分类

在互联网行业中，可以依据人们面对外部环境刺激所产生的心理感受，将遇到的压力分为两种类型：正性压力和负性压力，如图2-2-1所示。正性压力指的是从业者处于被激发和鼓舞的情境中所产生的压力，如取得好业绩、中奖。产生正性压力的情境是令人愉悦的，因此不被视为威胁。负性压力是指个体处于消极情境中所产生的压力。消极情境令人产生威胁、恐惧或焦虑等负性感受。

负性压力又可以分为急性压力和慢性压力，急性压力是个体在面对突发的消极事件时所产生的压力，慢性压力是指个体在持续的、缓慢的或渐进的消极情境中所产生的压力。急性压力来势汹汹，强度较大，但消退迅速，如直播时的意外事件；慢性压力出现时不明显，强度较弱，但旷日持久，如职业压力。虽然慢性压力不如急性压力强度大，却由于时间持久而常常令人难以忍受，如低业绩、个人成长缓慢。慢性压力让人长久地处于消极情境中，更容易诱发身体疾病。

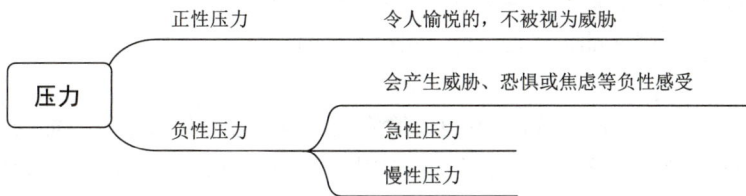

图 2-2-1　压力分类

（三）互联网行业里的压力源

工作生活中任何会引起人们担心、难过、紧张的事件都可能成为压力。这些事件可以是身体方面的或情绪方面的，正面的或负面的，突然发生的或长期存在的，能控制的或无法控制的任何变动、琐事或要求。

压力源是引起压力的外界刺激，依据事件大小可以分为三类：重大突发事件、生活事件和日常困扰；按激发程度可以分为急性压力源和慢性压力源；按性质可以分为生物性压力源、心理性压力源和社会性压力源，如图2-2-2所示。

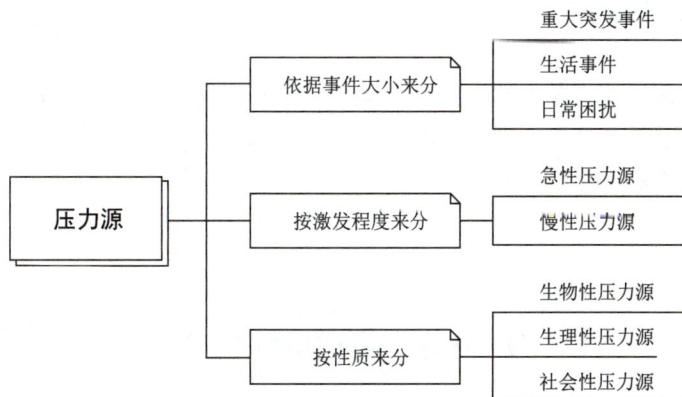

图 2-2-2　压力源分类

1. 重大突发事件

重大突发事件包括自然灾害等不可抗力因素，如地震、飓风和火灾，也包括人为因素，如工作场合里的意外事故、突发舆情等。此类事件的发生往往突如其来、无法预料，亲历者身陷压力，倍感无助，甚至会激发创伤后应激障碍（PTSD）。

2. 生活事件

互联网营销师日常生活里的压力事件也会产生不适感，需要做出调整或改变来应对。生活事件既包括重大生活事件，如丧偶、结婚、离婚、失业、移民等，也包括微小生活事件，如考试没考好、家庭聚会迟到等。相比灾难事件，生活事件引起的压力强度不大，尤其是微小生活事件，进程也比重大突发事件要缓慢。压力问题不是一天就造成的，问题的爆发总是伴随着日积月累的冲突与矛盾。

（1）家庭：不同的需求或动机相互冲突，重大生活事件，如生病、死亡、出生、失业、结婚、经济困难等。

（2）工作：任务方面，如资源不佳、任务过重；人际关系方面，如同事间关系差、团队凝聚力弱；组织结构方面，如晋升管道不通、职业倦怠、失业等。

（3）社会环境：如经济衰退、社会变革、风俗文化差异、语言环境等。

（4）生活方式：如睡眠紊乱、缺乏运动、饮食不均衡。

3. 日常困扰

日常困扰是指日常麻烦带来的苦恼所构成的应激，虽然轻微但很频繁，如噪声、拥挤、贫困、争吵、忧虑、工作压力等。日常困扰给人们造成的压力往往是长期持久且难以改变的，因此容易产生健康问题。

（1）生理机能：易造成身体生病或身体衰老、功能退化等问题。

（2）个人能力与期待：易造成解决问题能力差、人际关系技巧差、爱竞争、急性子、完美主义、思想缺乏弹性、孤僻等问题。

4. 心理因素

心理层面的影响在各种压力源中占据最大的比重，它来自人们心理上对刺激的知觉。人们对于自我的思想、信念、态度、观点、知觉以及价值观会有本能的防御，一旦以上这些方面受到挑战、违背甚至改变，自我就会感觉受到威胁，继而产生压力反应。心理层面的压力源反映了人格的独特架构，用通俗的话来说，就是"理性很丰满，现实太骨感"，两厢比较，压力立现。

（四）压力引起的身心反应

1. 压力的生理反应

压力所造成的生理反应行为上的反应包括躁动、退缩、攻击、批评、依赖、失眠、食欲改变、哭泣、逃避、静止不动等。这是人体的交感与副交感神经相互作用的结果。处在压力状态下，人们可能出现选择性的知觉或注意、各种正面与负面的评价等认知方面的反应。

知识拓展

压力的一般适应症侯群

加拿大籍匈牙利裔病理学家汉斯·塞利（Hans Selye）提出了"一般适应症侯群"（general adaptation syndrome, GAS）的概念，用以说明人体在面对压力时经历的生理变化过程。根据塞利的研究，GAS可以分为以下三个阶段：

第一阶段：警觉阶段（alarm stage）

在这个阶段，当人们遇到一个压力源（stressor）时，身体会立即做出反应，这种反应称为"战斗或逃跑"（fight-or-flight）反应。具体表现为心跳加速、血压上升、呼吸加快以及肌肉紧张等生理变化，这些都是为了使身体能够迅速应对潜在的威胁。

第二阶段：抵抗阶段（resistance stage）

如果压力源持续存在，那么身体会进入抵抗阶段。在这一阶段，身体试图适应并抵抗压力的影响。此时，可能会观察到体内激素水平的变化，如肾上腺素和皮质醇的增加。这些激素有助于维持身体的能量水平，以便继续应对压力源。然而，如果压力长时间持续，身体的资源可能被过度消耗，从而进入下一个阶段。

第三阶段：耗竭阶段（exhaustion stage）

长时间的压力可能导致身体资源耗尽，此时即进入耗竭阶段。在这个阶段，身体的生理功能下降，免疫系统可能会受到影响，使得个体更容易受到各种疾病的侵袭。长期的压力还可能导致一系列健康问题，如心血管疾病、消化系统问题、心理障碍等。

了解上述阶段有助于人们认识到压力对健康的潜在影响，并采取适当的措施来管理和减轻压力。通过适当的休息、营养、锻炼和心理健康支持，可以有效地帮助个体从压力中恢复过来。

2. 压力的心理反应

每个人对于压力的认知、情绪和行为反应的学习程度不同，通常，人们会从如下几个方面来应对压力。

（1）防御机制。大部分压力源都会引起焦虑，区别在于程度不同。人们在面对压力源的时候，基本上都会运用一定的防御机制来帮助自己应对威胁，维护自我价值感。最明显的例子是，如果人们撒谎了，会想方设法地想理由来圆谎，使之看起来合理。值得注意的是，防御机制具有一定的欺骗性，如果是自欺，最后影响的将会是自身的成长。

（2）压力水平。人们在压力下的行为表现如何，一定程度上取决于他们感受到的压力水平。心理学家耶克斯（R.M. Yerkes）与多德森（J.D. Dodson）的研究表明，压力与效率之间的关系是倒U形曲线。中等强度的压力最有利于任务的完成。当压力强度处于中等水平时，效率最高。压力强度过高对行为反而会产生一定的阻碍作用。如在工作中过于急于求成，盲目追求业绩，就容易让人产生焦虑和紧张，干扰正常的记忆和思维活动，使工作效率降低。

（3）情绪唤起。在压力下经常会出现一定的情绪反应。适度的压力会唤起警觉、注意力集中、思维敏捷、精神振奋等适当的心理反应，有助于应对环境事件。例如，在上播之前，需要唤起的就是这样的状态。相反的，过度的压力则会带来负面反应，出现消极的情绪，如忧虑、焦躁、愤怒、沮丧、悲观失望、抑郁等，这种负面情绪会使人思维狭窄、自我评价降低、自信心减弱、注意力分散、记忆力下降，表现出消极被动，不利于提升工作业绩和效率。

二、互联网营销师工作中常见的压力

互联网营销师工作中常见的压力如图2-2-3所示。

（一）学习压力

对于互联网营销师而言，观众是未知的，环境是多变的，工作内容是探索的，想要轻松

视频
互联网营销师工作中常见的压力

面对岗位工作，有条不紊，就必须具备一定的知识与能力储备，这也会带来学习压力。学习压力主要来自以下几个方面：一是对提升知识储备方面的需要；二是对综合、整合或者构建平台的阅历、经验的需要；三是对行业新技术适应的需要。这三个方面都可以通过持续学习来解决。

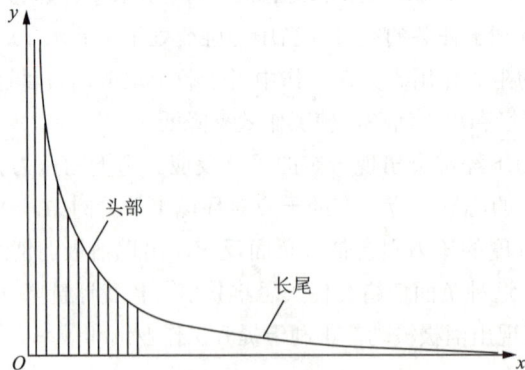

另外，互联网营销师要充分了解推销商品的上下游产业链、政策环境、最新的行业动态等信息。对行业情报、竞争对手动态和用户变化进行掌握和分析，确定产品的市场地位和销售策略。还要做好新机会、新产品或新项目的识别，面对问题，分析现象，识别出关键点，找到解决方案，判断优先级。

图2-2-3　互联网营销师工作中常见的压力

互联网营销师要主动通过各种渠道了解用户反馈，时刻关注数据指标体系，进行数据的收集和分析，以优化产品和支撑决策，同时要理解数据产生的各个环节，挖掘潜在规律和问题，对数据进行精准分析和问题归因，有效利用数据做产品，数据分析的能力会影响到团队整体业绩，也会带来压力。

（二）互联网"飞轮效应"

在信息科技与数字化的大背景下，互联网的"飞轮效应"越来越明显，用户需求在快速的变化，潮流循环越来越快，用户注意力的快速转移，让产品与内容变得速生、速长，同时也变得速朽，带来营销方法的多样化，这些新状态、新情况都需要互联网营销师积极适应，由此带来的工作压力也不容忽视。

（三）互联网"头部效应"

1895年，意大利经济学家维尔弗雷多·帕累托在研究国家的财富分布时，发现每个国家的财富都呈现出一种分布方式，少部分人占据了大部分财富，而大部分人拥有少量财富。从坐标轴上看，头部向左靠拢，还拖着长长的尾巴，如图2-2-4所示。

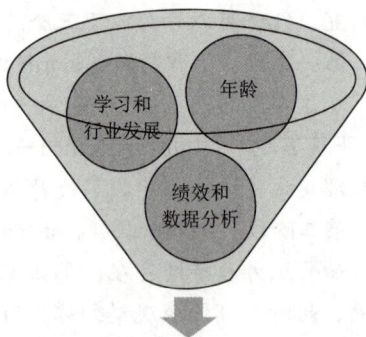

图2-2-4　头部效应

互联网营销时代，头部效应体现得非常明显，被人们大量使用。各个网站、App领域内，关注度相对集中的主播和团队都可以成为该领域的"头部"，头部就是一个赛道占据前几名的那部分。他们拥有更多的关注、更多的资源，有巨大的借势优势、更多的投资。互联网营销师们人人希望自己成为头部，但事实是头部主播少之又少，大多数营销师都处于尾部。

三、互联网职场压力管理原则

互联网公司在高速发展背后，面临的是市场竞争的压力，而员工作为互联网企业的重要组成部分，毫无疑问直接承担了这部分压力。互联网营销师在营销的各个工作环节都会有解压的需要。在设计解压方案时，要遵循图2-2-5所示原则。

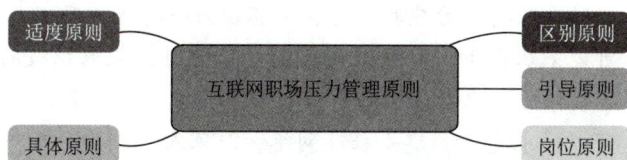

图 2-2-5　互联网职场压力管理原则

（一）适度原则

进行压力管理并不是不顾一切地减轻压力直至到零，而是要适度，既要考虑到眼前的心理承受能力，也要考虑到压力的正面意义，保持一定的压力状态来促进工作。

（二）具体原则

由于压力在很大程度上是一个主观感觉，因此，在进行压力管理时要区别不同的对象，采取不同的策略，根据对象的不同特点，做到具体问题具体分析。

（三）岗位原则

互联网营销师的不同岗位的人员面临的工作压力不同。一般岗位级别越高、创新性越强、独立性越高的员工，承受的压力也就越大。比如，直播销售员的压力一般比其他人员要大，因为其他人员面对的更多是可控因素，而直播销售员就不一样，销售业绩不仅取决于自己努力的程度，还与客户、市场大环境、竞争对手有关。

（四）引导原则

压力的产生是不可避免的，除了接纳压力，也要引导其朝着积极面思考。有些外部因素是不可控的，如面对强大的竞争对手，这时可以灵活地将压力变为动力，激发更多的工作热情。

（五）区别原则

在消除压力前，首先要找出压力的来源并区别对待。有些压力是可以避免的，如岗位职责不清、分工不合理所造成的压力。对于来自工作本身的压力，既然是不可避免的，就通过提高自身的工作能力和心理承受能力来解决。

知识拓展

如何看待和处理压力

凯利的观点强调了一个重要的心理转变——将压力视为敌人还是朋友，这一视角的不同将会极大地影响人们应对压力的方式及其最终的结果。

1. 压力的双重面

有害的一面：长期的压力可能导致身心健康问题，如心血管疾病、焦虑症、抑郁症等。压力过大时会影响认知功能，导致决策失误、注意力分散等问题。

有益的一面：压力可以激发潜能，帮助人们在关键时刻发挥超常表现；促使人们与他人建立联系，寻求支持，从而增强社会支持网络；成为成长的催化剂，让人们学会克服困难，变得更加坚韧；压力赋予人们生活的意义，让人们意识到自己在乎的事物，并为之奋斗。

2. 如何与压力做朋友

要与压力做朋友，可以改变观念，重新定义压力，尝试将压力视为挑战而非威胁，将其视为推动个人成长的动力。相信自己有能力应对压力，将其视为一种机会而不是负担。

要与压力做朋友，可以采取行动，积极应对，面对压力时，采取积极的解决措施，如制订计划等。通过呼吸练习、运动等方式来放松身心，减少压力感。

要与压力做朋友，可以寻求支持，建立社交网络，与家人、朋友、同事分享自己的感受，寻求他们的支持和鼓励。如果压力过大，可以考虑寻求心理咨询师的帮助。

要与压力做朋友，可以反思与成长，记录自己在面对压力时的感受和经历，从中吸取教训。将每一次的压力经历转化为成长的机会，设定新的目标并努力实现它们。

总之，压力本身并不完全是坏事，关键在于如何看待以及如何管理它。通过积极的心态和有效的应对策略，可以将压力转化为成长的机遇，从而在挑战面前变得更加强大和自信。保持良好的生活习惯、充足的睡眠、健康的饮食以及适量的运动也是减轻压力的重要手段。通过这些方法，不仅能够更好地应对日常生活中的压力，还能够从中汲取力量，让生活更加充实和有意义。

📖 知识拓展

世界上的事没有完全好或完全不好的，压力也是如此。只有学会面对压力，练习着让它成为动力，与它建立良好的"朋友关系"，工作、生活和学习才会得到提高。在引起压力和挫折的各种主客观因素中，主观因素，即对事物的态度决定人们的情绪和行为，决定人们的成功与失败。因此，遇到压力和挫折时，不但可以从外部找原因，还可以从自身找资源去积极应对和解决。

一、互联网职场压力管理策略

互联网职场压力管理策略如图2-2-6所示。

（一）环境方面

视频

互联网职场压力管理策略

在职场中，遭遇到不公平待遇是有可能的事。例如，小明认真努力地工作，取得了较好的业绩，他期待能获得提升。可领导不仅没提升他，反而提升了另一资历和业绩都不如他的员工。他感到不公平，直接找领导说明情况，提出自己的诉求，希望领导对自己能力与付出做出肯定，并给予自己应有的提升。小明采取的方法是直面压力情境，坚定地改变环境。他在不侵犯他人权利的前提下，直接表达了自己感受，并维护自己权利。这样一种方法是将焦点放在直接改变压力情境本身。无论是否会成功，此种策略是管理压力的首选方法，是处理压力的理性且具建设性的方式，它往往可以缓解压力。

（二）认知方面

尽管改变环境是压力管理的首选方法，但有时候实现起来困难重重，最终多以失败告终。此时，可以选择调整自己，以更好地管理压力。改变自己并非无奈之选，而是为了提高个人可利用的资源。

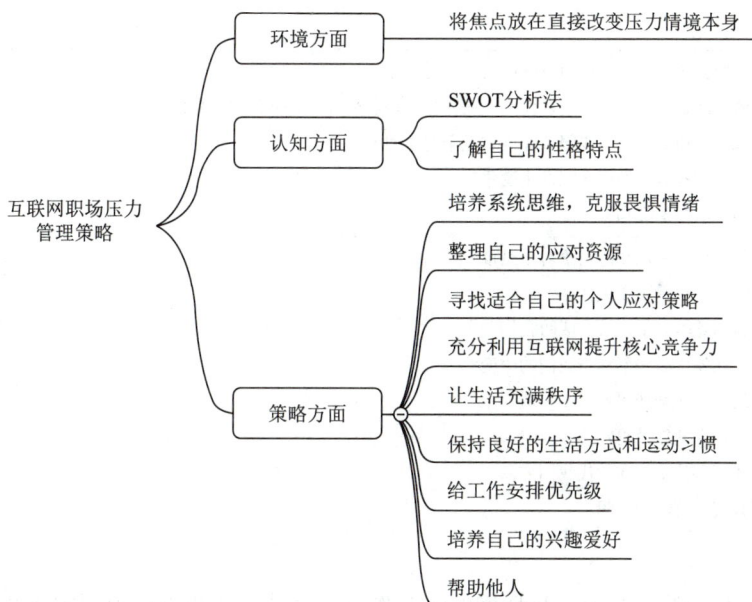

图 2-2-6　互联网职场压力管理策略

1. 明确自身优缺点

正确认识自己的优点和缺点，知道自己想要什么能做什么，知道自己的价值在哪里。明确了目标才会有方向和动力；知道要实现目标需要具备的条件和能力，并经常和自己的现状对比，看已经具备了哪些，哪些还有所欠缺，根据差距去不断地努力，锻炼自己的毅力，不知难而退；锻炼自己的耐力，不急功近利；锻炼自己的能力，不夸夸其谈，不断完善目标，实现自我超越。

知识拓展

依照优势、劣势、机会、威胁四个方面，可以给自己列一张清单，来梳理一下自己目前的总体情况：

优　势	我（我们公司）擅长哪方面？优势在哪里？ 客户认为我（我们公司）的优势是什么？ 什么地方我（我们公司）比竞争对手做得好？ 有哪些独特的资源是我（我们公司）特有的？ 我们公司的产品独特卖点是什么？ 我们公司的员工有哪些优势？
劣　势	我的公司在哪些领域经常表现不住？ 竞争对手哪方面比我们做得好？ 我们的客户通常会抱怨什么？ 我们的团队欠缺哪些能力？ 什么东西在拖我们的后腿？ 我们欠缺哪些资源？ 我们的品牌哪些方面被认为是不好的？

续表

机　会	我（我们公司）能填补目前空缺或代表不足的市场吗？
	我们公司能否与另一家企业合作，以获得曝光率、财务支持或消费者好感？
	我（我们公司）的产品或服务能胜过竞争对手吗？
	行业中有哪些潜在的标准在发生变化？
	我们的成本在下降吗？
威　胁	我（我们公司）现在的竞争对手是谁？
	我们的竞争对手正在做什么？
	哪些新的竞争对手加入会威胁我们公司？
	行业正在发生哪些不利于我们的改变？
	我们的成本在增加吗？
	我们的供应商靠谱吗？
	有哪些新兴技术正在替代我们产品？
	我们有现金流的问题吗？

2. 识别自我施加的压力

产生压力和紧张的原因是个人与环境的交互作用。个体对环境中压力源的感知是有差异的。这里有先天的遗传因素，更多的是后天的职业训练。例如，如果给压力做一个测试，同一个主题下大家的得分会有所差别，一些对某些人影响很大的事情，有可能对另一些人影响很小，甚至根本不起作用。所以，制订压力管理方案的时候要从自身情况出发。

1）识别A型人格

每个人身边，可能都会有这样一群人：风风火火，雷厉风行，有计划性、目标性极强，办事效率高。这就是典型的A型人格。

A型人格的典型特征有：习惯多线程工作，热衷于挑战，胜负心强，野心勃勃；计划性强，讨厌浪费时间，容易失去耐心或被激怒；花大量时间在工作上，对目标高度专注；需要通过不断工作证明自己的价值，喜欢自我批评；更容易感受到压力，经常觉得焦虑不安；控制欲强，人际关系比较紧张。

此外，生理上常呈现：面部紧张，如嘴唇紧抿，两腮收紧；爱舔舌头或磨牙；额角经常冒冷汗；有很重的黑眼圈。

客观地说，现实中很多佼佼者都是A型人格。工作中，他们往往很有决断力、目标感强，能很好地胜任领导工作。生活中，遇到危急情况时，他们能够更快做出反应，而不是瞻前顾后。当事情陷入困境的时候，他们能够推动事情向前发展。

然而，A型人格的缺点也很明显。因为习惯于同时处理多项任务，并且希望将每件事情都做到尽善尽美，所以，常常会感觉到压力巨大。的确，压力有时候能够推动人克服困难。但如果未能觉察到它的负面影响，则会导致身心健康受损，甚至会造成A型人格障碍。

可以这么理解，A型人格是健康的，而A型人格障碍则是病态的。其最大的问题，就是焦虑水平高、抗压能力差，因此更容易患上心血管疾病。国际流行病学研究在8.5年间，对成千上万的A型人格者进行追踪调查，获得了一致性的研究结果：A型人格者罹患冠状动脉疾病（心绞痛和心肌梗死）的风险，比B型人格（与A型人格相反，节奏慢，有耐心）者高出2倍。

假设我们确实是A型人格，怎么做可以让自己活得更舒服？

首先，如果你现在很自洽，那就没什么必要改变，按自己的节奏就好；如果你身心不胜其扰，试试以下方法，找到更张弛有度的生活节奏。

（1）应对心烦意乱：学着做情绪笔记。

A型人格一大表现，就是压力阈值低。同样的挑战，A型人格往往会体验到更多的焦虑。而写情绪笔记，可以帮助改善情绪。

具体可以这么做：首先，将自己一天之中太"A"的行为记录下来，如发脾气、对人很粗鲁，以及那些沮丧的时刻。然后，试着回顾一下当时的情绪，并写下来。最后，尝试写下解决方法。当你感觉分身乏术的时候，拿出纸和笔写下可能的解决方法，比仅靠脑袋想要轻松很多。

（2）应对胜负欲：警惕非理性竞争念头。

很多A型人格的人胜负欲极强，强到随时处于应激状态。而一个人如果太想赢，往往会忽视自己的行为是否有意义。所以，当自己苦苦追求某个结果却不可得时，不妨停下来问一问自己：我这么焦虑，究竟是在害怕什么？这个目标能给我带来什么？它是必要的吗？试着把答案写下来。

（3）应对人际紧张：非评判性聆听。

A型人格与人沟通时，往往只顾着自己说个不停，却忘记给别人解释或表达的机会。在他们的潜意识里，别人的看法都是错的或不够好的。可事实是，只有放下评判心，保持对别人思想和感受的好奇，才能够避免将自己的意志强加于他人。正是因为他们的过度自我、强人所难而不自知，才会导致人际关系紧张。

所以，放下对别人没必要的评判，也有助于缓和人际关系。

2）正确认知拖延

我们要识别压力是不是由于自身的行为和态度引起的。例如，如果工作压力是由于赶在最后期限前完成而引起的，那么，就应该避免拖延，为自己争取更多的时间，这样就不会被即将到来的截止日期压得喘不过气来。

拖延是一种情绪问题。"拖延"这个行为本身也会带来自我挫败的感受，在自责的痛苦中，拖延行为往往会加剧，从而形成"拖延—自责—痛苦—更拖延"的循环。我们之所以会觉得提升行动力是件非常困难的事，是因为我们始终无法打破这个恶性循环。所以，可以有意识地给困难的事情一个更短的启动时间，如"先试试看1 min的书"。只要迈出了第一步，焦虑就会很大程度地被缓解。当真正开始做一件事情之后，你会发现其实它并没有预期的那么困难，你的信心会极大程度地增加，行动力也会慢慢增强。

（三）策略方面

1. 培养系统思维，克服畏惧情绪

从平时生活小事入手，找到克服畏惧情绪的有效方法。比如，主动和刚认识的朋友打招呼、独自旅行等，或是尝试一些之前想做却不敢做的事，并将在其他领域的成就感逐步迁移到工作中来。

从工作中的小目标入手，在工作中将目标细化、按照重要且紧急、重要但不紧急、紧急但不重要和不紧急也不重要四类排序，通过划分优先级，明确哪些任务需要立即关注，哪些任务可以等待，这样可以减少一次完成所有任务的精神压力。逐步地建立自信心和成就感，而不是一步达到最大的目标。同时，评估工作任务的难易程度，分出来自己可以做的、可以尝试的、可以追求的，积极调整那些无法实现的目标。

2. 寻找适合自己的个人应对策略

个人应对压力的策略多种多样，常见的有问题导向型应对和情绪导向型应对。

问题导向型应对关注如何解决问题。当人们认为他们能够改变压力情境时，倾向于用此种应对方式，以减少压力反应。学生面对考试压力时，努力学习是有效的问题导向型应对方式。

情绪导向型应对侧重于管理与压力相关的负面情绪。当人们认为他们不能改变环境或无法逃避压力源时，倾向于用此应对策略调节负面情绪，从而减轻压力。

例如，销量压力会让人陷入焦虑，但任务又不能取消，只能想方设法，缓解压力。比较而言，问题导向型应对策略的效果更佳，因为此种方法有主动改变情境的可能性。

我们还要对自己应对资源进行梳理，可以从以下这些方面入手：健康、充满能量、积极的信念、问题解决能力、物质资源、社交技能、社会支持。

3. 充分利用网络资源，提升核心竞争力

互联网营销师想要脱颖而出，必须提升自身的核心竞争力，如知识体系化、互联网思维、洞察客户群等关键能力。我们不但可以在课堂上学，更应该充分利用互联网资源。互联网不仅仅可以用于聊天、购物和游戏，它还可以成为职业发展的帮手。一定要有意识地培养自己善于发掘网络资源，学会归纳关键词，提升搜索的效率。互联网上有非常多的免费课程，如视频、读书、网课、公众号、自媒体等软件和网站。我们可以高效利用好碎片化时间，如把听书活动安排在早晚通勤的路上、把网课学习安排在晚饭后、把读书会安排在周末；等等。

4. 保持良好的生活方式和运动习惯

培养健康、科学的生活方式也很重要。大量研究表明，不合理的饮食、缺乏睡眠和体育锻炼不仅损害身体健康，而且会加剧抑郁、暴躁等消极情绪，这类不良情绪又可能影响人际关系，继而给人们造成更多压力。健康的生活方式是缓解压力的有效途径，可以尝试以下做法：每天下班前整理好办公桌，每周养成整理、备份文件的习惯；定期锻炼，均衡饮食，放松心情；为爱好腾出时间，做一些喜欢做的事情；做好时间管理和精力管理，减少不必要的精神消耗等；听音乐，做做舒展肢体和关节的运动，如图2-2-7所示。

图 2-2-7　良好的运动习惯

知识拓展

推荐成年人每周运动不少于三次；进行累计至少150 min中等强度的有氧运动；每周累计至少75 min较大强度的有氧运动也能达到运动量；同等量的中等和较大强度有氧运动相结合的运动也能满足日常身体活动量，每次有氧运动时间应当不少于10 min，每周至少有两天进行所有主要肌群参与的抗阻力量练习。

开辟出一块"自留地"、一个用于处理自己的负面情绪的"避风港"、一个积极情绪的"充电器"，每天去那里待上15 min，在这段时间里，只想积极的、让你开心的事情。这种短时间的充电，对调整情绪是大有帮助的。

5. 培养自己的兴趣爱好

生活中有很多事情会让我们更加兴奋。定期花些时间和家人、朋友在一起，做喜欢的事情。培养自己的兴趣爱好，这会减轻压力，激发创造性思维。

6. 帮助他人

"众人拾柴火焰高""团结起来力量大"，这些内容形象地形容了团队的重要性。研究表明，当团队成员中有合作意识、愿意互帮互助时，可以有效减少成员间的工作压力和摩擦，起到共情、理解的作用，有助于整个团队更好地完成工作任务。

五、掌握"减压技巧"

（一）保持乐观心态

1. 乐观心态的作用

在面对困难时，一个人对难事的解释风格体现了其认知水平，良好的心态认知可以帮助我们以问题为导向，以解决问题为目的，快速地调整情绪，回归理性层面，减少消极情绪的影响。积极的自我暗示可以影响人们的心态，进而影响行为及行为结果。

2. 培养乐观心态的方法

（1）照镜子。观察自己当下的表情，消极情绪更多的时候，对自己微笑。

（2）言语自我鼓励。多对自己打气："我行！我能胜任！我很坚强！我不惧怕压力！我喜欢挑战！"少对自己贬损："我不行！我做不到！"

（3）积极想象。将想象中最美好的未来记录下来；不论何事都尝试去看好的一面。

（4）多行善事，多培养感恩意识。

（5）发展良好的人际关系。多帮助他人，多把自己放在人群中去成长。

（二）善用积极的心理防御机制

1. 心理防御机制

心理防御机制是指个体面临挫折或冲突的紧张情境时，在其内部心理活动中具有的自觉或不自觉的解脱烦恼、减轻内心不安和愤怒，以恢复心理平衡与稳定的一种适应性倾向。积极的心理防御机制能够帮个体摆脱痛苦，减轻愤怒和不安，恢复情绪，缓冲心理挫折，减轻焦虑情绪，并且还会表现出一种自信、愉快和进取的倾向。积极的心理防御机制有仿同、升华、补偿和幽默，如图2-2-8所示。

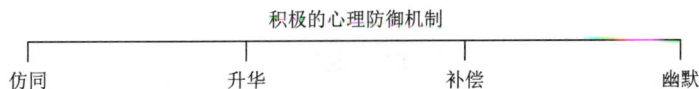

图 2-2-8 积极的心理防御机制

（1）仿同：指个体在遭遇挫折时自觉主动地效仿他人的优良品质并获得成功的经验和方法，以此使自己的思维、目标和言行能更加适应环境和社会的要求，从而在主观上增强自己获得成功的信念和勇气。

（2）升华：指一个人因某些不可抗的原因无法达到原定目标，或者个人的动机与行为不被社会接受，于是，他们选择用另一种比较崇高的、具有创造性或建设性以及有社会价值的目标来代替，并借此来弥补自身因受到挫折而丧失的自尊与自信，减轻挫折带来的痛苦。

（3）补偿：在社会生活中由于各种条件的限制和障碍，人们总是会有一些目标无法达成和实现。此时，行为主体往往会用新的目标来替代原有的目标，进而以显示取得的成功体验去弥补原本失败的痛苦，这是人们受挫折的补偿行为反应。

（4）幽默：我们的工作态度严肃，并不意味着在工作中就必须一直要保持屏气凝神、紧张紧绷状态，相反的，在工作中，添加一些主题适当的、善良得体的幽默，可以缓解焦虑情绪，起到社交催化剂的作用。研究表明，在大笑的时候更多的血液流入大脑，可以起到降低压力、提升免疫力的作用。当人们的处境变得困难或尴尬的时候，人格较为成熟、心理素养较高的人往往会选择以幽默的方式来化解尴尬的情景，对付困难的情况，巧妙地传达自己的意图，把原本十分困难的情况转变过来，成功地让自己摆脱困境、渡过难关，进而维护自己的心理平衡。幽默是一种积极的应对挫折的防御方式。

2. 培养积极的心理防御机制的方法

（1）观察行业内头部主播的应对方式，并找出自己可以借鉴的优点，进行练习。

（2）及时调整自己的工作计划，总结成功的经验。

（3）学习一些俗语和言语，每周学讲一个小笑话。

（4）为自己喜欢的照片写上有趣的图解。

（5）与信任的人分享趣事。

（6）找个喜欢说笑的伙伴，一起观看、讨论曲艺类节目，如相声、小品、魔术、杂技、脱口秀、戏剧等。

（三）学会分解、传递压力

1. 对工作压力进行分解

要学会分解工作中形成的压力，在做好分内工作的同时，分外的工作要和团队的伙伴共同分担，这样在减少工作压力的同时也会提高工作实效。合理安排时间，分清不同工作的轻重缓急，有效分配各项工作所占的比例。

2. 分解压力的方法

学习调整工作和学习的时间比例，建立自己的休息和放松时间表，多参与社会公益、集体活动、户外运动、体育锻炼、休闲活动、娱乐活动等。

📖 **知识拓展**

分解压力

面对压力时，学会有效地管理和放松自己非常重要。以下是一些简单而有效的方法，可以帮助你分解压力，让自己的身心得到放松：

1. 放松技巧

（1）多用腹式呼吸，通过深呼吸来放松身体。深吸一口气，让腹部扩张，然后缓慢呼气，使腹部收缩。这个过程有助于降低心跳速率，减少紧张感。

（2）养成冥想的习惯，闭上眼睛，专注于自己的呼吸或其他某个焦点，如一个词、一个声音或一幅图像。冥想有助于清空思绪，达到心灵宁静的状态。

（3）有意识地练习情绪认同，承认自己的情绪，不要试图压抑或否认它们。表达自己的感受可以帮助释放负面情绪，减少压力。

（4）给自己休息的时间，当感到压力过大时，可以暂时离开压力源，做一些轻松的小事，如整理桌面、修剪植物等，这些都能起到缓解作用。

2. 寻求帮助

（1）主动请求他人帮助，向同事或朋友求助，让他们帮助你分担任务或提供意见。有时候仅仅是倾诉一下自己的困扰也是一种释放。

（2）适时转移注意力，将注意力转移到其他活动上，如阅读一本好书、进行一次短途旅行、参与体育运动或享受一项爱好，这些都能帮助你暂时忘却烦恼。

3. 营造舒适环境

（1）给自己创造个人空间，在家中或办公室里找一个安静的角落，布置得温馨舒适，让它成为你放松心情的地方。

（2）休假，从忙碌的工作中抽出时间来放松自己，哪怕是短暂的一天假期，也能让你恢复精力。

（3）制订任务计划表，及时完成手头上的小任务，哪怕只是整理文件或回复邮件，完成任何事情都能给你带来成就感，减少压力。

（4）享受自然，走进大自然，观察周围的花草树木，与小动物互动，这些都能帮助你放松心情。

（5）多与人交往，和孩子或老人交谈，或者与宠物玩耍，这些简单的行为能够带给你愉悦感，减轻压力。

（6）适度追求完美，抛开绝对完美的想法，努力做好每一件事，但不必过于苛求完美。接受不完美的存在，可以减轻不必要的压力。

（7）做一些具体的家务活，从事一些手工活，如编织、绘画或其他手工艺，这些活动能够让你专注当下，忘却烦恼。

（8）和喜欢的人多亲密接触，和喜欢的人拥抱，亲密的身体接触能够释放催产素，这是一种能让人感到幸福和平静的激素。

通过上述方法，你可以有效地分解压力，让自己的身心得到放松。重要的是找到适合自己的放松方式，并将这些方法融入日常生活之中。

（四）明晰工作和生活的界限

作为互联网行业，互联网营销师的工作高度依赖网络，在某些时刻，居家工作也成为常态，有了高速网络、智能手机和视频及音频会议，可以帮助人们更好地实现远程办公，但同时也带来了工作与私人生活的界限不清、工作时间增加、压力缓解困难的问题，因此，我们要明晰工作和生活的界限。

我们可以这样来做。

（1）对待工作，按工作的重要性列出工作清单。在下班前把完成的工作都打钩，这样会有一种任务的完结感。学会排解工作的不良情绪。可以把在一天工作中产生的负面情绪梳理出来写在纸上，然后将其撕掉，或用一顿美味的晚餐犒劳自己。设置出工作的常规时间段，确保自己遵守整个设置。例如，我身体和精力能够承受的工作时间为8～10小时，在此之外，我需要休息和娱乐来保证自己的生活正常进行和心理健康。

（2）面对生活，在生活中布置一些仪式感。当一个人从办公室模式切换到在家模式的时候，状态可能没办法很快切换过来。这时候仪式感很重要。比如，回到家后你可以脱去厚重的衣服，换上轻便舒适的衣服，又或者可以听一听喜欢的音乐等。这些可以让你快速地切换到"在家模式"。给自己留出放松时间。每周至少要有半天到一天时间彻底放松自己，如清扫、运动、会友等。

📖 知识拓展

在压力中成长

压力有时很大，有时相对较小。但是，有件事情是一定的，即压力是不可避免的，它几乎每天都会出现，并且还会在我们余下的人生中不断地出现。我们要记住的最重要的事情是：我们可以做一些事情去更有效地管理压力。我们不必做压力事件中被动的受害者。相反，我们要把自己看成掌控自己生活的积极者。无论压力多大，总是有方法减轻的。重要的是去想办法。

我们应该认识到，并不是只有坏事才带来压力，好事也可以带给我们压力，如升学、就业、结婚、生子。同时，压力的作用并不都是消极的、有害的。根据心理学家的研究，适度的压力可以使人集中注意力，提高忍受力，增强肌体活力，减少错误的发生。适度的压力能促使人体内产生一系列积极的生理变化，有利于肌体用较多的能量来应付当前的问题。因此，压力也可以看作机体对外界的一种调节的需要，而调节则往往意味着成长。压力是认识自己的一个重要方式。如果人们能够正确地认识压力，采用有效的措施积极地管理压力，不断地提高自己的压力应对能力，那么一定可以在拥有事业成功的同时，也拥有健康的体魄和愉悦的心情。

✏️ 任务实施

活动1：觉察压力训练

活动内容：根据简易压力评估测评，练习掌握自己当前压力状况。

活动要求：

（1）分组，设置组长和记录员，为小组命名、制定规则，组长带领组员确认规则，并承诺在练习过程中遵守之。

（2）每个小组形成分享的共识，回到全班同学面前进行分享。

活动实施：

第1步：小组内完成压力评估测试。

（1）总觉得时间紧张，时间观念混乱。例如，走路和说话节奏总是很快。（有，计5分/无，计0分）

（2）前一天想好的某件事第二天怎么也记不起来了，而且经常出现这种情况。（有，计10分/无，计0分）

（3）莫名情绪低，常静坐发呆。（有，计3分/无，计0分）

（4）三餐进食甚少或进食不规律，即使口味非常适合自己的菜也经常吃得很少。（有，计5分/无，计0分）

（5）不像以前那样喜欢参加聚会，对各种娱乐没有兴趣。有勉强应酬的感觉。（有，计2分/无，计0分）

（6）对城市的污染以及噪声很敏感，比以前更渴望清静，且容易发火。（有，计5分/无，计0分）

（7）不愿走进办公室，觉得工作令人厌倦。（有，计5分/无，计0分）

（8）担心工作不好，过于在意别人对自己工作表现的评价。（有，计10分/无，计0分）

（9）不想面对同事，有自我封闭倾向。（有，计5分/无，计0分）

（10）每天工作很短时间，就感到身心倦怠，胸闷气短。（有，计10分/无，计0分）

（11）工作情绪始终无法高涨，容易发脾气，但又没有精力发作。（有，计5分/无，计0分）

（12）盼望早早地逃离办公室，为的是能够回家，躺在床上休息片刻。（有，计5分/无，计0分）

（13）晚上经常失眠。即使睡着也经常处于做梦的状态中，睡眠质量差。（有，计10分/无，计0分）

（14）食欲低迷，体重有明显下降趋势。（有，计5分/无，计0分）

（15）当空闲时，轻松一下也会觉得内疚。（有，计5分/无，计0分）

（16）有头/胃/背痛的毛病，且难以治愈。（有，计5分/无，计0分）

（17）上床后觉得思潮起伏，牵挂很多事情，难以入睡。（有，计5分/无，计0分）

总分超过30分：

表明心理健康已敲响警钟，但程度不高。有必要制订自我应对压力的策略和方法，如改善人际关系、调整情绪等。

总分超过50分：

表明心理压力程度中等。不仅仅需要制订自我应对压力的策略和方法，还需要寻求心理学专业人员帮助，找到压力更深刻的原因，在人格方面有所提升和完善。

总分超过80分：

表明可能处于一种抑郁或焦虑情绪障碍的状态下，需要咨询医生。

计算得分，你的分数是_____，属于_____状态。

第2步：小组讨论。

根据测试的结果显示，如果是在30～50分之间，你认为导致这种状态的因素有_____，你可以向_____请求帮助。

如果在80分以上，你可以通过_____来改变这种状态。

第3步：在小组内分享自己的测试结果，形成分享意见。

第4步：展示汇报。

每个小组选一个成员代表小组进行分享。提出学习中的疑问，全班共同解决。其他小组可以介绍解决办法，进一步讨论主题，提升对知识点的掌握水平。

第5步：学习评价。

评价内容	4分	3分	2分	1分
要点评价	要点准确、合理；要点数量四个以上	要点准确、合理；要点数量三个	要点准确、合理；要点数量两个	要点准确、合理；要点数量一个
问题意识	在小组活动中能够提出三个以上问题，问题针对性强，且能提出解决办法，办法具有可行性	在小组活动中能够提出两个以上问题，问题针对性强，且能提出解决办法，办法具有可行性	在小组活动中能够提出一个以上问题，问题针对性强，且能提出解决办法，办法具有可行性	参与小组活动，在小组活动中未能提出问题
同伴合作	与小组伙伴密切合作，效果好	与小组伙伴有合作，合作效果较好	偶尔与小组伙伴有合作，合作效果一般	参与小组活动，没有与小组伙伴进行合作
反思与改进	形成了完善的自我反思，且包含全部细节描述，改进明显	基本形成了自我反思，且包含一些细节描述，有所改进	基本形成了自我反思，但未包含细节描述，有所改进	参与小组活动，没有自我反思和改进

活动2： 压力管理技巧训练

活动内容： 根据案例分析，掌握压力管理的技巧和方法，并完成压力管理记录表。

活动要求：

（1）依据活动1中的小组设置，开展活动。

（2）每个小组形成分享的共识，回到全班同学面前进行分享。

活动实施：

第1步：阅读案例，小组共同完成案例中小吉的压力管理方案，并组织讨论。

Ⓐ 案　例

小吉的工作压力

　　小吉在某公司当直播员刚三个月。这个工作正在变成小吉的一种烦扰。他越来越发现自己似乎正在陷入一个又一个的漩涡中，重复式的倦怠感日益强烈。作为新手，他时常觉得自己容易在直播中卡壳，面对镜头表现力不足，有时候不知道说什么，冷场的局面时有出现；连续直播之后发现收藏量和下单数寥寥无几，最卖力、最兴奋的就是自己；在直播时有时会偏离目的，重点不突出，产品展现效果不佳；还会被观众带跑偏节奏，如果坚持自己的节奏，有些观众会转身离开；小吉想要互动，却无法维持直播间氛围，对观众的讨好心态越来越明显。当他意识到这些问题的时候，过敏、胃痛、头疼的老毛病又开始找上门来，整个人变得"心烦意乱"，挫败感接二连三地到来，小吉对自己的能力和职业规划都产生了极大的困惑和怀疑。小吉找到了公司领导，诉说了自己的苦恼，但领导也没给出直接的解决办法，只是告诉他：你需要解压了，保持好心态。

　　阅读完以上材料，结合着知识链接中的相关内容，一起来为小吉的压力管理方案提出建议：

　　（1）小吉遇到困难了吗？遇到工作压力时，会给人带来哪些生理、心理和行为上的变化？每方面请列举出不少于三条的表现。

　　　　生理：＿＿＿＿＿＿＿＿＿＿＿＿＿＿＿＿＿＿＿＿＿＿＿＿＿＿＿＿＿＿＿＿＿

　　　　心理：＿＿＿＿＿＿＿＿＿＿＿＿＿＿＿＿＿＿＿＿＿＿＿＿＿＿＿＿＿＿＿＿＿

行为：_____

（2）你认为在帮助小吉减轻工作中的压力方面可以做些什么？请列举出不少于三条的建议。

_____

_____

_____

（3）小吉在这种情境下可以尝试哪些个人应对策略？

时 间 段	计 划
急需解决的（一周内）	
短期计划（1～3个月）	
中期计划（3～6个月）	
长期计划（6～12个月）	
终身计划	

第2步：小组讨论。

在小组内分享自己的测试结果，形成分享意见。

第3步：展示汇报。

每个小组选一个成员代表小组进行分享。提出学习中的疑问，全班共同解决。其他小组可以介绍解决办法，进一步讨论主题，提升对知识点的掌握水平。

第4步：学习评价。

评价内容	4分	3分	2分	1分
要点评价	要点准确、合理；要点数量四个以上	要点准确、合理；要点数量三个	要点准确、合理；要点数量两个	要点准确、合理；要点数量一个
问题意识	在小组活动中能够提出三个以上问题，问题针对性强，且能提出解决办法，办法具有可行性	在小组活动中能够提出两个以上问题，问题针对性强，且能提出解决办法，办法具有可行性	在小组活动中能够提出一个以上问题，问题针对性强，且能提出解决办法，办法具有可行性	参与小组活动，在小组活动中未能提出问题
同伴合作	与小组伙伴密切合作，效果好	与小组伙伴有合作，合作效果较好	偶尔与小组伙伴有合作，合作效果一般	参与小组活动，没有与小组伙伴进行合作
反思与改进	形成了完善的自我反思，且包含全部细节描述，改进明显	基本形成了自我反思，且包含一些细节描述，有所改进	基本形成了自我反思，但未包含细节描述，有所改进	参与小组活动，没有自我反思和改进

● ● ● ● ● 任务3 学会临场应变 ● ● ● ● ●

任务描述

某公司在制定选拔、培养主播方案，经过大家讨论，一致认为必须要为新主播们制订一份临场应变能力训练方案，这对于能否顺利进行直播至关重要。

任务解析

本任务通过基础知识点、实践练习等方式，训练学生明确提升临场应变能力的重要性和努力方向，处理好易被突发事件激发的负性情绪，学习沟通技巧，达到提升临场应变能力的教学目的。

知识链接

随着社会竞争的加剧，互联网营销师所面临的变化和压力与日俱增，应变能力和自我情绪控制能力是极其重要的。试想，一名主播站到直播间，要直面形形色色的网友，接受他们的评价，还要完成一定数额的销售任务。直播间也会发生各种突发情况，会遇到各种问题，这都是对主播应变能力的考验。

一、应变能力

（一）应变能力的概念

应变能力，是指做事能够随客观环境变化而变化，打破常规，想到别人没有想到的办法，产生创意和策略的能力。这是一种面对意外事件的压力，寻求合适的方法或者做出的决策，使事件得以妥善解决的职业素养能力。这种能力的形成，可以是天生的，也可以是经过大量思考过程后得到的。当然，人们更希望的是经过长期学习和实践之后，将应变能力内化为自己的本能。

应变能力和自我控制力往往是相辅相成的。自控能力强的人，在面对压力时，情绪稳定，思路清晰，就容易迅速找到解决问题的办法；相反，自控能力弱的人，遇事情绪崩溃，思路混乱，结果就可想而知。

（二）应变能力的分类

应变能力分为被动应变和主动应变。

1. 被动应变

被动应变指在毫无征兆或者缺乏准备的条件下，对突然发生的意外情况和困境做出从容的反应和恰当的处理。被动应变是根据外界的变动，立刻做出反应的被动行为。

2. 主动应变

主动应变指及时捕捉到新的信息，通过自我思维的整合和转换，从而改变氛围。主动应变具有一定的偶然性，因人、因地、因时、因事而去反应，需要能够很好地把握反应时机。

（三）应变能力核心内容

面对突发情况和压力：

（1）善于沟通。思路清晰，沟通顺畅。

（2）善于控制。情绪适度，举止有度。

（3）善于解决。有问题意识，迅速找到解决办法，考虑周到细致，方法合理有效。

（4）思维性和秩序性。思维反应灵敏、积极，敏锐把握事件的潜在影响，有序应对突发情况。

（四）应变能力的差异性

1. 应变能力强弱的表现

（1）应变能力强：会从多个角度去思考问题，能够跳出固有思维，不拘泥于常规，灵活应对，具有长期的、稳定的、熟练的心理特征。

（2）应变能力弱：思考问题角度单一，易出现固化，平时循规蹈矩，缺乏创新意识，具有短暂的、不易持续的、易疲倦的心理特征。

2. 应变能力具有差异性的原因

所谓应变能力的强弱，说到底是分析问题和解决问题的能力强弱和反应的快慢。应变能力是一个人的综合能力，和其他方面的能力既有联系又有区别。每个人的应变能力强弱不同，产生这种差异的主要原因是：

（1）先天性因素：包括个人气质、反应速度、智商等。

（2）后天性因素：长期大量的刻意练习、终身学习。

二、应变能力强的表现

应变能力强的表现如图2-3-1所示。

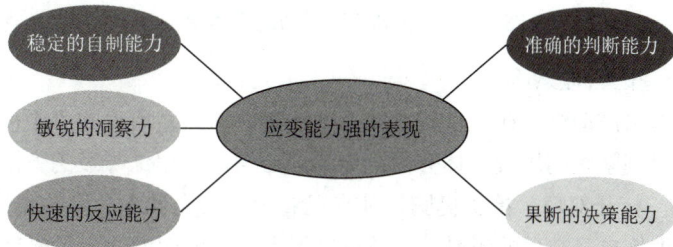

图 2-3-1 应变能力强的表现

1. 敏锐的洞察力

敏锐、迅速、准确地抓住问题要害，看清问题本质的能力。正确地发现和提出问题，是成功解决问题的前提。敏锐的洞察能力是提高应变能力的前提。

2. 快速的反应能力

在思维过程中，当机立断和及时解决问题的能力，这种能力是应变的基本功。面对突发事件，必须快速反应。在行动中当机立断，继续收集信息，观察变化，调整行动方案。

3. 准确的判断能力

对发生的事件进行辨别、分析，确保数据信息来源渠道要全面而准确，抓住事件的本质，创造性地找到解决问题的方法。判断准确的前提是掌握真实情况、具有丰富的知识储备和准确理解问题，这就意味着在做出决策前，必须审查分析所有的相关信息。

4. 果断的决策能力

迅速地明辨是非，坚决地做出决定和执行决定。在决策过程中，必须避免优柔寡断、三心二意、瞻前顾后、举棋不定等。果断决策是对事物的全局思考，经过周密细致的论证，进行决策。

5. 稳定的自制能力

遭遇突发事件时，要冷静、淡定，不慌不乱，保持自己的节奏。

三、提高应变能力的基本点

临场反应不是凭空而来的，必须要经历大量的、持续的刻意练习。提高应变能力的基本要素如图2-3-2所示。

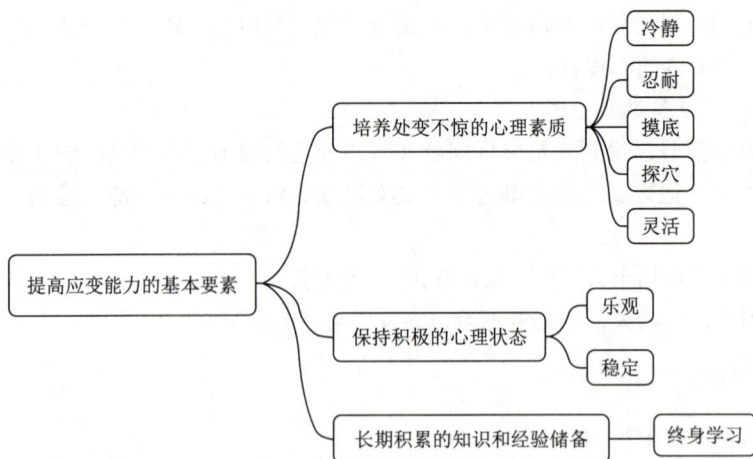

图 2-3-2　提高应变能力的基本要素

（一）培养处变不惊的心理素质

处变不惊指保持情绪波动维持在一个相对稳定的水平，即日常所说的"不慌不忙"的心理状态。可以尝试想象一个会感到紧张的场景，体会慌乱无措的心情，使用深呼吸的方法先缓解紧张的状态，练习"镇定"的态度，打开双肩，抬头挺胸，使自己看上去若无其事，表情自信，控制身体姿态和不当行为，有意识地训练自己心理的耐受性。这种练习不是一蹴而就的，需要反复、长期的训练。

（1）冷静。控制情绪，面对恶言恶语，保持冷静，尽量慢点说，留出时间理清思路，找到对方的弱点再行动；无论情景是多么的窘迫和险恶，也不能盲目应对。

（2）忍耐。无论对方的言语是多么的尖刻，也不能急于求应，要坚决压抑怒气，在忍耐中三思，寻找机会去"应变"。

（3）摸底。观察对方的言行举止了解对方，知己知彼，才有胜算；不管对方的言行是多么的凶恶，既不能愤然而上，更不能惧怕而"降"，要摸清对方的底细和意图。

（4）探穴。不管对方气势多盛，也不能硬攻乱撞，而是要发现对方的弱点、漏洞或疏忽，探准"穴位"，出奇制胜。

（5）灵活。有时对方（或情势）在你应变前忽然发生急变，导致事态更复杂难辨，既不能一味逃避退缩，也不能一味强攻硬击，而要灵活地根据已发生的情况，迅速做出新的判断，灵活机智地选择出适应新情况的新应变方法，使自己始终保持应变的主动。

（二）保持积极的心理状态

在任务1中，我们学习过积极情绪的影响和训练方法，保持积极的心理状态，会帮助我们打开思路，活跃思维，懂得自我控制的重要性。为此，可以采用场景模拟的练习方式。例如，想象直播时出现了突发事件。要将场景具体化，发动大脑想出十种以上的应对方法，并在复盘时将所能想到的应对方法按达到的效果进行排序，留存备用。

（三）长期积累的知识和经验储备

如果没有一定的知识储备和人生阅历，想要做出恰当的应变反应会很难。互联网营销师要做到专业，充分了解产品，因为专业形成的信任度才是引导用户产生购买行为的核心驱动。这就需要持续不断地终身学习。

四、提升临场应变能力的策略

提升临场应变能力的策略如图2-3-3所示。

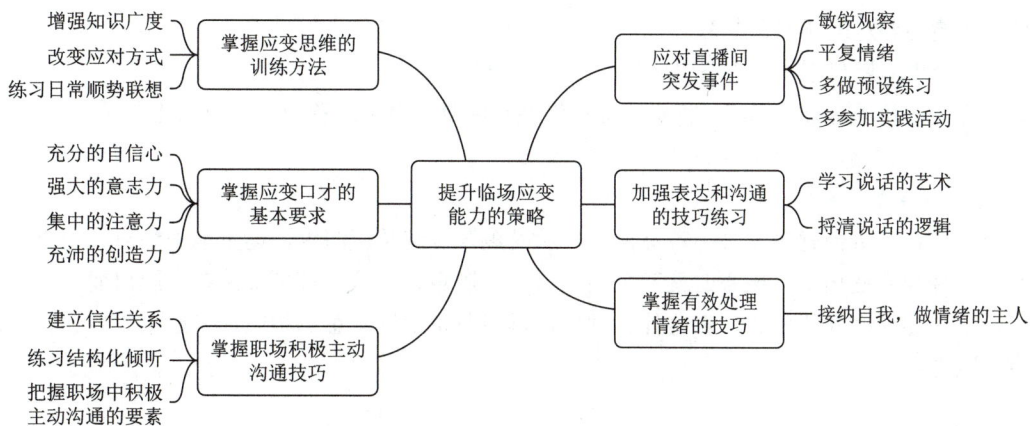

图 2-3-3　提升临场应变能力的策略

（一）应对直播间突发事件的策略

在直播间里经常会遇到一些突发事件，想要冷静应对，灵活处理，可以从以下几个方面进行练习。

1. 敏锐观察

想要让自己快速反应，首先要培养自己善于观察的能力。包括对身边环境的敏锐观察力，对人的情绪的观察力，以及对对方需求的观察力。

2. 平复情绪

遇到突发情况，最不能要的就是慌乱和急躁，可以通过深呼吸让自己冷静下来。

平复情绪以后，心态平和地找出问题的原因，以及可能会产生的后果。切忌在激烈的情绪状态中做出决策，以免做出情绪化的解决方案。

状况：面对无端辱骂，怎么办？

忌讳：与对方对骂。

心态：明白对方的挑衅是在搞破坏，不能因此而耽误了自己的工作，平复心情。相信背后的团队也在和你一起处理。

解决方案：拉黑或者禁言，严重者联系官方或平台处理。

3. 多做预设练习

多做一些快速联想的练习，比如，通过某个东西快速想到另外一个东西。

经常对一件刚发生的事情，快速说出自己的三个观点。平时多参加一些有挑战性的活动和游戏。

状况：恶意出价扰乱直播间顾客购买，怎么处理？

解决方案：对于恶意出价而没付款的，直接拉黑名单，禁止进入直播间，拍卖的话可以设置保证金降低流拍的情况。

状况：对产品进行恶意攻击的，怎么处理？

解决方案：由管理员维护直播间秩序，处理特殊问题；由店铺老顾客回复问题，消除客户消费障碍。

4. 多参加实践活动

平时加强学习，拓宽知识面。快速反应在于多实践、多积累、多经历，经验多了，反应速度也就跟上了。

状况：遭遇恶意差评怎么办？

心态：做电商避免不了，心态要放好！

解决方案：和顾客心平气和、积极正面地沟通和回复，对于恶意差评留存凭证申诉。

（二）加强表达和沟通的技巧练习

1. 学习说话的艺术

在公众场合有机会就多发言，锻炼自己，从简短发言到长篇演讲，逐步地去练习。把自己想表达的东西轻轻地表达出来，核心的就三个词：信息、逻辑、包装。忌不做准备，脱口而出。说话前思考自己要传递什么样的信息，表达什么意思，再用逻辑把这些意思相应地串起来。要让自己的内容具有说服力。

2. 理清说话的逻辑

通过阅读，尤其是慢读培养抽象思维，能够对具体事物进行规律性抽象总结，在读书、做计划、总结的时候多用思维导图，列出框架和大纲。

在自己表达能力有限、思维不够清晰的情况下，可以先从书面表达开始，练习用词和逻辑严密性。说话有逻辑和反应速度并没有必然联系，平时少说多听，多听对方的观点和表达，培养自己边听边思考的能力，等对方观点表述完整后，列出对方表达的主要意思，按顺序排列，再进行回应。

学会拓宽自己的注意力广度，对于事物的观察分析找出两个以上的角度来分析，并且能够区分不同角度之间的优势与劣势，避免因为单一逻辑带来偏颇和局限。

反复练习逻辑性表达。

（三）掌握有效处理情绪的技巧

我们对于情绪的态度应该是允许并接纳其存在的。当我们去认识并允许自己有负面情绪时，其实已经释放了一部分情绪。每个人都是自己情绪的第一责任人，对自己的情绪负责，而不是采取无力、解释、伪装等方法逃避。一个人对于生活是否有幸福的感觉，并不在于他遇到负面情绪的多或寡，而在于他是否能有效地应对、化解。

知识拓展

直播间的情绪传播

在直播间的环境中，情绪的传播是一个复杂的过程，涉及主播、观众之间的互动以及直播内容本身的情感色彩。在直播间里，我们可以实现社交验证，即观众在看到其他人表达了相似情绪后，可能会加强自己对该情绪的感受；可以提升主播影响力，有高度影响力的主播更容易通过自身的情绪表达来引导观众的情绪；可以扩大群体效应，当大多数观众表现出某种情绪时，少数人也倾向于跟随大众的情绪表达方式。我们要注意观察直播间里观众们的情绪。

1. 正面情绪的传播

（1）愉悦情绪。当主播分享有趣的内容或是进行娱乐性质的游戏时，观众容易产生愉悦的情绪。观众之间的积极互动，如弹幕中的赞美、鼓励和支持，也会促进愉悦情绪的传播。主播的表情、语气和肢体语言都能传递出积极的情绪，进而感染观众。

（2）期待心理。主播预告即将发生的事件或惊喜，可以激发观众的好奇心和期待感。比如预告抽奖、限时优惠等活动，可以提高观众的参与热情和积极情绪。

（3）爱的情绪。在某些情境下，观众可能会因为主播的行为或言语而感受到爱意，如主播表达了对观众的感激之情。这种情绪通常是通过主播与观众之间建立的信任关系来传播的。

2．负面情绪的传播

（1）伤感情绪。当直播内容涉及悲剧情节时，观众可能会产生共鸣，体验到伤感的情绪。主播表达自己的情感状态，如失落、孤独等，也可能引发观众的同情和共鸣。

（2）愤怒情绪。直播中出现争议性话题或是主播行为不当时，可能会引起观众的不满和愤怒。弹幕中的负面评论、争执和冲突也可能引发其他观众的愤怒情绪。

理解直播间中的情绪动态可以帮助主播更好地管理直播氛围，创造积极健康的直播环境，同时也为观众提供更好的体验。

（四）掌握职场积极主动沟通技巧

步入职场之后，很多学习和面对的场景都会涉及沟通。要学会积极主动地沟通技巧，以使工作气氛更融洽、流程更顺畅。

1．建立信任关系

沟通中最大的问题就是——说不清，听不懂，猜不透。沟通最重要的基础是建立双方信任关系，在职场中相互信任才能相互成就。

建立信任关系的两个核心是工作价值和情绪价值。这里的工作价值并不等同于工作能力，员工的能力和产出只有符合企业或组织的目标时才是有效、有价值的。情绪价值起源于营销领域对消费者体验的关注，包括消费者感知到的情绪收益和情绪成本，前者为积极情绪体验，后者为消极情绪体验。为消费者创造积极正向的情绪体验，是重要的营销手段之一，有助于提升产品和服务的竞争力。这并不难理解：人们常常因外卖、快递商家随商品附赠的一句走心话语而会心一笑；也会被健身直播间里热烈的氛围激励和感染。

2．练习结构化倾听

结构式倾听包括以下内容：

听情绪——响应情绪，抓住情绪关键词，第一时间安抚接纳，如总是、老是、每次、经常等。如果对方的话里出现"总是、老是、每次、经常、永远"这样的情绪用词，说明对方并不是在陈述一个事实，而是在表达一种情绪，因为这些词全都依赖一个人的主观判断。如果对方的话是从"我觉得""我判断""我认为"这样的主观推论出发，大概率也不是事实。

听事实——确认事实，如果一件事能用who（谁）、when（什么时候）、where（在哪）、what（做了什么）四个W来还原出实际场景，那大概率是事实。在倾听的过程中，可以运用共情去响应情绪，再回应事实。

听期待——明确行动，通过方案意见明确之后的行动。

确认——达成沟通共识。

3．把握职场中积极主动沟通的要素

（1）建设性：把沟通导向行动的能力。

建设性=可执行的最小化行动+可持续的行动阶梯+每个节点的即时反馈

把行动方案拆解成一个个可持续的行动阶梯，把一个大的目标拆解成若干小目标，在过程中不断进行复盘、反馈，及时调整，确保行动方案在持续推进。

（2）开放性：是否输出更好的内容。

（3）目标感：实现目标的能力。在跟对方沟通、交流、对话的时候，或多或少都是带有自己的目标的，如果沟通中遇到困难或者沟通进展不顺利，就会出现失去目标。目标感最终是与目标的实现与否相挂钩。在沟通中一定要有明确沟通目标，有一个配套的方案。

运用六个月法则，即如果真的不清晰自己未来的目标是什么，可以尝试问自己：六个月之后你期待的情形是什么样？然后往回推，思考自己当下做什么更好。

（五）掌握应变口才的基本要求

1. 充分的自信心

当你有自信心的时候，对于外界发生的事情，你不会选择逃避，而是会直面，遇到问题也就会积极去思考如何应对。

2. 强大的意志力

意志力是心理学上的一个概念，是指一个人能自觉地确定目标，并依据目标来调节自己的行动，从而克服困难的一种品质。有强大意志力的人，就有解决问题的决心，觉得一切都是可以凭努力解决，就算解决不了，也能有一个相对较好的结果。

3. 集中的注意力

遇到问题，人们很容易想得多，如自己现在是不是很糟糕，别人会不会用异样的眼光来看待自己。如果能调动自己的注意力，将其集中在需要解决的问题上，而不是胡思乱想，就更容易想出排除困难的办法。

4. 充沛的创造力

应变表达，很多时候都是靠灵机一动，想出一些让人意想不到的创造性语言。

（六）掌握应变思维的训练方法

1. 增强知识广度

很多人不能灵活应对发生的事情，多半是缺少词汇量和语言。所以，我们首先需要做的就是增长见识，学习文化。有两种方法，一种是读书，一种是实践。

（1）读书。读专业书，熟练掌握专业技能和专业术语。读传记类书籍，学习别人应对事情时的处理方法和态度。读心理学读物，掌握提升临时应变能力的心理学知识。读思维训练类书籍，先改变思维，才能改变行为。

（2）实践。社交实践，多跟人打交道，锻炼口才和思维，练习与人交往的信心。

公开讲话，多站在舞台上、人多的地方讲话，锻炼胆量、提高自信心。

2. 改变应对方式

在与人交谈、说话时，人们常想要胜出，所以在乎你一言我一语的威力。想要真正解决问题，要先改变应对他人和事件的方式。

（1）改变思维方式：明确自己的目的，不去纠结细枝末节；

（2）练习快速反应：提升执行力，避免变动，危急时刻迅速做出改变。

3．练习日常顺势联想

注意观察生活中的小事，遇到事情时，进行顺势联想的练习。

例如，把A事件和B时间整合在一起，通过类比思维，使用发散性思维寻找解决办法。或者在遇到"谈话障碍"的时候，试着进行知识拓展，将这个障碍与当下的某件事联系起来，然后把它化解。

任务实施

活动1：突发事件中的情绪问题处理训练

活动内容： 在小组内分组进行处理负面情绪的练习。

活动要求：

（1）分组，设置组长和记录员，为小组命名、制定规则，组长带领组员确认规则，并承诺在练习过程中遵守之。

（2）以小组为学习单位，完成任务，并组织讨论交流。

（3）每个小组形成分享的共识，回到全班同学面前进行分享。

（4）在分享的过程中，全体成员要遵守保密原则，共创安全的分享环境。

活动实施：

第1步：小组内两两分组，互帮互助完成处理情绪办法和技巧的练习。

1．探索自己曾有的各种情绪

作用：对诱发自己情感的元素有越来越清楚的认识，能精确地指出是什么导致了自己的情绪。

练习1：在一个安全的空间内自言自语，大声把自己最不喜欢的感觉说给自己听，把情感夸大，让它戏剧化到超出真实的感受。

我最不喜欢的感觉是：_____，它就好像_____一样，想到它的时候，我的感觉是_____，遇到它的时候，我最想做的事是_____。

练习2：以艺术（如看电视、读书、看电影、欣赏音乐和绘画等）作为发泄的媒介。可以回想一下，是什么情节、什么歌曲让你潸然泪下？

我特别容易被_____的情绪打动，激发我情绪的关键词是_____，我想其中的原因是_____。

练习3：回到过去。探索过去的回忆里自己独特的内在反应模式，找出情绪反应的原因。可以选定某一种情绪主题，自由联想童年相关的记忆，然后把所想到的任何事情，不做筛选地大声讲出来，用以澄清自己内在的感受。

我选的情绪主题是_____，它让我联想到以前的_____。

2．增加对外在、内在与中间领域的觉察

练习1：通过我们的视觉听觉、味觉、触觉、嗅觉等去观察外在环境，然后直接以"我觉察到……"的句子描述出来，不赋予任何的解释或解说。练习外在领域的觉察，有助于观察他人的状态，进一步将觉察反馈给对方，以有效解决问题。

我觉察到_____

练习2：觉察身体内部某些特定部分的感受。练习时用我们的视觉、听觉、味觉、触觉、嗅觉等去觉察身体的各种感觉。这可以帮助我们了解自己的情绪，进一步觉察自己的情绪状态。

我觉察到_____

练习3：觉察中间领域。它是通过抽象化的过程来解释信息。中间领域为思考以及与其相关的一切。例如，想着未来或过去的事情，体会这种感受，如担心、判断、想象、计划、分析等，这类描述通常包括"我想……""我猜……""我认为……""我相信……"等。

我觉察到_____

记录、整理每天的情绪，增加对自己情绪的认识与觉察。增加觉察力可以从撰写心情日记着手。写下自己的心情日记，在日记中具体地描述事件的发生、察觉自己的情绪、了解自己的想法，并与过去经验做一些连接，看看是否受到过去经验的影响。这样撰写一段时间以后，就可以看出自己情绪的变化情形，进一步了解情绪的周期及情绪变化的原因。

描述事件的发生	当下自己的情绪	当下自己的想法	关联到的过去经验	过去经验的影响

通过最近一个月的观察，我发现我的_____情绪是有周期的，产生这种情绪变化的因素有_____。

3. 缓和情绪的方法

练习1：身心放松法。找一些舒缓的音乐作为背景音乐。先以身体或生理各部位的松弛作为练习目标，从而达到心理松弛的效果。具体方法包括"基本调节呼吸法"与"肌肉放松训练"等。

练习2：找人倾诉。建立社会支持系统，在情绪不稳定的时候，找家人、朋友谈一谈，也可以寻求心理咨询专业人员的协助，具有缓和、抚慰、稳定的作用。

练习3：转移注意力。将注意力从原来的负面情绪和思绪中转移到其他事情上，从负面新闻里抽离出来，避免信息过载。转移注意力非常有利于改变情绪，如旅游、做家务、看电影、听音乐或从事体育运动等，都可以避免情绪继续恶化。

第2步：小组内形成分享意见。

第3步：展示汇报。

每个小组选一个成员代表小组来分享。提出学习中的疑问，全班共同解决。其他小组可以介绍解决办法，进一步讨论主题，提升对知识点的掌握水平。

第4步：学习评价。

评价内容	4分	3分	2分	1分
要点评价	要点准确、合理；要点数量四个以上	要点准确、合理；要点数量三个	要点准确、合理；要点数量两个	要点准确、合理；要点数量一个
问题意识	在小组活动中能够提出三个以上问题，问题针对性强，且能提出解决办法，办法具有可行性	在小组活动中能够提出两个以上问题，问题针对性强，且能提出解决办法，办法具有可行性	在小组活动中能够提出一个以上问题，问题针对性强，且能提出解决办法，办法具有可行性	参与小组活动，在小组活动中未能提出问题
同伴合作	与小组伙伴密切合作，效果好	与小组伙伴有合作，合作效果较好	偶尔与小组伙伴有合作，合作效果一般	参与小组活动，没有与小组伙伴进行合作
反思与改进	形成了完善的自我反思，且包含全部细节描述，改进明显	基本形成了自我反思，且包含一些细节描述，有所改进	基本形成了自我反思，但未包含细节描述，有所改进	参与小组活动，没有自我反思和改进

活动2： 突发事件的应变能力训练

活动内容： 根据任务不同，分组进行突发事件的应变能力练习。

活动要求：

（1）分组，设置组长和记录员，为小组命名、制定规则，组长带领组员确认规则，并承诺在练习过程中遵守之。

（2）以小组为学习单位，完成任务，并组织讨论交流。

（3）每个小组形成分享的共识，回到全班同学面前进行分享。

活动实施：

第1步：小组内两两分组，练习突发事件的应变能力。

1. 练习互问互答

要点：多问刁钻古怪的问题，多从不同的角度思考，多总结不同的表达方式。整个过程进行录音，方便复盘总结。

"跳出"常规的应答方式去回答问题，你自然就能够从中碰撞出思维的火花。

训练：定下三个闹钟，分别是3 min、1 min、0.5 min，练习从易到难、由浅入深地发问，在不同的时限里回答问题。

场景1：你今天的任务是推销××大米，观众里发出不同声音说："××大米也不怎么样，没有某某地方的米好吃，不要买他家米。"

如果限时半分钟，可以这样回答_____、_____、_____，可以再多想两种回答_____、_____。

场景2：请自设场景和问题，进行练习。

如果限时半分钟，可以这样回答_____、_____、_____，可以再多想两种回答_____、_____。

2. 练习顺语反诘

要点：顺着对方的逻辑（语言），构建出逆向的意思去反击对方。

作用：练习拆解对方逻辑，做出快速反应。

训练：结合自问自答或者快问快答的方式来练习。

场景1：请自设场景和问题，进行练习。

如果限时半分钟，可以这样回答_____、_____、_____，可以再多想两种回答_____、_____。

场景2：请自设场景和问题，进行练习。

如果限时半分钟，可以这样回答_____、_____、_____，可以再多想两种回答_____、_____。

3. 区分不同人群的沟通技巧

从以下动物中选取一只：老虎、孔雀、猫头鹰、考拉、变色龙。

你选的是_____。

五只动物分别代表：老虎—控制型，孔雀—表现型，猫头鹰—谨慎型，考拉—温和型，变色龙—均衡型。

（1）老虎（控制型）。

特点：工作中强势的那一方，决策果断，快速决定，个人能力和目标感给人感觉很强，有力量，同时掌控欲很强。

辨识：这些人爱用祈使句，不会太客套，直接进入正题做决定时不会太谦让，率先打破僵局，结果导向。

沟通技巧：直截了当地讲话，主动勤沟通，确立自己值得信任的形象。

（2）孔雀（表现型）。

特点：人群中比较爱表现自己，表达自己，在乎感受，互动中在乎彼此的关系，爱取悦他人，目标感没有老虎型那么强，所有初衷从维护关系出发和判断。

辨识：这些人在人群中很容易跟人自来熟，爱跟人肢体接触，表现得比较热络。

沟通技巧：他们害怕被忽略，所以要充分表达对他的喜爱和关注，多问他的感受。

（3）考拉（温和型）。

特点：比较友好，不会抢戏，相对被动，不太会争取和拉关系。

辨识：这类人比较喜欢说"随便""我都行""听你们的"。表现得比较，无欲无求。有事情可能喜欢闷在心里，容易内伤。

沟通技巧：主动维护他的利益，尽可能减少变化对他的影响。

（4）猫头鹰（谨慎型）。

特点：逻辑思维能力强，做决定和沟通过程中非常讲究证据，做事严谨，相对比较慢热和被动，表达之前先观察和收集证据，确信之后才表达自己的观点。

辨识：这些人比较依赖流程，守规矩，擅长且喜欢Excel表，因为Excel表是逻辑性强的一个工具。

沟通技巧：主动沟通，尽可能给足够多的信息供他判断。和他沟通时保持秩序，遵守流程规则，避免公开批评他。

（5）变色龙（均衡型）。

特点：不极端，比较中庸，对一些事情不会过于执着，会根据环境的变化调整自己的沟通风格，办事让人非常放心。

变色龙型的人是以上四种特点都有，且容易根据对方沟通特点调整自己。

总结：其实在工作和生活中，每一种类型的人都有，我们需要了解对方的风格，放下自己的偏见，针对不同类型的人，都能积极善意地去沟通。

第2步：根据第一步中测试结果，小组分组、讨论，并针对自己的类型，练习有效的表达意见或批评。

要点：坚持批评不是目的，而是手段，批评在于改善行为的原则，用成熟的沟通技巧来表达不满、意见、建议和批评。

作用：促进彼此理解，相互提升的有效沟通，保持良好的人际关系。

训练：练习使用"三明治"沟通法。

三明治沟通法即把你的话分成三个部分：

第一层：认同、赏识、肯定、关爱对方的优点或积极面。

中间层：批评、建议或不同观点。

第三层：鼓励、希望、信任、支持和帮助。

场景1：接替上一个主播继续上播，发现桌面上混乱不堪，而且已经多次如此，你当时就觉得很生气，很想好好地教训一下上一个主播。

第一层：我们可以说＿＿＿＿＿＿＿＿＿＿＿＿＿＿＿＿＿

中间层：我们可以说＿＿＿＿＿＿＿＿＿＿＿＿＿＿＿＿＿

第三层：我们可以说＿＿＿＿＿＿＿＿＿＿＿＿＿＿＿＿＿

第3步：小组内形成分享意见。

第4步：展示汇报。

每个小组选一个成员代表小组来分享。提出学习中的疑问，全班共同解决。其他小组可以介绍解决办法，进一步讨论主题，提升对知识点的掌握水平。

第5步：学习评价。

评价内容	4分	3分	2分	1分
要点评价	要点准确、合理；要点数量四个以上	要点准确、合理；要点数量三个	要点准确、合理；要点数量两个	要点准确、合理；要点数量一个
问题意识	在小组活动中能够提出三个以上问题，问题针对性强，且能提出解决办法，办法具有可行性	在小组活动中能够提出两个以上问题，问题针对性强，且能提出解决办法，办法具有可行性	在小组活动中能够提出一个以上问题，问题针对性强，且能提出解决办法，办法具有可行性	参与小组活动，在小组活动中未能提出问题
同伴合作	与小组伙伴密切合作，效果好	与小组伙伴有合作，合作效果较好	偶尔与小组伙伴有合作，合作效果一般	参与小组活动，没有与小组伙伴进行合作
反思与改进	形成了完善的自我反思，且包含全部细节描述，改进明显	基本形成了自我反思，且包含一些细节描述，有所改进	基本形成了自我反思，但未包含细节描述，有所改进	参与小组活动，没有自我反思和改进

项目实训

实训1 从业者积极心态管理

实训目的

（1）了解互联网从业者积极心态的具体表现。

（2）掌握积极心态管理的基本方法。

（3）培养互联网营销师的职业认同感。

（4）培养团队合作精神、分析问题的能力。

实训准备

（1）全班同学每四人一组，每组配备一名观察员，参与小组的学习与讨论。

（2）采取合作学习的方式进行，每个小组组长负责明确组员的自分工。

（3）每组详细记录观察员在小组活动中的发言。

实训内容

互联网从业者的心态管理不是能自动形成的，个人的学习意识、自我反思、思维方式等都会影响到心态的管理和调整。通过以下两个任务，培养自己具有积极的心态吧。

（1）两组对抗：一组设计一个学习生活中遇到的困难场景，请另一个组的人回答以什么样的心态和行动去面对。

（2）写出当前在互联网上因为心态原因出现问题的五件事情，并说明关注这些事情的原因。

实训要求

（1）分组进行：四人一组，自学与小组合作学习，对搜集到的信息进行整理分析，选取一名组长。

（2）实训形式：每组提交一份积极心态调整技巧的实训报告。

（3）成果要求：实训报告+PPT。

考核评价

完成实训报告后，教师评价。

实训 2　探寻自己内心的情绪诉求

实训目的

（1）学会倾听自己内心的情绪诉求。

（2）学会合理表达自己的情绪。

（3）掌握调整情绪和处理情绪的基本方法。

（4）培养自我反思的能力、分析问题的能力。

实训准备

（1）学生两人一组。

（2）采取合作的方式探寻自己内心的情绪诉求和原因。

（3）坦诚交流内心想法。

实训内容

回忆一件令你特别生气的事情，体会你当时的情绪。

（1）复述事情经过和当时让你生气的情景，并将其写在纸上。

（2）针对这一事件，写下生气的原因。

（3）小声读出生气的原因，体会你此时的感觉。

（4）找出此情景中你的哪些需要没有被满足，请写下来并认真体会。

（5）现在你的感受如何？

（6）你感到生气吗？

（7）如果你的需要没有被满足，应如何采取行动满足它？

实训要求

（1）分组进行：两人一组。

（2）实训形式：每组提交一份转化情绪的方法清单。

（3）成果要求：清单一份。

考核评价

完成实训报告后，教师评价。

项目总结

　　本项目主要介绍了如何培养积极支持心态、如何进行压力管理、如何提升临场应变能力等内容，具体包括积极情绪和消极情绪的识别、积极率的测量、积极情绪的培养、压力的识别、压力管理的技巧训练、提高临场应变能力的方法等。通过本项目任务的实施环节，学生可以完成互联网营销师基础职业心态的建立和维护、压力管理的认知和实践路径、临场应变能力的培养等基础性工作，为后续项目实施奠定坚实的积极职场心态基础。

素养测试

1. 积极情绪与消极情绪的最佳配比是（　　）。

   A．3∶1　　　　　　B．6∶1　　　　　　C．11∶1　　　　　　D．1∶1

2. 对互联网营销师的事业具有拓展和建构作用的是（　　）。

   A．积极情绪　　　　B．平静情绪　　　　C．消极情绪　　　　D．悲观情绪

3. 压力对人的作用是（　　）。

   A．有害的　　　　　B．有利的　　　　　C．需要辩证看待　　D．无所谓

4. 以下关于压力管理的说法中，正确的是（　　）。

   A．压力管理就是管理好情绪，要做到喜怒不形于色

   B．是百害无一利的

   C．压力管理是形成良好职业心态的重要一环

   D．不做压力管理人就会崩溃

5. 以下关于临场应变能力的说法中，正确的是（　　）。

   A．只有主动应变才是提升应变能力的根本方法

   B．应变能力的差异性不可改变

   C．做好情绪管理是应变能力的一种表现

   D．能说会道就是应变能力强

项目三
网络社交素养训练

　　某公司招聘直播销售员，由于待遇优厚，应聘者众多。电子商务专业毕业的王雨（化名）同学前往面试，她的学习经历很有优势：大学三年，学习成绩在班级名列前茅，曾参加全省网络营销大赛，参加某平台公益直播两次。面试前，她针对面试要求做了认真准备。

　　公司招聘要求：

　　（1）形象好气质佳，普通话标准。

　　（2）网络社交能力强，情商高。

　　（3）有较强的语言表达和控场能力，能敏锐把握粉丝的心理需求。

　　某公司特别强调网络社交能力，王雨同学因具有互联网营销师良好的职业素养而成功获聘，并在一年后快速融入网络社区。良好的职业道德、网络社交礼仪和较强的职场沟通能力，对于职场新人来说非常重要。

学习目标

知识目标：

　　（1）复述网络社交礼仪的重要性。

　　（2）描述网络形象设计、网络打招呼、网络交流、网络交流等基本礼仪要求。

　　（3）描述尊重、敬畏、平等宽容、诚实信用、道德自律等网络社交原则。

　　（4）描述微信礼仪的基本要求。

　　（5）描述仪容仪表、服饰等自我设计的方法。

　　（6）复述网络沟通的意义、步骤、原则。

能力目标：

　　（1）能运用网络社交礼仪展示良好的职业形象。

　　（2）能运用网络社交礼仪知识开展一次网络直播的形象设计。

（3）能结合特定情境营造一个有效沟通的环境。

（4）能熟练运用沟通技能进行一次有效沟通。

素质目标：

（1）尊重和保护自我与他人的隐私。

（2）强化网络文明行为，进一步提高网络文明素质。

（3）形象气质优美、言谈举止优雅。

（4）善于倾听，成为合格的网络新人。

（5）跨文化沟通的文化自信进一步增强，家国情怀与国际视野得到培养和提升。

项目实施

任务1　规范网络社交礼仪

任务解析

通过开展妆容礼仪训练、站姿坐姿演练和头脑风暴等活动，对学生进行网络社交礼仪训练，通过演练活动与小组讨论，让学生充分体验自己当下的感受，在温馨快乐的学习情境中，学会换位思考并接受通用的网络社交礼仪和规矩。

知识链接

一、什么是网络社交

网络社交是指人与人之间的关系网络化，在网上表现为以各种社会化网络软件，如Blog、Tag、SNS、RSS等一系列Web 2.0核心应用而构建的社交网络服务平台。互联网作为一种全新的人类社会组织和生存模式，已经悄然走进人们的生活，个人正在聚合为新的社会群体——网络群体，网络社交成为群体交往必不可少的方式。

（一）网络社交的优点

1. 拓展更多关系机会

在现实生活中，有些人过于内向腼腆或者有社交焦虑，他们的社会交往常常会受到限制。但是到了网络空间，这些人就会卸下防备，轻松地展示自我。网络上的交流通畅，为他们迎来了更多聊得来的朋友，从而弥补了现实中社交关系的缺乏。

2. 巩固和增强社会关系

人们通过网络社交即时向他人分享自己的信息、感受、状态等内容，可以加深真实社交网络中朋友、同学之间的友谊，使得社会关系得到巩固和拓展。

3. 获得社会支持

在现实生活中可能身边与你目标一致的人很少，但在网络中，就有可能找到不少盟友支持你并相互促进，如学习群、早起群等。

（二）网络社交的缺点

1. 网友的泛泛之交

研究表明，人的一生只能维持150段关系。所以，泛泛之交是常态。幸福生活更多是由现实中的亲密关系形成的，而不是网络上的泛泛之交所给予的，我们不能用网络上的泛泛之交来代替亲密关系。

2. 现实社交能力弱化

网络社交不能代替现实社交，谋事成事要依靠现实中强大的社交能力得以实现。一个人可能因为社交能力不够强而沉迷于网络社交，并在网络社交中获得尊严。由于缺乏锻炼，一旦回到现实社交就会导致社交能力进一步弱化。

3. 现实社会关系弱化

生活中常常存在这样的情形：团聚时刻，一家人却各自刷着手机。家人团聚本应该是互相交流的好时机，可是很多人把这个时机给了手机。诸如此类的现象，显示出人际关系的疏离。

4. 社交网络亦真亦假

社交网络上会存在一些虚假信息，如照片、学历、经历等信息被造假，一些不文明、不理性、不真实的信息和网络谣言藏身于网络之中，需要我们去辨识。

5. 网络跟踪和骚扰

互联网的便捷与连通的特点，为一些潜行者网络跟踪提供了可能。网络跟踪就是潜行者通过互联网，对关注对象的一举一动，包括出行地点、时间、爱好，甚至是对方的心情和感受进行跟踪。

二、网络社交礼仪的内涵

● 视频

网络社交礼仪的内涵

网络社交礼仪是指依托互联网，在人际交往活动中用于表示尊重、亲善和友好的首选行为规范和惯用形式。

（一）网络社交礼仪的本质

网络社交礼仪的本质是一种道德规范。它约束互联网使用者的行为，告诉其要怎么做及不要做什么。相对法律而言，网络社交礼仪的约束力较弱，这种约束主要靠道德修养的自律。以微信为例，这种自律指有话直说，不轻易找人点赞、投票等；不直接发起视频聊天请求；不把群聊当成私聊小窗，影响其他群成员感受等。

（二）网络社交礼仪的根本目的

网络社交礼仪的根本目的是建设网络生态文明。现代高科技的发展给人类生活带来了许多便利，互联网为人们提供了相互交流的平台，人们可以通过网络进行交流。虽然网络是虚拟的，但网络中的人是真实的。网络社交礼仪的重要意义在于保证网上人们正常交往和相互理解，营造一个和谐美好的网络氛围。

（三）网络社交礼仪的核心

网络社交礼仪的核心是对他人的尊重。网络交流不同于面对面交流，无法对双方的语气、表情一目了然，肢体动作、语言状态也不能及时反馈信息，极易产生理解偏差。而且，每个人都有被尊重的高级精神需要，按照网络社交礼仪去做，会使人获得尊重的满足。忽视网络社交礼仪，可能会对他人造成困扰，甚至引发不良网络事件，给当事人带来不愉快的体验。

（四）网络社交礼仪的关键

在互联网上的人际交往活动中，自觉遵守网络社交的礼仪和规则是关键。

三、网络社交礼仪的主要内容

（一）网络形象礼仪

视频●┈┈

网络社交礼仪
的主要内容

人与人见面的初始印象取决于开始的7 s ～2 min之间32%的语言和68%的态势语，也就是外表和肢体语言。因此，第一印象十分重要，衣着妆容要端庄有礼，以自然大气为主，女性忌浓妆艳抹，坐姿、站姿要端正挺拔，保持口气清新，带给人良好印象。

（二）网络招呼礼仪

长辈与晚辈，先介绍晚辈；下级与上级，先介绍下级；男士与女士，先介绍女士；来宾与主人，先介绍主人。

（三）网络表达礼仪

互联网语言有独特的语境、语义，一是语言礼仪，在语言交流的时候，要尽量委婉、平和、友好，网络用语使用适度；二是表情包的使用，用好表情包，不但可以快速有效回复，还能拉近与对方的距离。在互联网社交中，自己的头像是否使用真实头像，是否使用景色、用人物等，都会给对方留下印象认知。

（四）网络交流礼仪

整个网络之间的交往都是建立在公平、自由和自律的基础上的，因此，网络营销等商业行为必须遵守网络礼仪才能获得人们的信任，从而达到营销和宣传目的。

1. 电子邮件礼仪

电子邮件是网络营销的重要工具，因为电子邮件是网上传输最快、成本最低的联络途径，企业可通过电子邮件列表等方式建立起营销数据库，有效地进行营销活动。

（1）在发送邮件前，检查收件人的邮件地址，确信邮件不会给收件人带来不便。

（2）每天检查新邮件并尽快回复。

（3）回复邮件时适当附上原文，以便收件人能很快知道邮件主旨。

（4）每一封邮件都要标明主题，主题要明确、清晰，能准确概括邮件的内容。

（5）正确简短地书写邮件，不要加入过多的感情词语。电子邮件要遵守商业信函的写作要求，邮件能清晰、准确表达最好。

（6）需要把信件发往多个邮件地址时，最好分别发送。

（7）不要未经对方同意发送广告邮件。

（8）不要发送与邮件主题不相关的内容。

（9）正确使用电子邮件列表。

电子邮件列表是企业进行网络营销和宣传的重要手段。目前有不少网站提供邮件列表服务，企业可根据需要建立邮件列表进行营销，同时需要注意以下事项：

① 不能发送大量广告邮件，以免引起订阅者的反感。

② 不要收集和购买E-mail地址发送广告邮件。

③ 不要擅自把他人的邮件地址加入邮件列表。

④ 在发送的邮件中，要标明如何快速取消订阅。

⑤ 如果必须发送邮件到他人的邮箱，请标明致歉的词句。

⑥ 发送较大的邮件要先进行压缩，以减少对他人信箱空间的占用。

2.　朋友圈的礼仪

（1）不发太过直白的广告。可以适当发软文。我们追求的不是"无广告"，而是让受众不认为这是广告，这才是最高境界。如朋友圈美甲广告，如图3-1-1所示，过于直白的广告容易引起微友的不适。

（2）不强行求点赞。有的商家为了自我宣传，要求求职人发广告到朋友圈，且根据点赞的数量考量求职者。这种求赞方式容易引起别人的反感。同样，也不要"强行"要求别人去关注某个公众号。

（3）不发有伤风化的内容。如违反国家法律、政策的内容不要发，造谣、色情、反动、暴力、血腥等引起他人心理不适的内容也不要发。

（4）刷爆朋友圈。无论我们的生活多么多姿多彩，也不要过于频繁地发朋友圈。

3.　微信礼仪

（1）站在接收者角度。

一是要及时回复别人的信息，如果你对对方发送的内容不感兴趣，也要适当、礼貌地回复。不要置之不理，你可以通过减少回复的积极程度来表示出你不愿继续聊下去，以给对方一个台阶。

具体做法：回复内容以"嗯""哦"为主，委婉地告诉对方你不想聊了。

二是没有及时回复，一定要说明原因。在微信上聊着聊着，人就消失了，或者回复比较慢，都是不礼貌的。

具体做法：要主动真诚地向对方解释原因。

（2）站在发送者角度。

一是不要在别人忙的时候和别人聊。你可能会想，"他忙的话应该不会回复啊"，但是别人可能出于礼貌，即使忙，也回复你。此时你需要主动说"那你先忙着，我这也还有点事，下回聊"。如何确定别人忙不忙，一般根据常理可以推知。如图3-1-2所示，右边的人感觉对方可能比较忙，于是主动减少了打字量，并且不再制造新话题，让对方可以自然结束对话。

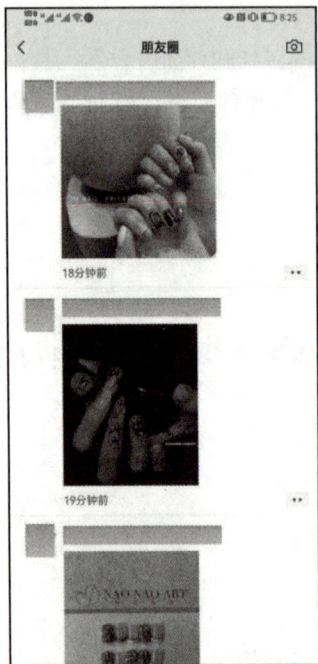

图 3-1-1　朋友圈美甲广告

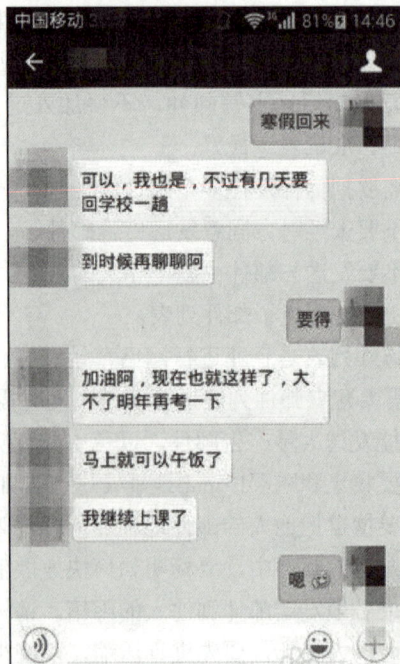

图 3-1-2　微信聊天截图

二是不要发引起他人不适的内容。例如，如果对方胆子很小，就不要发恐怖游戏或者"突然尖叫"的小视频。

三是不要不分场合发送相同形式的消息。如果对方在上课或者在开会，就不要发语音信息了。

四是不要在微信上谈重要事情。如有重要事情请教别人时，最好不要使用微信。

四、网络社交的基本原则

（一）尊重原则

1. 尊重他人隐私

对于已知的个人信息，如真实姓名、地址、电话号码等应注意保密。同时，与别人往来的电子邮件或私聊的记录，也是别人隐私的一部分，不能擅自公开。非必要的呈现他人隐私、泄露数据库数据等都是非常严重的侵犯他人隐私的行为。

视频

网络社交的
基本原则

2. 尊重他人的劳动成果

剽窃他人的作品，试图对他人的作品做一些作者明确禁止的事情，不仅有失礼数，还可能是违法的。

（二）敬畏原则

1. 对数据的敬畏

大数据时代，每个人都已经被数据化，你在网上的行为都会被记录，如你买过什么书，在哪里点餐，在哪里缴纳停车费，在哪里缴纳的过路费，在哪里看的电影等，都构成了一个立体的、真实的人的形象数据，而这些数据的泄露，都是对被泄露者的潜在伤害。

2. 对规则的敬畏

进入网络平台，要认真阅读平台规则、规范、平台推荐（代表平台喜好）、群公告等，遵守所在环境（平台）的运营规则，抵制不良行为。进入QQ群、微信群，要先了解群公告，不要未经当事人同意随意拉人进群。

（三）平等宽容原则

网络社交必须遵循平等原则，不容许任何一方将自己的意志强加给另一方。在互联网中，网民是平等的，每个网民都有可能成为中心。人们利用网络特有的交互功能，互相交流、制造和使用各种信息资源。要宽容对待别人的失误，当看到别人写错字、用错词，可以采用电子邮件私下提议。

（四）诚实信用原则

在网络社会中，网络主体应该坚持诚信原则。不要认为网络是虚拟世界，就可以随随便便、为所欲为。人们在网络活动中更应讲信用，恪守诺言，诚实不欺，在追求自己利益的同时不损害他人和社会利益。网络主体在互联网活动中必须维持双方的利益以及当事人利益与社会利益的平衡。

（五）道德自律原则

网络道德自律就是网络主体的道德自律，网络主体包括传播者和受众。传播者就是网络信息的传播者、发布者；受众就是网络信息的接受者，是传播的对象。通过技术经济、法律、行政等手段，引导网络主体形成各种各样的自律规范，找到网络问题的有效解决途径，以实现网络空间的规范化。

视频

网络形象礼仪
要求

五、网络社交礼仪要求

（一）网络形象礼仪

形象影响第一印象，提升形象是互联网营销师的必修课。

1. 仪容仪表

互联网营销师要根据工种和岗位任务确定妆容打扮。通常情况下，仪容仪表分为三类：

（1）通用型的装扮。基本要求是素雅且日常，给人留下一个积极良好的形象，受众面和目标群众较多。

（2）个性化的装扮。基本要求是根据工种所需要的风格，选择彰显个性的妆容和服饰。个性化的装扮，能够让你脱颖而出，增加辨识度。

（3）专用性的装扮。基本要求是拥有自己的专业领域进行相应的装扮匹配，树立专业化形象，加强专业化印象。

读 一 读

直播销售员如何进行妆容打扮

1. 底妆与修容

（1）打粉底。直播软件都具有滤镜和磨皮效果，因此粉底不要打得太厚。

（2）定妆。雾面底妆在镜头前比亮面底妆更显脸小。

（3）脸部修容。对鼻子、额头、颧骨、下颌线进行修容，集中在鼻子和额头进行修容。

2. 画眉眼

（1）画眉毛。颜色要相对更深、更有棱角，眉毛画得略粗长一些，眉色略浅于发色。

（2）要根据主播风格要求选择眼影。如知识型主播可以选择大地色系，利用褐色系渐变眼影增加眼部轮廓深邃立体感，靠近睫毛区域的眼影感最强，然后向上逐渐变浅。如果想让眼睛变大，要让眼影范围比眼尾大，如眼影画出眼尾3～5 mm。

3. 画脸颊

采用微笑苹果画法，通过微笑确定笑肌的位置，在笑肌处通过由外向内打圈的方式轻扫腮红。根据主播肤色，确定腮红颜色。如果主播皮肤白皙，可以选择柔和的桃粉色；如果是中等黄色皮肤，可以选择杏色系、棕色系腮红。如果想让自己显得更年轻，可以选择带珠光的腮红。

4. 画唇妆

镜头前可以选择颜色较为浓郁的口红色号。

读 一 读

主播妆容问题及解决方法

问题1：睫毛膏刷得过浓

有些女主播在化妆时，喜欢"无辜眼妆"，把睫毛弄得长长的，特别时把下睫毛刷睫毛膏。

睫毛膏刷得过浓，会加重眼角皱纹和黑眼圈。

解决方法：一是选择优质睫毛膏；二是睫毛膏不要涂得太厚。

问题2：下眼线过重

眼线会过重使人的眼睛看上去更小，同时突出了黑眼圈。

解决方法：把眼妆重点放在眼睑部位，眼线亦是如此，在眼尾方向把眼线越画得明显一些。

问题3：涂厚重的粉底

厚重的粉底给网友的第一感是不真实，像个"假面人"。

解决方法：要选择薄透的粉底液（润色乳液），将它均匀涂在面部，然后用一块微湿海绵轻轻按压皱纹集中的部位，如鼻翼、唇周，让海绵吸走这些部位过多的粉底（润色乳液），这样的妆容通透自然。

问题4：涂太白的粉底色

过白的粉底只会让皱纹和细纹看上去更明显。

解决办法：选择比肤色深1～2个色号的粉底，如果有珠光效果的，效果会更好一些，肌肤看上去会更加自然、健康。

问题5：在皱纹上涂散粉

解决办法：避免在脸上有皱纹的地方涂散粉，如果一定要用散粉定妆，要在上散粉后，在有明显皱纹的地方轻轻拍一点保湿面霜。

问题6：用厚重遮瑕膏遮盖黑眼圈

解决办法：配合遮瑕刷使用遮瑕膏，遮瑕膏可以点在黑眼圈部位，但不能在眼睛下方都涂上遮瑕膏。

2．面部表情

互联网营销师一定要做好面部表情的管理，展现出友好、热情、亲切、自然的表情，表情不可过于夸张或者沉重。微笑虽然简单，但也需要练习，不要假笑，要注意微笑和表情的配合，笑到、眼到、意到、神到，随时统一配合。

3．行为举止

在网络社交中，面对众多观众，一定要"站有站相、坐有坐相"。如果你坐着直播，懒散的姿势显然不合适；站着直播，却含胸驼背，网民看着也不舒服。直播时不能端架子，观众问话时不能故意不回答。

（1）站姿。站姿（见图3-1-3）基本要求：头正、肩平、臂垂、躯挺、腿并。标准的站姿：一是髋部向前提，脚趾抓地；二是腹肌、臀肌收缩上提，前后形成夹力；三是头顶上悬，肩向下沉。站立时不要弓腰驼背或挺肚后仰，也不要东歪西斜地倚在其他物体上，两手不要插在裤袋或叉在腰间，也不要抱臂于胸前。

女性站姿要注意表现出女子的娴静、典雅、亭亭玉立、楚楚动人的"阴柔"之美。

男性站姿要注意表现出男子的刚健、英武、潇洒的风采，给人以"阳刚"之美。

工作岗位中男性常用的站姿，分别是肃立站姿、体前交叉式、体后交叉式、体后单背式、体前单屈臂式，如图3-1-4所示。

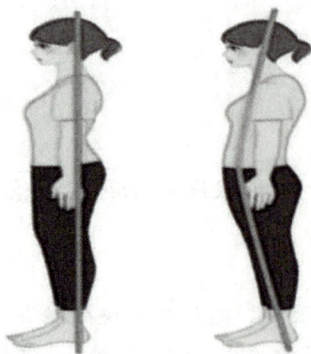

（a）正确　　　　（b）错误

图 3-1-3　女士站姿基本要求对比　　　　　　　图 3-1-4　男性常用站姿

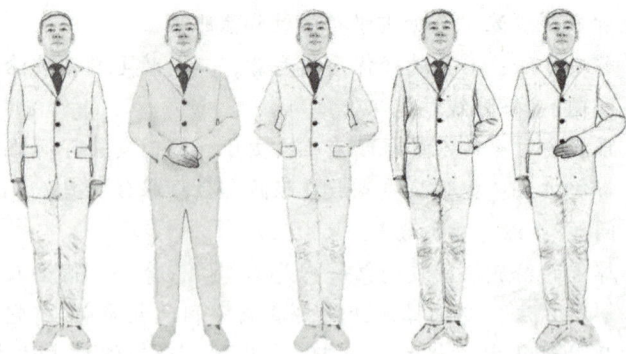

女性标准站姿如图3-1-5所示，基本要求是：

一是头正，两眼平视前方，收额梗颈，表情柔和自然，面带微笑，眼角、嘴角呈上扬之势。

二是两肩平整，微微放松，稍向后沉，两臂自然下垂，两手在腹前交叉，右手搭在左手上（前腹式）或双手贴于裤缝处（侧放式）。

三是胸部挺起，腹部往里收，臀部向上向内收紧上提。

四是两腿肌肉向内收紧，立直、紧贴。

五是脚位，主要有三种：

第一种是小V字步：脚跟并拢，两脚呈45°～60°。

第二种是"丁"字步：V字步站姿，右脚后退半步，紧靠左脚窝处。

第三种是并步站姿：两脚呈平行并拢姿势。

工作中，常见的女性站姿还有前腹式站姿，如图3-1-6所示。

图 3-1-5　女士标准站姿

（2）坐姿。古人云：坐如钟。坐姿文雅、端庄，不仅给人以沉着、稳重、冷静的感觉，而且也是展现自己气质与修养的重要形式。坐姿的重点是坐定后的姿势。但就座时的姿势也应当尽量雅观。

上体要自然挺直，坐在椅子前端，躯干有支持力，身体稍前倾，两肩放松；两腿自然弯曲，双脚平落地上，双膝并拢或稍稍分开，切忌身体随意弯曲。

① 正确坐姿的要求：

一是入座时要轻稳。

二是入座后上体自然挺直，挺胸，双膝自然并拢，双腿自然弯曲，双肩平整放松，双臂自然弯曲，双手自然放在双腿上，掌心向下。

图 3-1-6　前腹式站姿

三是头正、嘴角微闭，下颌微收，双目平视，面容平和自然。

四是坐在椅子上时，应坐满椅子的2/3，脊背轻靠椅背。

五是离座时，要自然稳当。

② 正确的女士坐姿如图3-1-7所示。

一是标准式：抬头收额，挺胸收肩，两臂自然弯曲，两手交叉叠放在偏左腿或是偏右腿的地方，

并靠近小腹。两膝并拢，背部跟大腿成90°，大腿与小腿成90°，小腿跟地面成90°，两脚尖朝正前方。

二是侧腿式：左脚向左后方后撤一步，左脚内侧着地，右脚脚跟抵在左脚脚心处。

三是重叠式：左脚自然下垂，右腿叠放在左膝上，小腿紧贴左小腿，绷紧脚面。

四是前交叉式：左脚自然下垂，右脚勾在左脚脚跟处。

五是后点式：标准坐姿做好后，双脚向后撤一步，脚尖着地。

六是曲直式：前交叉式的变式，右脚自然垂直于地面，左脚向正后撤一大步，脚尖着地。

七是侧挂式：左脚向左后方撤一步，脚尖着地，右脚叠放在左脚上，两小腿重叠平行，绷紧脚面。

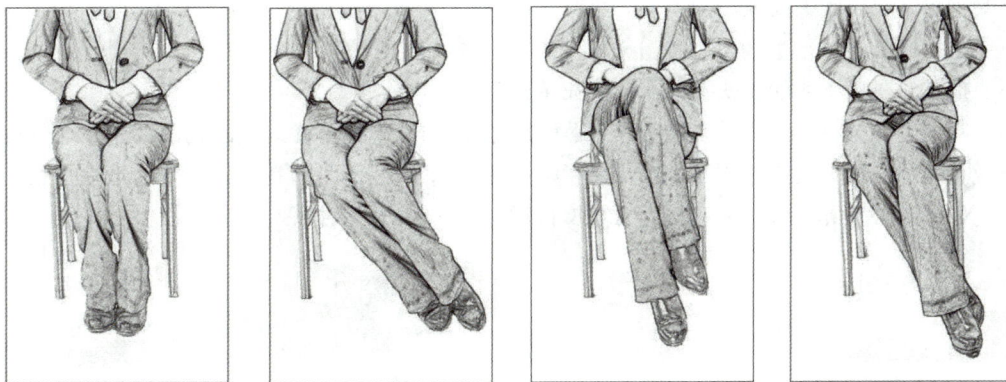

（a）标准式　　　　　（b）侧腿式　　　　　（c）重叠式　　　　　（d）前交叉式

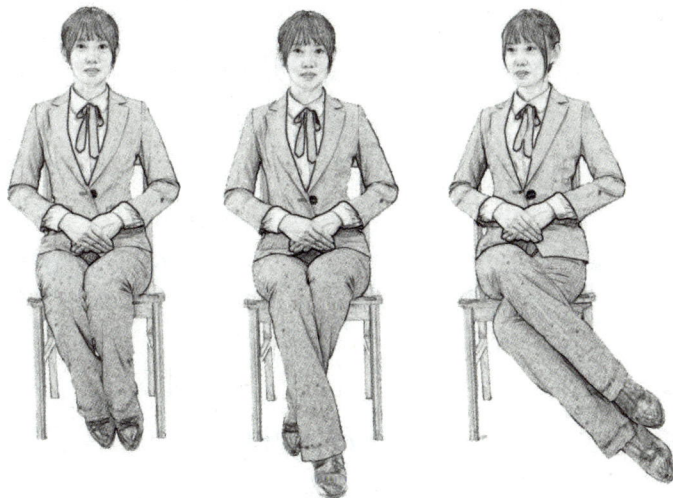

（e）后点式　　　　　（f）曲直式　　　　　（g）侧挂式

图 3-1-7　正确的女士坐姿

③ 坐姿的注意事项：

坐时不可前倾后仰，或歪歪扭扭。

双腿不可过于叉开，或长长地伸出。

坐下后不可随意挪动椅子。

不可将大腿并拢，小腿分开，或双手放于臀部下面。

不可高架"二郎腿"或"4"字形腿。

腿、脚不可不停抖动。

不要猛坐猛起。

与人谈话时不要用手支着下巴。

坐沙发时不应太靠里面，不能呈后仰状态。

双手不要放在两腿中间。

脚尖不要指向他人。

不要脚跟落地、脚尖离地。

不要双手撑椅。

不要把脚架在椅子或沙发扶手上，或架在茶几上。

（3）蹲姿。在公共场合，难免会需要下蹲的动作，如捡起掉落在地上的物品或是拿取低处的物品，以及拍集体合照时站在前排的人经常要蹲下。如果不掌握下蹲的礼仪，很容易当众失仪。男性正确蹲姿如图3-1-8所示；女性正确蹲姿如图3-1-9所示。

图 3-1-8　男性正确蹲姿

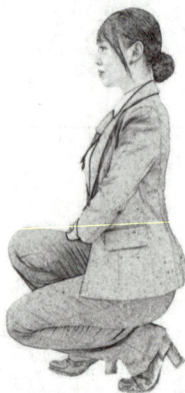

（a）女性高低式蹲姿　　（b）女性交叉式蹲姿

图 3-1-9　女性正确蹲姿

📖 读 一 读

当众失仪的尴尬

营销员小张在第一次与顾客合影时闹了一个大笑话，让她至今回想起来都羞愧难当。在她刚加入团队的时候，她非常热情地邀约伙伴和一些顾客过来参加家庭聚会。那次家庭聚会举办得非常成功，小张的伙伴提议大家合影留念。由于当时参加聚会的人较多，拍照的小王要求小张和伙伴们在前排下蹲。因为突然大幅度下蹲，小张不慎当众摔倒了，虽然她很快在伙伴们的搀扶下站了起来，但还是被顾客看到了，小张非常尴尬。

素质园地

不当的蹲姿不仅会影响个人形象，还会给顾客留下不愉快的印象。练习得当的蹲姿对营销员来说非常重要。

在必要的场合需要营销员下蹲时，可以站在所取物品的旁边屈膝下蹲，慢慢地把腰部低下，不要低头，两腿合力支撑身体，掌握好身体的重心，臀部向下，千万不要翘臀部。

女性需要注意的是：穿裙装时，要注意背后的上衣是否上提，露出皮肤或内衣是很不雅观的。

4. 选择服饰

穿搭服饰要与工种、岗位定位吻合，切忌穿得太暴露。运用衣服的色彩搭配，不但可以修正、掩饰身材的不足，更能放大身材优势。

读 一 读

穿衣搭配技巧

（1）同类色穿搭，即将深浅、明暗不同的两种同一类颜色的衣服搭配在一起，如米色配咖啡、浅绿配墨绿、浅红配深红等。这样穿搭会让人看起来更加文雅。

（2）近似色穿搭，即两个相近颜色的衣服搭配在一起，如红色配橙红、草绿色配黄色等。这样穿搭给人一种青春的感觉。

（3）颜色强烈对比穿搭，即两个相隔较远颜色的衣服搭配在一起，如黑、白、红配其他颜色的搭配。黑色和白色属于无色系，这样的衣服与哪种颜色的衣服搭配都没有太大问题。

（4）补色衣服穿搭，即相对的两个颜色衣服搭配在一起，如白与黑、绿与红等。这样穿搭能够形成鲜明对比，有时候会收到意想不到的效果。黑白搭配是经典，庄重大气。

（二）网络社交招呼礼仪

网络上打招呼的效率要高于线下，如在某电商平台，有用户进入店铺时，客服人员和客户可以这样打招呼：

第一种方式：你好，请问有什么可以帮到你？——这个和传统模式更接近。

第二种方式：你好，请问你是要买这款加湿器吗？——因为互联网的特点，可以知道客户正在浏览什么。

第三种方式：你好，请问你买这款加湿器是自用还是作为礼品送人？——关注客户购买用途。

在众多的试验中发现，第二种对话方式能极大地提升对话接通率和最终的产品转化率。

再如，很多人习惯在微信里给对方发信息"请问，在吗？"，然后等待对方回复，这对很多人来说是极不舒服的一句问话，因为对方会不断猜测你的目的是什么。正确的方式是在这句问话后面直接输入你的想法或目的。

（三）网络表达礼仪

1. 网络聊天的基本要求

● 视频

掌握网络表达
礼仪

（1）注意语言文明。在聊天时，使用文明语言是网聊交流的基本礼仪。例如，使用"您好""大家好""很高兴认识您""很高兴见到您""对不起，我打错字了""我有点儿事，要离开一会儿""我要下线了，以后再聊好吗""再见"等文明用语，会使聊天很愉快，并给对方留下良好印象。聊天中忌用侮辱、谩骂等不文明语言。

（2）尊重对方人格。网络聊天，双方（或多方）的人格是平等的。只有尊重对方，才能赢得对方的尊重。在聊天中，忌讳侮辱对方人格，绝不能进行人身攻击。

（3）尊重对方隐私。社交礼仪和日常生活礼仪在聊天中同样适用，一般不要追问涉及对方隐私的问题，如对方的姓名、工作单位、家庭住址、职务级别、经济状况等，尤其不要问女性的年龄、身高、体重、婚姻等。

（4）保守个人秘密。聊天时，经常会遇到对方询问涉及个人隐私和秘密的情况，如果不想告诉对方，要会"婉言谢绝"。做到既不伤害对方，又能保守个人秘密。

（5）不谈论引争议话题。争议问题是指地域歧视、民族歧视、人身攻击，以及法律不允许的任何事情。国际形势、军事、金融投资等方面，如果没有资质，避免谈论。

（6）慎用表情图片。恰到好处地使用表情、图片、动漫等，可以使聊天图文并茂、情景交融、妙趣横生。尤其是使用自制的图片更能体现个性、提高品位。但是，在使用表情图片时一定要注意加以选择，适合话题、适合情景、适合气氛；忌用带有不良倾向的表情图片，表意不明、容易造成误解的表情图片也尽量不要使用。

2. 微信礼仪

微信是工作中最常用的沟通方式，使用不当会出现很多问题。

（1）加微信。

① 按照方便对方的原则，应该是让领导、客户等扫下属、营销人员的微信，下属通过对方后，添加成功。

② 加别人好友时，一次没通过，第二次最好说明你是谁，如果三次都没通过，就不要再加了。

③ 主动加他人为好友，添加成功后，第一时间打个招呼或问候，简单介绍一下自己，会给对方留下良好的第一印象。

④ 不管是你主动加别人好友，还是别人加你好友，通过后要第一时间修改备注，以免过一段时间就不知道是谁了。

⑤ 可以给好友贴标签分组，这样便于群发信息或在发朋友圈时甄选对方查看信息的权限。

（2）发微信。

① 按照正式程度排序：邮件、电话、微信。可见，微信是属于一个非正式沟通的工具。重要文件最好发邮件。

② 能文字尽量不要语音。有意识地训练自己在30 s内清晰准确地讲明观点的能力。对于那些职位比自己高很多的人，最好的方法是直接打电话，一般不要使用语音。为了工作方便和准确无误，在大多数情况下不要使用语音。

③ 微信上永远不要问"在吗"。应该在说完"你好"后，直接简短地说清楚你想说的事情，尽量缩略、分段，方便对方快速浏览，切忌长篇大论，以给对方足够的自由时间，来选择是否回复及

如何回复。

④ 给对方打电话之前，最好先发一个微信约一下通话时间，或问一句"现在方便电话吗？"，如对方回复"方便"再通话，如对方回复"现在不方便"，就另约通话时间。

⑤ 不提倡随意截图发朋友圈，发出去之前，尽可能多看看，想想现实中如果这聊天记录发出去会产生什么后果，谨言慎行。

⑥ 及时回复信息是一种美德。

（3）收微信。

① 收到别人发来的信息，一定要有反馈，哪怕只是回复"收到"。

② 下属请示问题时，直接表明是否同意，如果还需要时间考虑，可以回复"我考虑一下后回复"。

③ 在没有回复重要微信前，不要发朋友圈，这样会让人误解你不重视对方的信息。

④ 对于重要的人物或常联系的人士最好设置置顶，以免遗漏重要的信息。

⑤ 接收到对方语音类的工作微信时，如果不方便听，可以使用"语音转文字"功能查看；对于普通话不太标准、不易辨识的语音，可以回复"现在不方便接听语音，如有急事，可以发送文字"。

（4）群礼仪。

① 建群拉人时，一定要先征求被拉对象的意见。

② 工作群中不要发个人生活琐事、涉及国家和单位机密、他人隐私、不确定的传闻、谣言、直白的广告等信息，不要随便拉陌生人进群，以免泄露工作秘密。

③ 勿滥用私人化表情。私人化、真人截图等比较特殊的表情，一般限于私人群，不适合在单位群里使用。

④ 需要多人同步协同的工作，建议在工作群直接沟通，可以@相关人员；涉及私人敏感信息的，可以小窗私聊，避免信息丢失或重复发给同事。

⑤ 对于群红包，不要只抢不发还不说话，至少要道个谢；指定性的红包不要抢，如果不小心抢到，要及时退回。

📖 **读 一 读**

聊微信的注意事项

（1）不能对党的路线方针政策妄加议论。

（2）不能发任何涉及国家和工作单位机密的内容。

（3）不能乱传谣言和敏感性话题。

（4）不能转发低级趣味的内容和图片。

（5）不可强制别人转发你的作品，这是微信交流中的大忌。

（6）未经他人同意，不能随意发表涉及他人隐私性质的内容和图片。

（7）未经他人同意，不能随意转发他人精彩文段和图片。

（8）在工作群里不能互相吹捧、乱发红包，也不能总是以各种理由要别人发红包。

（9）不能在工作群发个人私事。

（10）不能让微信绑架你的生活，不做"低头一族"。

（四）网络交流礼仪

（1）重视交流对象，不宜当面说的话，在网络上也不要说。珍惜他人时间，提问之前先做充分的搜索和研究，不要以自我为中心，过度消耗他人时间和资源。

（2）聊天内容文明健康，抵制不良信息，在他人有意进行错误指引时，一定要及时觉察，给予批评指正或切断联系。

（3）自信而谦虚，不刻意放低自己，也不要不懂装懂。任何消息发送前，要仔细检查文字、语法和表情，不故意挑衅和使用脏话。

（4）网上网下行为一致，抵制商业欺诈、盗取钱财等违反法律的行为。

（5）互联网社交要区分生活和商务行为，商务行为要充分展示职业性。互联网社交工具很多，且有很强的非职业性，甚至是娱乐性、社交性等特点，要保持好商务沟通礼仪。

任务实施

活动1：女生妆容礼仪训练

活动规则：

（1）对着镜子根据自己的脸型为自己进行发型设计。

（2）根据自己的脸型及五官的具体形状为自己化个工作妆。

（3）两人一组，双方相互评议打分。

（4）随机抽取四人在班级中进行展示，全班同学进行评价。

活动要求：

（1）女生化妆时，请男生离开教室，教师安排男生室外活动10 min。

（2）学生提前准备好个人的化妆用品。

（3）化简单的工作妆。

（4）自己化妆结束后，请对方点评，要吸纳同伴合理化建议并改进。

时间：15 min。

活动实施：

第1步：自己化妆。教师明确基本要求，学生按照要求开始进行基本化妆、眼部化妆、抹腮红、画口红等。

第2步：按照操作标准，学生自己检查。

工作妆基本标准

内　　容	操　作　标　准	基　本　要　求
基本化妆	1. 涂化妆水，用棉签蘸取向脸部轻按； 2. 涂粉底霜，在脸上点染晕抹； 3. 上粉底，不宜过厚； 4. 扑化妆粉，用粉扑自下而上，扑均匀	1. 内容可斟酌取舍或变动次序；

续表

内　　容	操　作　标　准	基 本 要 求
眼部化妆	1. 涂眼影：用眼影棒蘸取眼影，在眼周、眼尾、上下眼皮、眼窝处点抹并使人显得温柔； 2. 描眉：蓝灰色打底，棕色或黑色描出适合的眉形； 3. 描眼线：用眼线笔沿睫毛底线描画	2. 眼妆要自然不着痕，颊宜轻匀； 3. 此操作适宜快速化妆或者工作妆； 4. 不在男士面前化妆
抹腮红	用腮红刷轻染、轻扫两颊，以颧骨为中心向四周涂匀	
画口红	1. 用唇线笔描上下唇轮廓； 2. 将口红涂满	
检查	1. 发际和眉毛是否沾上粉底霜； 2. 双眉是否对称； 3. 胭脂是否涂匀； 4. 妆面是否平衡； 5. 与穿着是否协调； 6. 适当调整修改	

第3步：同伴检查，自己修改。

第4步：定妆并在班级展示，同学进行评价分析。

`活动2：` 仪态行为模拟训练

第一模块：站姿训练

活动要求：

（1）穿正装，平整无皱褶。

（2）女生要着肉色丝袜，穿高跟鞋，将长发盘起。

（3）男生打好领带，穿黑色皮鞋，深色袜子。

活动实施：

（1）提踵：脚跟提起，头向上顶，身体有被拉长的感觉。注意保持姿态稳定，练习平衡感，训练站立时的挺拔感。

（2）两人一组，背靠背站立：脚跟、腿肚、臀部、双肩和后脑勺贴紧，头顶可顶一本书。

（3）五点靠墙练习，即背靠墙站立，脚跟、小腿、臀部、双肩和头部都紧靠墙壁。通过这五个点的控制，来训练身体控制能力。

（4）双腿夹纸：即站立者要在两条大腿间夹一张纸，保持纸不松、不掉，以训练腿部的控制能力。

（5）两人背靠背：类似于五点靠墙法，两个人的脚跟、小腿、臀部、双肩和头部都紧紧靠在一起。

活动分析：

站立时若有如下姿态，或为不雅，或为失礼，都应是被禁止的：

（1）全身不够端正。头歪、肩斜、臂曲、胸凹、腹凸、背弓、臀撅、膝屈。

（2）两腿叉开过大，女生尤其应当谨记。双腿交叉，即别腿，亦不美观。

（3）两脚随意乱动。用脚尖乱点乱画，双脚踢来踢去、蹦蹦跳跳，用脚去够东西、蹭痒痒，脱下鞋子把脚"解放"出来，或是半脱不脱，脚后跟踩在鞋帮上，一半在鞋里一半在鞋外。

（4）表现自由散漫。站立时随意扶、拉、倚、靠、趴、踩、蹬、跨，显得无精打采、自由散漫。

第二模块：坐姿训练

活动准备：

（1）准备五幅坐姿不正确的图。

（2）在智慧教室或者形体教室进行授课。

（3）学生分学习小组就座。

活动实施：

（1）分析五幅图的坐姿，找出其中的问题。

（2）检查自己平时是否有以下的错误坐姿：

① 半坐半躺。

② 双腿叉开过大。

③ 跷"二郎腿"。

④ 架"4"字形腿。

⑤ 将腿放在桌椅上。

⑥ 双腿直挺挺地伸向前方。

⑦ 腿脚不停地抖动。

（3）学生现场观察，两人一组，现场模拟，请对方观察这样的坐姿是否正确。如不正确，相互给出建议。

第三模块：礼仪展示

随机找出两位男生、两位女生进行现场演示（标准的站姿和坐姿）。

活动3：每天一个好习惯

第一个习惯：上课礼仪

活动要求：

（1）以团队形式进行表演。

（2）选手有5 min的准备时间。

（3）团队对场景进行模拟。

（4）表演完毕后，选手可进行适当解说。

活动准备：

（1）准备3 m²的活动空间，模拟场景。

（2）分组建立团队，确定成员分工。

活动实施：

第1步：教师公布模拟场景和模拟要点。

场景：你上课迟到了，站在教室门口的你看到老师正在讲课，你得到老师允许后进入教室入座，拿出课本认真听讲。下课了，你走到讲台前与老师解释迟到原因。

模拟要点：

（1）等老师讲到停顿处时，先敲敲门，老师看到你后，你说："报告老师，我迟到了！"

（2）在看到老师点头允许后，点头说声："谢谢！"，然后轻手轻脚入座。

（3）坐下来后，拿出书本，放在桌子上，坐姿端正，挺胸抬头，认真听讲。

（4）下课后，走到讲台前有礼貌地跟老师打招呼，简单说明迟到原因，最后跟老师道谢。

第2步：学生分组进行模拟，其他同学观察，并根据模拟要点进行评分。

第3步：随机抽取四名同学，进行现场点评。

活动分析：

（1）入场表现大方，走路体态优美，站姿得体，整体形象好。

（2）对模拟场景表演到位，把握模拟要点，语言组织逻辑性严密，声音清晰，表达流利，时间把握好。

（3）场景中的礼仪表现：行为举止得体。

第二个习惯：微信礼仪

活动准备：

（1）活动前同学们要收集一些微信礼仪相关的资料。

（2）现场可做适当布置，座位排成圆形。

（3）5～8人为一组，每个人都做好发言的准备。

活动要求：

（1）明确分工，每个小组确定一名主持人，一名记录员（秘书）。

（2）主持人开始时明确讨论的议题和纪律，在会议进程中启发引导，掌握进程。如通报会议进展情况，归纳某些发言的核心内容，提出自己的设想，活跃会场气氛。

（3）记录员应将同学们的想法及时编号简要记录，最好写在黑板醒目处，让与会者能够看清。

（4）记录员也是团队一员，也要发表自己的看法，不可游离于团队之外。

（5）规定纪律，要求与会者遵守。如要集中注意力积极投入，不消极旁观；不要私下议论，以免影响他人的思考；发言要针对目标，开门见山，不要客套，也不必做过多的解释；与会人员之间相互尊重，平等相待，切忌相互褒贬等。

（6）掌握好时间，以30 min为宜。

活动实施：

第1步：教师出示微信交流中出现的以下情况。

假设你遇到以下情况，你有何感想，如何处理？

（1）微信聊天，消息不被及时回复。

（2）不论刚看到消息还是聊天中，只要对对方的聊天不感兴趣，都可以用"我去吃饭了""我去洗澡了"这类借口结束聊天。

（3）不直接说事，而问"在吗"。

（4）不打招呼，就直接发语音。

（5）他人给你看聊天记录，自行上下翻看。

（6）有多个共同好友，发朋友圈回复时，只回复其中一个。

（7）发合影照片时，只给自己修图，忘记给照片中的朋友修图就发出去了。

第2步：请同学们分组，畅所欲言，谈感想和体会。

第3步：各组将观点归类，如何解决这些问题。

第4步：遵循微信礼仪。

（1）微信聊天，及时回复消息。

（2）如果对对方的聊天不感兴趣，可以用"我去吃饭了"等借口结束聊天。

（3）问了"在吗"之后，一定直接跟上要说的事情。

（4）不轻易直接发语音。

（5）他人给你看聊天记录时，切勿自行上下翻看。

（6）有多个共同好友，发朋友圈回复时，切勿只回复其中一个。

（7）发合影照片时，如果要给自己修图，切勿忘记给朋友修图。

●●●● 任务2　学会有效沟通 ●●●●

任务解析

通过自我观察与分析、案例分析、角色扮演等活动，进行有效沟通训练；通过演练活动与小组讨论，让学生回到真实的情境中体验并学习适当的解决方法，省思自己的行为方式；通过自我观察与分析，养成新的有效沟通行为习惯，从而提高学生面对互联网的有效对话与沟通能力。

知识链接

视频

职场人际交往的特点

一、职场人际交往

职场人际交往是指人们一经就业，就会加入某一特定的职业群体，成为其中的一员，并同其他成员建立起的相应的人际关系。在职场人际交往中形成的职业群体人际关系，是职业群体存在的基本条件和重要特征。它影响着人们的职业活动和工作效率。

（一）职场人际交往的特点

1. 交往对象的可变性

交往双方既可以是个体，又可以是团体，甚至可以是一个国家，交往对象的范围并非固定不变，而是随着交往的内容不同、需求不同而发生变化。交往双方由于性格爱好的不同，随着时间的推移，交往关系也会发生变化。

2. 交往条件的限制性

人们的交往总是在一定的历史条件下进行的，不同时期人们的交往总是带有所处时代的烙印。在生产力水平低的社会里，人们交往的范围比较狭小，交往的方式也较为单一。当今的信息时代，人们交往的时空已今非昔比，交往的内容及方式丰富多彩。因此，理解和把握人际交往必须从社会历史条件出发。

3. 交往内容的广泛性

任何时期，人们交往的内容都包括物质、精神、信息等方面，只是在不同时期不同的社会发展阶段，交往内容的侧重点有所不同。在生产力不发达时期，人们主要进行着物质交往活动。而今天的信息社会，人际交往既有物质的，也有精神的，更多的则表现为信息交流。这种交往内容的广泛性和多样性，预示着交往在人类的社会生活中将占据越来越重要的地位。

4. 交往手段的多样性

人与人之间在直接交往中可以运用语言、体态、动作、表情等手段来互相沟通、互相影响。随着科学技术的发展，现在交往中的人们通过现代化的手段，如电视、网络、手机、电话等信息手段，更快捷和更广泛地沟通信息以及传递情意。这种交往手段的多样性和先进性，保证了人们交往目的的实现。

5. 交往进程的互动性

古人云："与善人居，如入芝兰之室，久而自芳也。"这里讲的就是交往的互动过程。交往的互动性在形式上就是互相往来，若只交不往，这个交往就是单方面的意愿，是长久不了的，也谈不上真正意义上的交往。交往的互动性表现在内容上是互相影响，通过直接、间接的交往手段，双方在思想上、情感上、行为举止上都会自觉或不自觉地接受对方的影响。

（二）职场人际交往原则

1. 平等的原则

平等是人与人相处的最基本的原则，人与人在气质、性格、能力、财富、知识等方面存在着差异，但是在人格上是绝对平等的，在交往中一定要坚持平等的原则，决不能廉价取悦于人，自辱迎合于人。切忌因工作时间短、经验不足、经济条件差而自卑，也不要因为自身条件好而趾高气扬。

视频

职场人际交往
的原则

2. 尊重的原则

尊重包括尊重自己和尊重他人。任何人都渴望得到尊重，所以在人际交往中一定要学会尊重他人。

3. 真诚的原则

真诚待人通常被认为是人际交往中最有价值、最重要的原则。如果没有真诚，也就失去了交往的意义。

4. 宽容的原则

世上无十全十美的人，每个人都是独一无二的，自己和他人的性格也一定不是完全吻合的，所以人际交往，宽容就是必需的。宽容体现的是情操和修养，宽容有助于扩大人际空间，宽容决定了你的人际交往的范围。主动与人交往，广交朋友，交好朋友，不但交与自己性格相似的人，还要交与自己性格相反的人，只有求同存异、互学互补，处理好竞争与相容的关系，才能更好地完善自己。

5. 谦逊的原则

"历览古今多少事，成由谦逊败由奢。"坚持谦逊的原则，就要做到对他人宽宏大量，求同存异，严以律己，宽以待人，善于体谅和宽容。如果在交谈中过分地显示优越感，无形之中就是对对方自尊和自信的一种挑战和轻视，对方的排斥心理乃至敌意也就不知不觉产生了。

6. 理解的原则

你希望别人怎样对待你，你就怎样对待别人。在人际交往中，你不仅要细心了解他人的处境、心情、特性、好恶、需求等，还要根据彼此的情况，主动调整和约束自己的行为，尽量给他人关心、帮助和方便，多为他人着想，处处体恤别人。

7. 互利的原则

人际交往是一种双向行为，交往双方要互惠互利，故有"来而不往非礼也"之说，只有单方获得好处的人际交往是不能长久的。如果双方在交往中都获得了各自社会需求的满足，互相之间才能发生并保持接近的心理关系，表现为友好的感情。反之就会产生厌恶的情感而彼此疏远。

8. 激励的原则

人性中最是被人赏识的渴望。在人际交往中，通过互相了解、比较、刺激和影响会产生一种鼓舞激励的作用，彼此间的赞赏与接纳可以减少彼此的心理冲突。特别是当人陷于困境中时，一句鼓励的话语就仿佛是一剂良药，能医治对方心灵创伤。

9. 信用的原则

交往离不开信用。信用指一个人诚实、不欺、信守诺言。古人有"一言既出，驷马难追"的格言。不轻易许诺，一旦许诺，就要设法实现，以免失信于人。

（三）职场人际交往中存在的问题

● 视频

职场人际交往
中存在的问题

1. 算计

算计是指为了达到自己的目的，设计暗害他人，损害他人利益。算计别人是职场中最危险的行为之一，这种行为会限制职场人的长远发展。

2. 妥协

日常生活中，妥协也是一种解决问题、化解矛盾的有效方法。但是，一味妥协，不仅委屈了自己，还会被认为能力低、不堪大任，且容易被人利用。一旦卷入诸如危害公司利益、拉帮结伙、损害他人等事件中去，就很容易被人利用。

3. 隐私

窥探别人的隐私向来被认为是个人素质低下、没有修养的行为。也许有许多情况是在无意间发生的。如你偶然发现了一个好朋友的怪癖行为，并无意间告诉了他人，这样不仅会对朋友造成伤害，还会失去你们之间的友谊。偶尔的过失也许可以通过解释来弥补，但是，如果这样的事件发生过几次，那么就要从心理上检讨自己的问题了。

4. 情绪

受到一些不愉快事件的影响，情绪失控，这是人际交往大忌。如果看到自己不喜欢的东西或事情就明显地表露出来，那么只会造成他人对你的反感。

（四）职场人际交往冲突的化解

● 视频

职场人际交往
冲突的化解

化解职场人际交往冲突，一定要掌握以下要领。

1. 融入同事的爱好之中

俗话说"趣味相投"，只有共同的爱好、兴趣才能让人走到一起。

2. 不随意泄露个人隐私

同事的隐私信息不可随意告诉他人。不随意泄露个人隐私，是巩固职场友情的基本要求。

3. 闲聊应保持距离

闲聊时，不去炫耀自己，不求事事明白，问话适可而止；不要逢人就大倒苦水，牢骚满腹会让周围的同事苦不堪言。

4. 远离搬弄是非

飞短流长是职场中的"软刀子"，是一种杀伤性和破坏性很强的武器。经常性地搬弄是非，朋友和同事会对你避而远之。

5. 低调处理内部纠纷

在工作过程中，与同事产生一些小矛盾是很正常的。处理矛盾时一定要注意方法，尽量不要让矛盾公开激化，要理性处理摩擦事件。

6. 得意之时莫张扬

受到领导表扬或者提升时，不要过分张扬；失意时也不要在公开场合诉说领导的问题，否则只能给工作友谊带来障碍。

7. 不私下向上司争宠

不巴结上司向上司争宠，不在私下做小动作。否则会让同事怀疑你对友情的忠诚度，甚至还会怀疑你人格有问题。

（五）良好职场人际关系的构建

搭建良好的职场人际关系，方法是非常重要的。

1. 富有同情心

同情心首先是指对某事（如另一人的感情）的觉察与同情感，同时也指这种感情的表露。这是同情心的基本含义和初级层面，人人都应该具有同情心。

2. 站稳立场

在职场中，我们可以去关心他人，但不能让他人控制自己的生活，对于那些没有积极态度的人，关键时可以严肃指正。

视频

构建良好职场人际关系的方法

3. 运用身体语言

要有培养自己良好姿态的意识，保持轻松自然，充满自信的状态。

4. 采用"你能帮我吗"的方法

当你觉得对方对你的计划不感兴趣时，你可以采用"你能帮我吗"的方式，把对方引入解决问题的思维中，这样你就与对方之间建立了心连心式的接触。这样不但能提升对方的价值，还能使对方马上做出回应。

二、职场沟通与技巧

（一）职场沟通的概念

沟通是人与人之间、人与群体之间思想与感情的传递和反馈的过程，以求思想达成一致和感情的通畅。一个完整的沟通组成，就像一个完整的闭环。

视频

职场沟通的意义

沟通对身在职场和将要走向职场的人士非常重要，"双70定律"说明了这一点：管理者70%的时间用于沟通，70%的出错是由于沟通失误引起的。

互联网营销不是一项独立的工作，互联网营销师必须要与客户进行语言、微信、视频等多种形式的沟通，要与营销队伍内部人员进行沟通，第一时间了解客户需求，同时将文案需求、设计需求、产品功能需求等准确传达至相关部门或者小组。无论从事哪一个工种、哪个岗位，无论专业能力如何，无论具有什么样的资历和营销经验，都需要有良好的沟通能力。

1. 职场沟通的意义

（1）传递和获得有价值的信息。信息的采集、传送、整理、交换，无一个是沟通的过程。通过沟通，交换有意义、有价值的各种信息，工作才得以顺利开展。好的沟通者可以一直保持注意力，随时抓住内容重点，找出所需要的重要信息。只有这样，才能更透彻地了解信息的内容，拥有最佳的工作效率，并节省时间与精力，获得更高的生产力。通过沟通，才能让客户了解你营销的品牌，以及你愿意为顾客做什么。

多向身边的沟通高手请教，听听他们的说话之道，看看和自己的说话方式有什么不同，了解他们是如何传递信息的。成功的道路没有捷径，但少走弯路能让我们更快达成目的。

读一读

李晓光的苦恼

李晓光（化名）刚刚从某高校管理学硕士毕业，出任某大型企业下属的公司经理。走上新的工作岗位伊始，他就发现了问题：生产现场的很多数据不能及时反馈上来，于是研究从生产报表开始进行改革。

李晓光研究了生产报表模板，并下发请数据员填报。

最初的几天，数据报表如期放到了他的办公桌上，他认为自己的改革有了效果。但是两周后，出现了一次事故，而报表根本没有反映出这一问题。经过追查发现报表是员工随意填写的。

针对这一事故，在全体员工会议上，李晓光再次强调了报表的重要性，但几天过后，员工又回到了原来的状态，这让他很苦恼。

想一想

李晓光为什么会有这样的苦恼？

素质园地

对于企业经理人而言，这是经常会遇到的问题。大家各自站位不同，对事情的关注程度自然不一样。生产操作人员只是要把本职岗位工作做好，至于数据是什么情况，这不是他们关心的问题；这是企业经理人要调整角度，站在对方的角度上分析问题，调整工作策略。因此，在沟通中，要善于换位思考，要找到对方的兴奋点，用对方听得懂并乐于接受的语言进行沟通。

（2）赢得和谐人际关系。社会是由人们互相沟通所维持的关系组成的网，人们相互交流是因为需要同周围的社会环境相联系。有效的职场沟通可以赢得和谐的人际关系，建立良好的人际关系网络。在职场上沟通不畅，有可能引起与同事关系不和；与客户之间出现误解与冲突，进而失去合作机会；与上下级之间沟通不良，则会失去尊重与信任。沟通也是一种工具，是为了在职场和生活更顺利。沟通是为了让别人信任你、喜欢你，不是让别人怕你。

（3）开启美好职业生涯。有效的沟通可以疏导情绪，减少心理困扰，促使双方思想一致，达成共识，增强团队凝聚力，减少变革阻力；能够更好地展示自我需要、发现他人及服务对象需要，最终赢得更好的人际关系和成功的事业。

2. 职场沟通的原则

（1）真诚原则。真诚是沟通的敲门砖，有了真诚，再困难的问题都有可能获得解决，至少能够达到有效地化解。在与客户谈话时，要做到真诚交流。一是表述准确，再难开口的话都得说清楚，不能含糊其词；二是认真聆听，要客气地感谢对方愿意腾出时间与你交流，要及时反馈"您说得很有道理""感谢您来到直播间"等，让对方了解到，你在认真听他说话，或者第一时间关注他；三是及时回应，消息及时回复，事情及时处理。

视频

职场沟通的原则

Ⓐ 案　例

六尺巷的故事

在我国的传说故事中，不乏歌颂"礼让"精神的例子，如"桐城六尺巷"。

据史料记载，清朝康熙年间，在朝廷当文华殿大学士、礼部尚书张英在桐城的老宅与吴家为邻，两家人因为中间的一片空地发生了争执。张家人给张英写信求助，张英收信后当即回诗一首：

> 一纸书来只为墙，
> 让他三尺又何妨。
> 长城万里今犹在，
> 不见当年秦始皇。

张家人收信后豁然开朗，主动让出三尺空地。吴家人也深受感动，主动退让三尺房基地。由此形成了一个六尺的巷子，流芳于世。

想 一 想

"让他三尺又何妨？"体现了什么沟通原则？

素质园地

让人三尺又何妨？失三尺之地，换万世流芳。张英的真诚、谦逊与礼让，不仅成为邻里之间和睦相处的典范，更是中华民族礼仁为美、和谐理念的充分体现。

（2）耐力原则。倾听是一种非常智慧的策略，如果你耐心聆听，对方会觉得很感动。互联网营销师在与客户沟通的时候要极具耐心，方可赢得机会。

（3）和谐原则。多用鼓励、友好的语气交谈，多以尊重和商量的口吻对话，创造和谐的沟通环境。遇到难以沟通的人时，更要稳定住自己的情绪，可以通过深呼吸调控情绪。

（4）目的性原则。我们要在沟通之前明确沟通目的，是想寻求帮助，还是要解决争端，抑或期望合作？是寻求建议还是请求反馈？这样才能避免无效沟通。

工作中常见的沟通内容如下：

① 事情的原因；

② 预期目的和目标；

③ 遇到的问题；

④ 解决的方法；

⑤ 取得的结果；

⑥ 需要的支持；

⑦ 沟通结论。

（5）变化原则。这是操作层面的方法。沟通的环境、沟通的对象、沟通的服饰、沟通的用语、沟通的角度，都是可以变化的，怎样有效怎样来。比如角色互换，这个在沟通技巧心理学上称为感知位置平衡，一个动作胜于一打说法。

（6）通俗原则。专业领域的事情，要用大众能接受的方式进行展示。在空间的选择上，做一些设计要从对象能接受的角度安排，如调整空间的色彩，挂一幅画或者做些点缀，都是可以考虑的。

说一说

根据你的理解，举例说明你熟悉的沟通原则有哪些。

（二）常见的沟通障碍

1. 情绪问题

视频

常见的沟通障碍

一方面，互联网营销师当下的工作情境、自身情绪会造成信息接收的失真，所以互联网营销师要提高自己的"情绪粒度"。另一方面，要准确预判对方的情绪。按照相关研究，人类对表情的准确识别时间可以快速到0.25 s。换言之，只要你留意表情，一瞬间，你就可以判断对方的情绪状态了。你之所以难判断不了，不是因为你没有这种能力，而是因为平时没有留意。

情绪四要素包括：生理因素、非语言反应、认知诠释和语言表达。

比如，先认清自己的情绪，对自己的情绪负责，并用合适的方法表达出来。同时，关注对方的情绪，用自己的语言将对方的情绪情感反馈给对方，也称情感反应，如"我感觉你很委屈，不知道我的感觉对不对？"。

2. 语言问题

相同的语言文字，对不同的人，可能会有不同的意义。

3. 过滤作用

过滤是互联网营销师作为信息传送者，根据自己的主观或目的选择性传达信息。当营销人员根据自身的品牌、产品、服务传达信息的同时，已经根据自身经验过滤掉许多消费者会感兴趣的部分。切记不能以自己的生活经验代表所有的消费者生活经验，自己喜欢的，消费者不一定喜欢。

4. 选择性知觉

每个人都会基于自己的需求或喜好，有选择地看或听，这样就会造成信息接收的不正确或不完整。作为信息的接收者的一般消费者，常常会因为自己的喜好，对某些不感兴趣的图像文字视而不见。

说一说

你是否常常记得某个广告是由某个你喜欢的人代言，却忘了那个广告在卖什么？

5. 信息过荷

信息过荷是指信息量超过接收者的处理能力。在互联网时代，这是造成沟通障碍的一个常态化因素。例如，某种产品有上百个品牌，搜索引擎中的查询结果高达数万条。信息量过大会造成消费者不愿意去了解这些信息，而直接用过往的经验去下判断，因此过多的信息等于没有信息。

（三）有效沟通技巧

1. 信息发送技巧

完整的沟通过程包括信息发送、接收和反馈。在信息发送环节，发送的不仅仅是信息，还有思想和情感。

（1）How——选择有效的信息发送方式。沟通可以是面对面的交流，也可以是书信、微信、视频等交流方式。不同的场合采用不同的沟通方式。比如，对方正在和你生气的时候，你没有机会和对方面对面交流，这个时候就可以选择书信等的方式进行沟通。

视频
有效沟通技巧

（2）When——何时发送信息。在什么时间传递信息，如何时约见客户，何时发出致谢函，何时向领导汇报，何时与下属谈心，要讲究"天时、地利、人和"，这一点是非常重要的。

（3）What——确定信息内容。传递信息内容的两种方式：一是书面语言；二是肢体语言。在与别人沟通的时候，你说什么话是很重要的，但只有加入相应的肢体语言，你所要传递的信息内容才会更加确切。只注重语言却不注重肢体语言，沟通效果会减半。在选择具体内容的时候，一定要确定要说哪些话，用什么样的语气、什么样的动作去说，这样会使沟通的效果事半功倍。

（4）Who——谁该接收信息。沟通是一个完整的双向沟通的过程。发送者要把他想表达的信息、思想和情感，通过语言发送给接收者。当接收者接到信息、思想和情感以后，会提出一些问题给对方一个反馈。发送者要弄清楚谁是信息接收对象，并获得接收者的注意，了解接收者的观念、需要和情绪。

（5）Where——何处发送信息。现在人们越来越注重场地的选择，在实践中人们已经越来越多地认识到环境对沟通效果的影响非常大。

2. 接收信息的技巧

发送完信息后，就要去接收信息，即聆听。做一个善于聆听的职场人，我们要做到：

（1）适应讲话者的风格。每个人发送信息时说话的音量和语速是不一样的，作为聆听者，要尽可能适应讲话者的风格，尽可能接收更多、更全面、更准确的信息。

（2）眼耳并用。在接收信息时，我们耳朵听到的仅仅是一部分语音，而眼睛看到的是发送者传递给我们更多的一种思想和情感，因为这需要通过更多的肢体语言去传递，所以听需要耳朵和眼睛共同进行工作。

（3）首先理解他人，然后再被他人理解。听的过程中，一定要注意站在对方的角度去想问题，而不是去评论对方。

（4）鼓励他人表达内心想法。在听的过程中，我们要与对方保持目光交流，并且适当地去点头示意，表现出有兴趣的聆听。

3. 有效聆听的技巧

（1）准备聆听。首先，给讲话者一个信号，表明自己做好准备了，给讲话者以充分的注意。其次，准备聆听，从对方的角度想问题。

（2）发出准备聆听的信息。通常在听之前会和讲话者有一个眼神上的交流，告诉对方：我准备好了，你可以说了。注意不要东张西望，应该看着对方。

（3）采取积极的行动。积极的行为包括频繁地点头，鼓励对方去说。在听的过程中，也可以身体略微向前倾而不是后仰。身体前倾是一种积极的姿态，这种积极的姿态表示你愿意去听，且努力在听。同时，对方也会有更多的信息发送给你。

（4）理解对方全部的信息。聆听的目的是理解对方全部的信息。在沟通的过程中你没有听清楚、没有理解时，应该及时告诉对方，请对方重复或者解释，这一点是在沟通过程中常犯的错误。所以在沟通时，如果发生这样的情况要及时通知对方。

在沟通聆听的过程中，因为每个人的聆听技巧不一样，所以聆听分为五种不同层次的聆听效果。

第一种：听而不闻。所谓听而不闻，简而言之，就是不做任何努力地去听。我们不妨回忆一下，在平时工作中，什么时候会发生听而不闻？如何处理听而不闻？听而不闻的表现是不做任何努力，这可以从一个人的肢体语言看出：他的眼神是否和你交流？他是否左顾右盼？他的身体是否倒向一边？听而不闻是不可能达成协议的。

第二种：假装聆听。假装聆听就是做出聆听的样子让对方看到。在工作中常有假装聆听现象的发生，例如，你和客户之间交谈的时候，客户有另外一种想法，出于礼貌，他在假装聆听，其实他根本没有听进去；上下级在沟通的过程中，下级惧怕上级的权力，所以做出聆听的样子，实际上没有在听。假装聆听的人会努力做出聆听的样子，表现在他的身体大幅度前倾，甚至用手托着下巴，实际上并没有听。

第三种：选择性的聆听。选择性的聆听，就是只听一部分内容，倾向于聆听所期望或想听到的内容，这也不是一种好的聆听方式。

第四种：专注的聆听。专注的聆听就是认真地听讲话的内容，同时与自己的亲身经历做比较。

第五种：设身处地的聆听。不仅是听，而且努力在理解讲话者所说的内容。用心和脑，站在对方的利益上去听，去理解他，这才是真正的设身处地的聆听。设身处地的聆听是为了理解对方，多从对方的角度着想：他为什么要这么说？他这么说是为了表达什么样的信息、思想和情感？如果对方和你说话的过程中，他的身体向后仰过去，那就证明他没有认真地与你沟通，不愿意与你沟通。当对方和你沟通的过程中，频繁地看表也说明他现在想赶快结束这次沟通，你必须去理解对方：是否对方有急事？可以约好时间下次再谈，对方会非常感激你的通情达理，这样做将为你们的合作建立基础。

4. 有效反馈的技巧

反馈就是沟通双方期望得到一种信息的回流。我给你信息，你也要给我信息反馈。对方不同意你的观点或者你不同意对方的观点，要进行反馈，尽可能达成一致。

反馈有两种：一种是正面的反馈；另一种是建设性的反馈。

正面的反馈就是对对方做得好的事情予以表扬，希望好的行为再次出现。建设性的反馈，就是在别人做得不足的地方提出建议。建设性的反馈是一种建议，而不是一种批评。负面的反馈不仅没有帮助，反而会带来很多负面影响。所以，反馈应只有正面的反馈和建设性的反馈，没有负面的反馈。

在反馈的过程中，我们一定要注意有的情况并不是反馈：

第一，指出对方做得正确的或者是错误的地方。

第二，对于他人的言行的解释，也不是反馈。例如，我明白你的意思，你的意思是……这不是反馈，而是聆听的一种。

第三，对于将来的建议。对于未来和将来的建议也不是反馈。反馈是对刚才所接收到的这些信息给对方一个建议，目的是使他做得更好。

（1）合理使用表情。

与客户交流中，要合理使用聊天表情，如微信、QQ、TM、旺旺等网上沟通工具，都有聊天表情库，使用聊天表情可以增加客户对销售人员的好感。但需要注意，不能随便发一些与聊天话题不匹配或者不雅观的表情，更不能滥用表情，如果每个回复都使用表情，反而会使对方感觉没有用心对待，甚至会影响销售人员在顾客心目中的形象。

（2）沟通中多使用"引导法"。

在网络销售中，经常会遇到"想购买，但是还没有决定在什么地方购买的客户"，这样的客户是潜在客户，这时适当"刺激"一下，就很容易成交。

例如，可以这样说：

"该种过滤器商品已经剩下最后两件了哦！"

"该商品正在促销阶段，现在购买有滤芯赠送。"

这时，大部分客户很可能决定立刻购买。

使用这种方式，必须注意把握好时机，使用不适当或者使用过于频繁反而会让客户厌烦。

对于闲逛和咨询的客户，可以先从了解客户意向的话题开始，了解用户的实际意向，此时可以推荐相关商品，从侧面或者正面提出顾客的需求，利用顾客自己的需求来刺激顾客的购买欲。不管使用哪种方法，都要记住"顾客不喜欢被命令，也不喜欢被灌输"的道理。

（3）注意文化差异。

在互联网上，必须考虑双方的文化差异，因为文化差异将导致相应的表达、理解方式都会不同。如果不了解文化差异，沟通就可能会出现问题。

> ### 素质园地
>
> 尝试跨文化沟通，讲好中国故事。培养同理心，具有跨文化意识，尊重语言和文化的多样性，树立文化自信，滋养家国情怀与国际视野。

三、谈判技巧

（一）谈判的原则

1. 平等互利原则

视频
谈判的技巧

遵循平等互利的原则，谈判双方在法律地位上享有的权利、义务应一律平等。不论组织规模大小、实力强弱都要坚持平等原则，使谈判双方都能获得利益。既要避免出现一方侵占另一方利益的结局；又要避免出现两败俱伤的情况。

2. 友好协商原则

在谈判中，谈判双方应在平等互利的基础上，经过相互协商，达成一致。但在实际谈判中，由于利益关系经常出现争议，有时谈判一方甚至采取强制、要挟等手段，把己方意志强加于对方，这是不可取的。正确的做法是友好协商。无论对方有无诚意，还是条款存在争议，只要有一线希望，都要遵循友好协商的原则促使谈判得到满意的结局。谈判往往是在冲突中实现各自的目标，因此切忌草率中止。

3. 依法办事原则

谈判不仅关系到谈判双方的利益，还可能涉及国家整体的利益。只有遵纪守法，当事人的权益才能受到保护。在谈判及合同签订的过程中，必须遵守国家的法律、法规及政策。对于国际谈判，还应遵循国际法准则及尊重对方国家的有关法规。与法律相抵触的谈判，即使出于双方的自愿并且意见一致，也是不允许的。

4. 时效性原则

所谓时效性原则，就是要保证谈判的效率和效益的统一。公关谈判要在高效益中进行，不要进行马拉松式的谈判。要尽量避免不必要的拖延，在谈判中要抓住一切有利的机会，迅速达成协议。

5. 最低目标原则

在谈判中，遵循最低目标原则是谈判获得成功的基本前提。也就是说，谈判双方在不违背总体经济利益的原则下，按照双方的意愿各自可作适当的让步。从心理学角度看，初次接触与合作，人们最忌讳的是过高的要求和苛刻的条件。只有在相互交往、加深了解之后，信任程度才会逐步加深，才能引发出诱人的合作前景。所以，谈判只要达到最低目标就是成功的。参加谈判的人员必须具有一定实力。谈判实力除了谈判者的声誉、影响、市场环境、竞争条件等以外，口才也是一个重要的因素。它是谈判双方获得信息的重要手段之一，可以使双方达到更好的沟通和交流，并借以说服对方，以达到更好的谈判效果。

（二）谈判的技巧与方法

1. 明确谈判目标

一切谈判的核心目标都是简单而明确的，即争取更多。整个谈判过程都要为这个目标服务，越是能充分达成这个目标的谈判，效果就越好。

2. 谈判策略

策略一：目标至上。明确谈判目标，是谈判的第一步。研究表明，仅仅靠确立目标这一举动，就可以让谈判效果提升25%以上。所以谈判在开始前将谈判目标写下来，随时提醒自己不可偏离目标，而且写下的目标一定要具体，如"我希望可以把价格降低至少20%"就比"我希望争取到更多的优惠"更具体有效。

策略二：了解并重视对手。在谈判前，一定要尽可能了解对方的情况，包括他们当前的处境、需求、文化背景、处事风格、可信赖度等。可以通过角色互换去想一想究竟如何才能有效达成目标。即使对方处于弱势地位，也要给予充分的尊重。

策略三：找出真正的决策者或者有影响力的第三方。有时尽管我们费尽了唇舌，谈判也难以取得任何进展，很可能是与你谈判的那个人并不是真正做决策的人，即使你有千般合理的理由，对方也会为了避免承担责任而拒绝你的提议。

策略四：进行情感补偿。人在做决策的时候，很多时候都是感性因素占据主导地位的，而并非完全理性。谈判过程中，如果能在提出要求的同时，给予一定的情感补偿，让对方也有赢的感觉，那么你的要求会更容易被对方接受。

策略五：利用定位调整偏见。有心理学家做过一个实验：在会议开始时，先让与会人员自由选择座位，然后休息10 min后回来，依然可以自由选择位置，可大多数人还是会回到原来的座位。由此得出结论：人的后续行为很大程度上会受之前"锚"定的行为的影响。根据这个原理，要想在谈判中获得更大的主动权，就要提出尽可能高的条件，把谈判的战场，直接定位到对方的底线，然后在这个定位附近小范围拉锯；即便最终没能按照你所要求的条件成交，对方也会觉得你做出了很大让步。

策略六：用不等价之物交易。每个人所看重的事物各不相同，有的人觉得必不可少的东西对另一些人来说也许就是可有可无的。谈判中，一方将自己重视的东西去交换另一方不重视的东西，就是不等价之物交易。应用这种策略的前提，需要对对方的真实需求有清晰的认知。

策略七：坦诚相对，谨守道德。谈判中忌有任何欺诈、隐瞒或者违规行为，因为谎言迟早要被揭穿，破坏游戏规则一定会付出代价。高度的信任感，才是谈判最重要的筹码。

四、口语表达能力

口语表达能力是指用口头语言来表达自己的思想、情感，以达到与人交流的目的的一种能力。口头语言比书面语言起着更直接的、更广泛的交际作用。现代社会的发展，对人的口头表达能力提出了越来越高的要求。

视频

口语表达的重要性和常见问题

（一）口语表达的重要性

1. 口语表达决定个人生活品质

"一人之辩，重于九鼎之宝；三寸之舌，强于百万之师。"在现代社会，由于经济的迅猛发展，人们之间的交往日益频繁，语言表达能力的重要性也日益增强。我们不仅要有新的思想和见解，还要通过口语表达，清晰地把自己的思想和意念传递给别人，用自己的语言去感染、说服别人。

2. 口语表达决定着职场未来

在这个越来越注重"说"的时代，竞争职位、应聘面试、推销业务、领导别人……都要有说服力。从事各行各业的人都需要口才，对政治家和外交家来说，口齿伶俐、能言善辩是基本的素质。商业工作者推销商品、招揽顾客，企业家经营管理企业，都需要良好的口语表达能力。

3. 口语表达决定着组织发展

现代高度信息化的社会需要其主体之间有充分的交流，优秀的口才能使交流更加有效率，促进社会分工合作的进一步完善，从而为社会发展起推动作用。大到外交、谈判、治国，小到部门管理，都与口语表达密切相关。

（二）口语表达中的常见问题

1. 语速失调

一是口语表达中常有讲话过快的现象。一方面是受方言发音习惯的不良影响，另一方面是当众表达时过于紧张，常常连珠炮似的开讲却不知所云。二是讲话拖沓，让听众着急。有些人在表达时，由于缺乏深思熟虑，边讲边想，耽误时间。

2. 语音不清

表现为语声弱化、虚化，最后一个字的字音消失；发音器官运动不到位造成的语音含混；音节间有再拼合现象；语音发飘，话语朦胧。

3. 语流阻滞

表现为讲话不顺畅，吞吞吐吐，时常有卡壳现象。有时是忘词了，讲了上句，不知下句。有时是思维停滞，语意不清造成话语啰唆重复。

4. 词语匮乏

表现为重复使用某几个词语，不会运用同义词。

5. 语调沉闷

表现为讲话时语调平淡，让人昏昏欲睡。

6. 语义混乱

表现为语义杂乱，语意跳跃，让人不得要领；话语颠三倒四，随意插说，不着边际，东拉西扯，说话跑题。

7. 语态呆板

表现为一是表达时只看稿子，不看听众，与听众没有眼神交流，只管自己唱独角戏，缺乏有效互动。二是表达时就站在台上不动或频繁走动。三是没有手势语或手势单一，重复同一动作，面无表情。

（三）思维能力

1. 思维与语言的定义

思维是人脑的机能，是对外部现实的反映；语言则是实现思维、巩固和传达思维成果即思想的工具。

口语表达是思维的外在形式，是思维的一种工具。思维是语言的内容，没有思维就没有语言。语言表达过程，实际上是把思维的结果表述出来的过程，说话过程就是从内部言语向外部言语转化的过程。

思维和语言的关系是同步发展的关系。思维能力的高低主要体现在思维品质的优劣上。

2. 优秀的思维品质

优秀的思维品质一般包括思维的条理性、广阔性、敏捷性等几个方面。

（1）思维的条理性。

思维的条理性又称思维的逻辑性，指的是思维过程中或考虑问题时遵守严格的逻辑规则或逻辑顺序，把自己的思想表达得层次分明、有条有理、有根有据。要使思维有条理，就应该解决"为什么说，说什么，怎么说；先说什么，后说什么"的问题。在适当的时候留下"思路标记"。

① 表次序的。如："第一……第二……""首先……其次……再次……最后……""……，可见……""总而言之……"等。

② 表关联的。如："既然……那么……""虽然……但是……""宁愿……也不……"等。

③ 表称代的。如："……收到一件礼物，这件礼物……"等。

④ 词语重复的。如："今天光临我们晚会现场的嘉宾很多，有的来自……有的来自……有的来自……"等。

⑤ 词语首尾相接的。如："村子靠着山，山下有个大水库，水库的水流到村前成了小溪，小溪的水……"等。

（2）思维的广阔性。思维的广阔性是指善于全面考虑问题，思路比较宽，要求有丰富的想象力。

（3）思维的敏捷性。思维的敏捷性是指智力过程的速度或速度程度。有了思维的敏捷性，在处理问题和解决问题的过程中，才能够适应急切的情况来积极思维和周密地考虑、正确地判断和迅速地做出结论。在口语表达中主要指从思维向语言转化的速度快，交际中有敏捷的应变能力适应各种情况。

3. 思维的分类

（1）根据思维的不同形态，可以把思维分为动作思维、形象思维和抽象思维。这是心理学中所普遍认同的思维的三种基本形式。

（2）按照探索问题答案方向的不同，可以把思维分为集中思维和发散思维。

（3）按照思维方式是否合乎事物和人的思维发展的一般方向，可以把思维分为正向思维和逆向思维。

（4）按照思维是否具有主动性和创造性，可以把思维分为复制性思维和创造性思维。

（5）从认识论的角度根据哲学界关于物质运动与时间、空间的不可分离性划分，人类思维有两种基本形式，即时间逻辑思维与空间结构思维。其中，时间逻辑思维又可以分为形式逻辑思维和辩证逻辑思维；空间结构思维又可以分为形象思维和直觉思维。

4. 提升口语表达能力

（1）学会倾听。用心去留意，多倾听，看看别人是怎么表达一个话题，如何开始，如何讨论，又是如何结束的。

（2）改善心态。一是要大胆，克服胆怯心理，多与人沟通，要有自信，大胆表现自己；二是要保持好的心态，心态好了，情绪才能够稳定，与人交往沟通才能不紧张。

（3）多练习。一是从语速、语气等开始学习，掌握技巧；二是拓展自己的想象力，平时自己闭目养神的时候，可以让自己的思想插上翅膀，随意翱翔，然后将想象到的内容转化为语言，描述出来。

（4）提升个人素质。平时多积累知识，用知识来提升自己的素质。在与别人说话的时候，语言可以表达得委婉一些，不但可以铿锵有力，也可以有震慑力，只要说到点子上，就可以让人心服口服。在网络沟通中，因无法看到对方的表情和动作，只能靠文字表达，如果仍然按照平常说话的方式，可能就不合时宜。当对方很忙时，可以说"请给我一分钟的时间"。这样或许你就有了交流的机会，只要你的语言够精彩，话题够有吸引力，对方或许就会给你更多的时间来交流沟通。

Ａ 案 例

善于沟通的外卖员

由于外卖送货地址在地图上的定位出现偏差，导致平台系统给某外卖员分配地送往指定位置的时间偏短。该外卖员未到送货地址，指定配送时间即将用完。面对这样的情况，该外卖员的处理方式展现出了较强的沟通能力。他的处理方式是：

第1步：打电话告知顾客情况，外卖会晚一点到达，原因在于"系统定位出现错误"。

第2步：提醒顾客不要点击"未送达"的按钮。

第3步：到达位置后，有礼貌地再一次和顾客说明迟到的原因。

素质园地

在工作中，有许许多多问题，是需要运用沟通能力来进行解决的。本质上而言，和别人进行沟通的意义在于"将对方未知的信息传递给对方，以免对方造成误解"。生活中造成问题的原因往往是"沟通双方之间的信息不对称"。

任务实施

活动1：非语言交际能力测评

活动规则：

（1）认真阅读下面每一句话，然后在题目后面的空格内填上得分。

（2）依据个人实际情况，进行打分。

（3）每题只能选一个答案，请勿漏选、多选。

（4）最后将选择所对应的分数相加，得出自测总分。

活动要求：

（1）提前了解沟通中的非语言交际的重要性和具体形式。

（2）每个人进行自测，在不假思索的情况下打分，形成自我认知。

（3）同桌相互交流各自得分，请同伴进行评价。

（4）每人填报测试反馈单，吸纳同伴合理化建议并坚持改进。

时间：15 min。

活动实施：

第1步：按照下列标准，给每个句子打分。

1．从不；2．有时；3．通常是这样；4．总是这样。

问　　题	得　分
我在听人讲话时我保持不动，我不摇晃身体，我不摆动自己的脚，或者表现出不安定	
我直视讲话者，对目光交流感到舒服	
我关心的是讲话者说什么，而不是担心我如何看或者自己的感受如何	
欣赏时我很容易笑和显示出活泼的面部表情	
当我听时，我能完全控制自己的身体	
我以点头来鼓励讲话者随便说或以一种支持、友好的方式来听他的讲话	
总分	

第2步：同桌之间交流各自的得分，并给出建议。

第3步：填写测试反馈单，强化自我认知。

活动分析：

如果得分大于15分，则非语言性技巧非常好；如果你的得分在10～13分之间，说明处于中间范围，应该有一定的改进；如果得分低于10分，那么请学习聆听技巧。

测试反馈单

我 的 问 题	同桌的意见与建议
◇	1.
◇	2.
◇	3.
...	...

活动2： 案例分析训练

活动规则：

（1）结合下面的案例进行分析，明确沟通中常见的问题。

（2）建立四人学习小组，组内进行角色扮演。

（3）随机抽取四个小组进行汇报。

（4）各小组对本组"组内交流任务单"和角色扮演情况进行自评，对小组汇报情况进行二分制评分。

活动要求：

（1）详细阅读案例。

（2）进行小组分工，设置组长、监察者、记录员、A、B、C等角色，形成学习团队。

（3）同伴互助。以小组学习为单位，针对问题情境中的三个问题进行研讨，并在组内进行交流。

（4）每个小组填报"组内交流任务单"，小组代表在全面进行汇报。

活动实施：

第1步：阅读案例。

有一个奶制品专卖店，里面有三个服务人员，小李、大李和老李。三人的工作任务是卖掉今日生产的奶制品。一天，一位顾客走进专卖店，服务人员面带笑容迎了上去。

小李的沟通方式：当客户进来时，小李面带微笑，主动问长问短，一会儿寒暄天气，一会儿聊聊孩子的现状，总之聊的是一些与购买奶制品无关的事情。

大李的沟通方式：他主动对客户说，我能帮您吗？您要哪种酸奶？我们对长期客户是有优惠的，如果气温高于30 ℃，您可以天天来这里喝一杯免费的酸奶。您想参加当前优惠活动吗？

老李的沟通方式：他和客户会谈论客户日常饮食需要，问客户喝什么奶，是含糖的还是不含糖的。老李总会找到一种最适合客户的奶制品，而且告诉客户如何才能保持奶的营养成分。

（1）上述三种沟通，你认为哪种方式最有效？

（2）这三种方式之间的内在联系是什么？

（3）职场常见的沟通问题有哪些？

第2步：建立学习小组，组内进行角色扮演。小组内学生交流演练的体会和感受。

第3步：小组填报"组内交流任务单"。

组内交流任务单

项　　目	要　　点	要点说明	小组自评
职场沟通常见的问题	1. 2. 3. 4. 5. 6. …		
合计	要点××个		××分

记录员：

第4步：展示汇报。

每个小组的报告员代表本组进行学习成果汇报。对于每个小组提出的疑问，其他小组可以介绍解决办法。聚焦学习主题，通过交流，拓宽视野，深化对设计安全沟通环境要点的理解。

第5步：学习评价。

过程性评价量表（小组自评、互评标准）

评价内容	4分	3分	2分	1分
要点评价	要点准确、合理；且满足有效环境建设要求；要点数量四个以上	要点准确、较为合理；且满足有效环境建设要求；要点数量三个	要点准确、基本合理；且满足有效环境建设要求；要点数量两个	要点准确、基本合理；且满足有效环境建设要求；要点数量一个
问题意识	在小组活动中能够提出问题三个以上，问题针对性强，且具有问题解决的办法，办法具有可行性	在小组活动中能够提出两个问题，问题针对性强，且具有问题解决的办法，办法具有可行性	在小组活动中能够提出一个问题，问题针对性较强，且具有问题解决的办法，办法具有较强可行性	在小组活动中未能提出问题，且没有提出问题解决的办法
同伴合作	与小组伙伴合作密切，合作效果好	与同组伙伴有合作，合作效果较好	偶尔与同组伙伴有合作，合作效果一般	没有与同组伙伴进行合作
自我反思与改进	形成了完善的自我反思，且包含全部细节描述，改进明显	基本形成了自我反思，且包含一些细节描述，有所改进	基本形成了自我反思，但没有细节描述，有所改进	没有自我反思和改进

活动3： 角色扮演训练

活动规则：

（1）明确场景，确定角色，需要在15 min内完成角色扮演。

（2）角色扮演者六人，在班级内随机抽签决定。

（3）确定观察员一人，现场采访角色扮演者，并记录角色扮演后的感受。

（4）班级建立四个学习小组，各组进行组内讨论，讨论结果由小组代表并在班级发布。

活动要求：

（1）组建团队，在每个场景中两人一组。

（2）交换角色，然后再做一遍。

（3）班级学习小组讨论，形成关于沟通技巧的最佳方案，并在班级进行模拟沟通。

时间：20 min。

场地：室内

活动实施：

场景一：A要将公司的某件商品卖给B，而B则想方设法地挑出本商品的各种问题，A的任务是一一回答B的这些问题，即便是一些吹毛求疵的问题也要让B满意，不能不顾及B的心理感受，伤害到B。

场景二：C已经将某商品买了回去，但是商品出现了一些小问题，需要进行售后服务，C讲了很多对该商品的不满的理由，销售员D的任务是帮他解决这些问题，提高他的满意度。

场景三：前两天办公室里两个同事吵起来了，起因是同事E自嘲春节一过又胖了两斤，同事F哈哈大笑说："什么两斤啊，你这是胖了十斤吧！"然后E就生气了……

第1步：分组，在组内确定角色和观察员。六个角色进行扮演前的准备。

组内可以进行讨论，形成对每个角色的意见，提供给角色扮演者参考。学生深刻理解角色，进入状态。

第2步：依次进行角色扮演。角色对调，进行第二轮表演。

第3步：学习小组讨论。

（1）对于A来说，B的无礼态度让你有什么感觉？在现实的工作中你会怎样对待这些顾客？

（2）对于C来说，D怎样做才能让你觉得很受重视、很满意？如果在交谈的过程中，D使用了"不""你错了"这样的负面词汇，你会有什么感觉？谈话还会成功吗？

（3）沟通中有哪些要避免的情形？

第4步：沟通分享

以学习小组为单位，结合上述合作学习和角色扮演，面向全班分享沟通的知识、心得、体会和感悟等，同时邀请角色扮演中表现突出的同学进行现场采访（分享），激发其他成员的参与度与积极性。在沟通分享时，需要提前做好相应准备。每组同学需填写沟通分享任务单。

沟通分享活动程序

序　号	项　目	内容与要求
1	我的分享内容	为了保证分享质量，在进行沟通分享之前，应该确定分享的内容和形式
2	分享准备	制作个人分享PPT
3	分享热身	1. 学生推选分享主持人； 2. 分享主持人对分享活动进行暖场，营造良好的分享氛围，同时对分享同学和内容进行介绍，引导其他同学做好倾听准备
4	分享控制	1. 分享前，制定并发布分享规则； 2. 在分享过程中，如出现干扰因素，控制人员需要及时处理，维护分享秩序
5	分享互动	1. 提前安排活跃气氛的人，避免冷场； 2. 如分享嘉宾设计了互动环节，主持人需要积极引导
6	分享评价	分享结束后，各小组按照4321原则对各组分享人进行评分

活动分析：

学生角色扮演，场景一、二呈现的都是商品的推销和售后服务争端，怎样才能跟顾客进行很好的沟通，让他们对公司的产品感到满意，如何解决这些问题，沟通就显得非常重要了。运用有效沟通的原则与方法，在具体情境中进行训练，让对方感同身受，才能打动对方，最终实现沟通目的。

项目实训

实训1　列举网络礼仪的优秀案例

实训目的

（1）了解网络社交礼仪的内容与分类。

（2）了解网络社交礼仪的基本要求。

（3）培养团队合作精神、沟通能力、语言表达能力。

实训内容

（1）以小组为单位，收集两个网络社交礼仪中的优秀案例，并分析、点评成功的原因。

（2）请每个小组列举出网络社交礼仪中的五个好做法。

实训要求

（1）分组进行：每组3~5人，选取一名组长。

（2）实训形式：制作PPT，各小组讲解。

（3）成果要求：小组展示PPT，编写完成网络社交礼仪典型案例。

考核评价

完成汇报后，小组互评、教师点评。

实训 2　情境模拟训练

实训目的

（1）掌握网络沟通的方法。

（2）能够根据具体情境，进行网络沟通。

（3）熟悉网络沟通技巧并尝试应用推广。

（4）树立正确的网络沟通意识，养成良好沟通习惯。

（5）培养团队合作精神、沟通能力、语言表达能力。

实训内容

情景一：同学之间。你在匆忙中撞了一个同学，你还没有来得及道歉，对方就生气地说："喂，你干嘛撞我？"（真诚有礼）

情景二：何老师平时比较严肃，同学们希望她上课能够和蔼些，该怎么告诉老师呢？（尊重理解）

情景三：你和妈妈在分享学校的事情，妈妈一边忙碌，一边心不在焉地听你讲话，你说得正高兴，她却突然问："啊？你刚才在说什么呢？"

情境四：听到或遇到这样的情况，你该如何处理？

（1）我都是为你好。

（2）你老是……，你从来就……，你总是……。

（3）想去改变别人，让别人必须听自己的。

实训要求

（1）分组进行：每组3~5人，选取一名组长。

（2）实训形式：小组合作学习，收集资料，制作语言沟通技巧清单并进行讲解。

（3）成果要求：小组展示分析报告，形成语言沟通技巧清单。

考核评价

提交语言沟通技巧清单并完成汇报后，小组互评、教师点评。

实训3　跟领导要名额

某公司为了奖励工作业绩突出的优秀员工，准备组织一次省外考察活动，每个部门有名额限制。你作为部门主管，目睹了属下员工的勤奋工作，想为属下争取两个名额。你该如何与部门经理进行沟通？

项目总结

网络社交是互联网营销师必备的一项基本素养，为了提高大家的社交礼仪和沟通能力，这一项目介绍了网络社交礼仪、网络沟通的概念、分类和基本要求，了解网络社交礼仪的基本要求，掌握了网络有效沟通的原则与步骤。通过学习与实践，同学们基本能够进行网络社交，能够熟练运用沟通技能，并能够在具体情景中进行有效沟通。希望你通过对网络社交素养的学习，能够养成良好的网络社交礼仪习惯，提高网络有效沟通能力，并形成良好行为习惯，在网络社交中传承中国文化。

素养测试

1. 下列不属于直播形象装扮分类的是（　　　）。

   A. 普通装扮　　　B. 通常装扮　　　C. 个人装扮　　　D. 专用性的装扮

2. 做一个讲文明懂礼貌的主播要求具备（　　　）。

   A. 非专业能力　　B. 表达能力　　　C. 个人魅力　　　D. 得过且过

3. 穿衣搭配介绍包括（　　　）。

   A. 对比色搭配　　B. 近似色搭配　　C. 互补色搭配　　D. 非同类色搭配

4. 网络主播的专业知识不包括（　　　）。

   A. 形象知识　　　B. 企业公众形象　C. 产品知识　　　D. 品牌方产品发展史

5. 主播的语言素养包括（　　　）。

   A. 语速适中　　　B. 语速缓慢　　　C. 语速急促　　　D. 语速忽快忽慢

6. 一个完整的沟通过程包括（　　　）。

   A. 信息发送、接收　　　　　　　　B. 信息发送、反馈

   C. 信息发送、接收、反馈　　　　　D. 信息接收、反馈

7. 积极聆听是指（　　　）。

   A. 一边听一边与自己的观点进行比较进行评论

   B. 边听边想自己的事情

   C. 设身处地的聆听

   D. 选择性的聆听

8. 以下不属于反馈的是（　　　）。

   A. 给对方提建议　　　　　　　　　B. 表扬对方

   C. 对他人言行的解释　　　　　　　D. 鼓励对方

项目四
团队协作素养训练

项目导入

　　某公司是一家互联网公司，其旗下产品有多款移动App。其中A软件是由该公司孵化的一款音乐创意短视频社交软件，也是一个面向全年龄的短视频社区平台，用户可以通过这款软件选择歌曲，拍摄音乐作品形成自己的作品。该公司在打造该App时，招贤纳士组建运营团队，注重团队成员之间协作能力的培养，通过培训、轮岗等形式训练团队的协作素养，使得该公司拥有一支能力、素质强大的新产品运营团队。有了这样一支战斗力强的运营团队，该软件上线之后，用户数量达8亿左右。可见飞速发展的互联网企业对团队成员能力素质要求之高，企业的团队建设、员工协作能力的培养至关重要。

学习目标

知识目标：
（1）复述领导力的内涵与构成要素，解释领导力缺失的表现。
（2）复述团队的内涵、特征与团队建设阶段。
（3）描述团队管理中团队架构的搭建方法。
（4）描述团队管理中考核标准设计方法。
（5）描述团队管理中评价体系建立方法与互评机制建立方法。
（6）描述团队管理中文化理念建立方法与管理规范制定方法。
（7）描述工作协调的内涵，列举类型、协调方式。
（8）认识合作，解释合作意识，列举团队合作的技巧。
（9）描述团队分工的调整方法，复述团队协作规则。
（10）认识工作准备中团队协作风险，复述应对计划制定的方法。

能力目标：
（1）能够评价自己的领导力水平，找出提高领导力的方法和途径。

（2）能根据业务需求搭建团队，并开展团队建设。

（3）能制定团队考核标准。

（4）能建立员工的评价体系、员工相互评价机制。

（5）能建立团队文化理念，制定团队管理规范。

（6）能有效地进行横向、上下级工作协调。

（7）能应用团队合作技巧，解决跨部门协作的问题。

（8）能制定现场技术团队协作规则。

（9）能根据业务方向调整团队分工。

（10）能评估团队协作风险，制订并执行风险应对计划。

素质目标：

（1）具有一定的领导力、组织能力，能够树立、提高个人权威。

（2）具有合作意识、事业心、责任感，职业道德高尚，有一定的人文修养。

（3）具有较强的判断力，能察觉环境中的因素变化，逻辑思维敏捷。

（4）可以发现人的心理规律，善于处理人事关系。

（5）具备观察、理解和处理各种全局性的复杂关系的抽象能力。

项目实施

●●●●● 任务 1　提升领导力 ●●●●

任务解析

本任务主要是对互联网营销师领导力的训练，学生通过完成"批判性思维""胜利墙"两个活动，具备一定的领导力。通过培养学生的领导力，可以提高他们的整体素质、综合能力，让学生树立大局观念，促进上进心、竞争意识的形成。

知识链接

一、领导力的内涵

（一）概念

视频

领导力的内涵

领导力指在管辖的范围内充分利用人力和客观条件，以最小的成本办成所需的事，提高整个团体办事效率的能力。其内涵是不断探求真实，不懈建立信任感。

（二）类型

1. 指令型领导力

该类型的领导要求立即服从。他们行事的风格源于成功导向、主动性和自我控制力。这类领导力最适用于危急时刻，如公司面临倒闭或应对自然灾害等紧急状况。总体来讲，该类领导者给团队带来消极情绪，容易导致员工不满，打消公司创造性与灵活性，应尽可能避免。

2. 愿景型领导力

该类型的领导强调愿景或者目标，并带领下属为之奋斗。他们自信，富有同理心，并有变革催化的力量。当组织有新的愿景或者明确的发展目标，或者团队没有得到明确的工作指导时，这类领导力便能充分发挥效益。该类领导力能够激发创业精神和对任务蓬勃的热情。但当员工都已经是各领域的专家，并在很多方面超越了领导者的知识水平或者办事能力时，该类领导力便无用武之地。

3. 亲和型领导力

该类型的领导和下属建立亲密关系和情感纽带。他们非常有同理心，具备良好的沟通与建立关系的能力。他们为组织带领和谐的气氛，使员工得到对组织的从属感和依附性。这类型的领导力适于团队需要重组或内部分裂时提高团队凝聚力，也可用于高压力状况下，鼓励员工士气。然而，该类领导类型并不是团队的万全之策，过分鼓励与滋润的环境会使员工懈怠，并不能百分百尽全力达到最佳业绩。

4. 参与型领导力

该类型的领导通过鼓励员工或他人的参与达成共识。他们拥有很强的团队合作能力，带领团队的能力和沟通能力。当组织需要团队来掌控一项计划或者共同完成一个目标，而领导者对计策不是很确定，需要从员工方面得到建议时，该类领导力最能争取员工的支持并且达成共识，鼓励员工献计献策。但危急时刻，尤其是时间有限的情况下，或者当员工不能得到对项目或者组织目标的明确、完整信息的时候，该类领导力不能有效发挥作用。

5. 领跑型领导力

该类型的领导往往建立很高的业绩标准。他们很勤勉，有很强的成就导向和主动性。该类领导力最适用于团队已经具有很高的主动性和专业能力，能够共同快速地达到目标。然而，过高的要求或许会打消员工的积极性，使员工无法应对挑战，也打压了团队的创新能力。

6. 辅导型领导力

该类型的领导能够为组织培养未来的人才。他们有很强的自我认知能力、培养他人的意愿以及同理心。他们更适合加强队员的个人优势，从而帮助提高业绩表现，以使组织成长壮大。但是，如果员工本身不思进取，不愿意有所改变，或者没有自信学习新鲜知识，该类领导力无法得以有效实施。

（三）特征

1. 责任心

责任心是一个人自我实现的动力。具有较高责任心的个体倾向于专注结果，通过周全的计划，确保成就的达成。

2. 韧性

具备心理韧性的领导者，在面对高强度的压力时，仍能保持乐观和内心的稳定，从而避免因情绪问题产生对事物的误判。领导者能够保持情绪和心境的稳定，关注组织的发展与未来，以确保策略的正确输出。

3. 好奇心

好奇心是战略分析必不可少的特质，学习和探索的愿望是领导者必备的人格基础。高瞻远瞩的组织战略植根于领导者对行业、公司及现有人才技术的深刻理解。

4. 开放与接纳

高速商业发展带来的不确定性和变化越来越多，领导者必须有能力倾听不受欢迎的或相对模糊的见解，在模糊信息中仍能判断与发现真实有效的信息。

5. 竞争力

具有高竞争性的个体的典型需求是获得权力、影响力和他人的认可。对于组织发展而言，领导者的好胜心与竞争力是促进团队发展的关键因素，但要适度。

素质园地

谈三国"创业者"刘备的卓越领导力

在三国那段波澜壮阔的历史时期，刘备这位"创业者"以知人善任而声名远扬，那么，他究竟有着怎样令人瞩目的领导力？刘备的领导力具体展现在哪些方面？

其一，敬重贤能之人，以真情实意打动人。在对待人才方面，刘备堪称典范。黄忠、诸葛亮等人，都是被刘备的真挚情感所触动。要知道，刘备三顾茅庐之际，他已47岁，而那时的诸葛亮年仅27岁。后期黄忠为刘备奋勇拼杀，诸葛亮也全力协助刘备。

其二，善于识别任用人才，果敢放权。刘备知人善任的典型事例就是对马谡的认知。再说大胆放权，刘备将大权交予年仅27岁的诸葛亮，这是何等宽阔的胸怀！

其三，兼容并蓄，用人不疑。刘备手下的大部分将领都极具个性，如聪慧过人的诸葛亮、忠义双全的关羽、粗中有细的张飞、老当益壮的黄忠……对于这些个性鲜明之人，刘备心胸开阔，善于包容与体谅。

（四）领导力的构成要素

领导力的构成要素有感召力、前瞻力、影响力、决断力、控制力，如图4-1-1所示。

图 4-1-1　领导力的构成要素

1. 感召力

感召力是最本色的领导能力，管理学理论中最经典的特质论研究的核心主题就是感召力。感召力主要来自以下五个方面：

（1）具有坚定的信念和崇高的理想；

（2）具有高尚的人格和高度的自信；

（3）具有代表一个群体、组织、民族、国家或全人类的伦理价值观和近于完美的修养；

（4）具有超越常人的智慧和丰富的阅历；

（5）不满足于现状，乐于挑战，对所从事的事业充满激情。

2. 前瞻力

前瞻力从本质上讲是一种着眼未来、预测未来和把握未来的能力。具体分析，前瞻力的形成主要与下述因素有关：

（1）领导者和领导团队的领导理念；

（2）组织利益相关者的期望；

（3）组织的核心能力；

（4）组织所在行业的发展规律；

（5）组织所处的宏观环境的发展趋势。

3. 影响力

影响力是领导者积极主动地影响被领导者的能力，主要体现为：

（1）领导者对被领导者需求和动机的洞察与把握；

（2）领导者与被领导者之间建立的各种正式与非正式的关系；

（3）领导者平衡各种利益相关者特别是被领导者利益的行为与结果；

（4）领导者与被领导者进行沟通的方式、行为与效果；

（5）领导者拥有的各种能够有效影响被领导者的权力。

4. 决断力

决断力是针对战略实施中的各种问题和突发事件而进行快速和有效决策的能力，主要体现为：

（1）掌握和善于利用各种决策理论、决策方法和决策工具；

（2）具备快速和准确评价决策收益的能力；

（3）具备预见、评估、防范和化解风险的意识与能力；

（4）具有实现目标所需要的必不可少的资源；

（5）具备把握和利用最佳决策及其实施时机的能力。

5. 控制力

控制力是领导者有效控制组织的发展方向、战略实施过程和成效的能力，一般是通过下述方式来实现的：

（1）确立组织的价值观并使组织的所有成员接受规范；

（2）制定规章制度等规范并通过法定力量保证组织成员遵守这些规范；

（3）任命和合理使用能够贯彻领导意图的干部来实现组织的分层控制；

（4）建立强大的信息力量以求了解和驾驭局势；

（5）控制和有效解决各种现实的和潜在的冲突以控制战略实施过程。

（五）领导力缺失的表现

1. 凡事都过问，凡事都要管

作为领导，最重要的工作是管理好人，具体的工作更多的是交给下属，而领导监督。如果领导干预下属的具体工作，无疑会直接打乱下属的工作，导致下属凡事都要等命令，导致不仅员工累，而且领导累，且易出错。

2. 工作失误，责备员工

在工作中员工难免会出错，身为领导者，应该帮助员工分担部分责任，更应该帮助员工找出原因，纠正错误。假如一位领导一旦工作出了问题，只知道责备员工，那么不仅对工作的改进没有帮助，而且会极大地伤害员工的自尊。

3. 不能容忍员工的意见

常言道"金无足赤，人无完人"。人都有缺点，缺点不可怕，可怕的是不能正视自己的缺点。职场上存在一些领导听不进意见，独断专行。

4. 总认为员工在为他"拖后腿"

在职场中，每个人的能力都不一样。身为领导者，要完成工作，员工的配合与协助是不可或缺的。而且有些领导，一旦工作不顺利，就认为是员工在给他"拖后腿"。事实上，也可能是领导的协调和组织出现了问题。一个好的领导永远不会觉得哪个员工"拖后腿"。每个员工在好领导眼里都有充分发挥自己能力的岗位。如果工作中有能力不足，好的领导也会认真教导员工提高能力的方法。

5. 工作不顺利，加大考核力度

考核不是目的，而是一种手段。如果工作中出现错误，被领导考核是必然的。但如果作为领导经常使用考核作为管理手段，不仅员工会越来越无聊，还可能会产生逆反心理，直接导致考核无用。

（六）提高领导力的途径

1. 坚持学习

即使身处高位，依然要坚持学习，因为学习不仅能增长学识，还能促使你成长为一个有魄力的领导人，更好地带领下属奋进。

视频

提高领导力的途径

2. 品德修养

中国人一向推崇"以德服人"的行为，而好的德行源于个人的思想品德修养。一个品德好的人应是明辨是非、利己利人、舍己利人、讲诚信礼仪、智勇双全、爱国报国的。美德是领导力的源泉。

3. 率先垂范

行动的感召力和影响力强于语言，这是人的一种天性。作为领导者，下属将表现出"马首是瞻"，无论发生何事，领导都应走在团队的最前方，学会承担责任与善于指挥，形成一股号召力，让下属感受管理的领导风范，信任领导的能力。

4. 关心下属，善待员工

要成为一名成功的领导人，离不开员工的拥护与爱戴。要收获员工的爱戴，首先要爱护员工，善待他们，令他们感受到领导的关爱。管理的本质就是感动下属。感动下属需要沟通、关心、肯定、承担责任、站在下属的立场思考问题。

5. 知人善任

真正的领导都是懂得人性的人，他们都知道"用人所长"，而包容下属的短处和缺点。

6. 目标高远

真正的领导，一定懂得利用远大的目标激发下属的潜能，最大限度地去提升组织的绩效。

7. 善于营造和谐气氛

作为一名领导者，要能够在部门内部营造出和谐宽松的氛围，大家在一起共事，没有更多的压力，而是为自己能够成为其中的一名成员而感到自豪和骄傲。

8. 调动下属积极性

领导者最重要的就是如何对待员工，员工是资源，如果利用好，就会创造出巨大的生产力，但是，如果调动不好，就会让自己变得孤立。

9. 具有良好的沟通能力

作为领导者，主要的工作任务就是做好上传下达，也就是说，要做到在领导和下属之间的平衡点，在领导面前维护下属，在下属面前维护领导，让双方变得更加和谐。

10. 注重团队合作共赢

应该注意培养自己的团队，在很多时候，大家一起努力，最终业绩做好了，无论是领导者，还是一般员工，都会得到很好的收益，否则，无法实现团队凝聚力。

11. 具有大局和全局意识

想要成就一番事业，就必须能够放下一些利益，不要总是只顾眼前，要有大局观。

二、领导的实质与手段

（一）领导职能

领导职能，即领导所属人员去实现组织的目标。这是中基层管理者最经常性的职能。

1. 领导

领导是指管理者指挥、带领和激励下属努力实现组织目标的行为。这个定义包含三方面内容：

（1）领导的主体是组织的管理者，领导的客体是管理者的部下，有部下并对其施加影响才可称为领导；

（2）领导的作用方式是带领与影响，包括指挥、激励、沟通等多种手段；

（3）领导的目的是有效实现组织的目标。

领导实质上是一种对他人的影响力，即管理者对下属及组织行为与心理的影响力。这种影响力能改变或推动下属及组织的行为，从而有利于实现组织的目标。这种影响力可以称为领导力量或领导者影响力，管理者对下属及组织施加影响力的过程就是领导的过程。

领导作为一种影响力，其施加作用的方式或手段主要有指挥、激励和沟通。

2. 指挥

指挥是指管理者凭借权威，直接命令或指导下属行事的行为。指挥的具体形式有部署、命令、指示、要求、指导、协调等。指挥具有强制性（不同程度的）、直接性、时效性等特点。指挥是管理者最经常使用的领导手段。

3. 激励

激励是指管理者通过作用于下属心理来激发其动机、推动其行为的过程。激励的具体形式包括能够满足人的需要，特别是心理需要的种种手段。激励具有自觉自愿性、间接性和作用持久性等特点。激励是管理者调动下属积极性，增强群体凝聚力的基本途径。

4. 沟通

沟通是指管理者为有效推进工作而交换信息、交流情感、协调关系的过程。具体形式包括信息的传输、交换与反馈、人际交往与关系融通、说服与促成态度（行为）的改变等。这是管理者保证管理系统有效运行、提高整体效应的经常性职能。

管理者经常进行各种大量的协调工作。但是，一些工作形式与上述三种领导手段有一定程度的交叉。所以，这里主要介绍指挥、激励和沟通这三种基本领导手段。

（二）团队的含义与特征

团队是现代社会条件下最富活力的高绩效组织形式，是现代条件下合作的高级形式。团队管理带来管理者职能与方式的深刻变革。

企业大都建立传统的垂直式、功能化的组织模式。它是一种包含多层次的金字塔结构，实行一种高权威、高结构、逐级负责的纵向管理，称为"命令型"群体。在经济全球化、信息化，市场竞争激烈化、快速化的条件下，这种传统的组织模式已明显不适应。打破僵化的分工与等级制，凸显合作、自主与协调，成为时代的趋势，扁平式的团队管理组织应运而生。

1. 团队的含义

团队是指有明确目标与个人角色定位，强调自主管理、自我控制、沟通良好、和谐合作的一种扁平型组织形式。

2. 团队的特征

"团队"与"命令型"组织相比，其本质差别与显著特征有：

（1）在组织形态上，团队属扁平型组织。实行团队模式的企业，管理层次较少，取消了许多中间管理层次，以保证员工可以直接面对顾客与公司的总目标。

（2）在目标定位上，团队有明确的目标，每个成员有明确的角色定位与分工。团队成员的角色主要有三种：以工作为导向的角色，其主要任务是促进团队目标的实现；以关系为导向的角色，其主要任务是促进团队各种关系的协调与发展；以自我为导向的角色，其主要任务是注重自我价值的实现。

（3）在控制上，强调自主管理、自我控制。在团队中，领导者逐步由监督者变为协调者，团队成员充分发挥主动性、创造性，为满足顾客的需要与实现企业的总目标而自觉奋斗。

（4）在功能上，形成一种跨部门、交叉功能的融合体系。团队由来自不同部门的成员组成，淡化原有界限，实现功能交叉与融合，多种技能互补，进行高度融合的协同作战。

（5）在相互关系上，构建和谐、合作的团体。团队成员有共同的价值观与理念，建立良好的沟通渠道，相互之间高度信任，团结合作，整体协调，形成强大的凝聚力与战斗力。

3. 团队的分类

按照不同的标志，可以将团队划分为多种类型。但是最基本的划分方法是：按照团队的基本功能，将团队划分为工作团队、项目团队、管理团队。

（1）工作团队。是最基本、最普遍的团队形式。工作团队主要承担企业生产经营等基本工作任务，如设计、制造和储运、销售产品，或提供服务给其内外客户，并按这些工作任务组成团队。工作团队由组织明确定义其职能，并由全职稳定的成员所组成。在制造业中，一个工作团队应该包含一组接受过多重技术训练的操作员，他们可以从事某种特殊商品生产所需要的所有工作。

（2）项目团队主要承担某个工作项目或解决特殊问题等专题性任务，如特别任务小组、流程改善小组、特定问题解决小组等。项目团队的成员大多是从一两个工作团队中吸收而来，往往是暂时性的。该团队成员一般具有专门知识与技能，可以发挥专业与技能整合优势。

（3）管理团队主要负责对下属一些部门或人员进行指导与协调。管理团队依靠与传统的"命令型"组织的集权式的纵向管理不同的方式，管理下级或改善团队的绩效，促进团队的协调与整合，管理者从监督者变成协调者。管理团队既包括组织最高层这样的专司管理职能的团队，又包括质量管理小组、稽核小组等由兼职人员组成的团队，还包括由组织的资深经理人以及来自不同的跨部门与部门工作团队的领导者组成的管理团队。

（三）团队架构的搭建

在创业过程中，一支优秀的创业团队是最重要的力量。在团队建设的过程中，存在着招人难、管理难、赢得人心难等实际问题，那么，如何才能建设一支强大的创业团队呢？

● 视频

团队架构搭建

1. 团队架构设计

一个有利于创业型公司的架构设计，可以让整个创业团队直指目标，能快速地发展，团队之间的协作也会更加轻松。初创公司一般可用人力较少，比较提倡扁平化的架构，这样的架构是创业型公司最优先的选择。

根据已经设计好的组织架构，确定每个职能部门的岗位分工，做好各个岗位的定岗定编工作，出具基本的岗位说明书，描述各岗位需求的人才特征。

根据团队各个职能的重要程度，将各职能岗位分成核心、骨干、普通三种。

2. 利益分配机制

根据组织架构及职能岗位分层的不同，设定一套分配合理、有竞争性、有吸引力的利益分配方案，让各职能岗位既好招人，员工又有主观的积极性。

3. 找到合适的人

真正重要的核心人才，很多都是可遇而不可求的，大家在创业起步前，一定要做好核心团队资源的储备，形成团队的人才的核心竞争力。

利用当前的各种招聘渠道、定向"挖"人，或者通过熟人介绍等方法进行人才的招募。通过简历、面谈、背调等方式了解目标对象，经过招聘筛选的过程，找到适岗的人才，再予以试用。

这里要注意，由于优秀的人力资源经理较少，所以不要让人力资源部门做用人决策，只让他们做人事工作即可。否则，他们或许会成为架空组织招募真正人才的部门。将用人的主要权力交给用人部门。

4. 团队紧密沟通

团队刚刚组建，只是完成了聚人这一步，同时也意味着成本的增加。为了团队能发挥出每个人的价值，创业者一定要与整个团队保持紧密的沟通。即使是基层员工，也要从事上去观察他们是否适才适岗。紧密的沟通可以让你能深入地识人、开发团队人才、找到问题的关键、做好各项工作。

5. 培育团队人才

要注重人才的培养，要经常组织各种业务培训、产品培训、技能培训、新人培训等，让新人能尽快地开始基础工作，让员工能快速提升业务水平，让团队通过培训能胜任自己的工作岗位需求。

6. 凝聚团队人心

团队成员之间要建立紧密的依存关系，包括工作关系和私人感情关系两种。让工作和生活能更多地融合，大家荣辱与共。

要创造一个轻松自由、积极进取的工作氛围，让大家在这个团队里有归属感，能为自己是团队的一分子而感到自豪。

7. 团队统一思想

要让员工了解，这项事业是很有前途的，虽然是创业型的公司，但是公司在行业里会成为一匹"黑马"，各种制度、资源都是完善的。

每个人都要知道团队的整体大目标、自己的小目标，明白自己的岗位职责、知晓协作同事的岗位职责，合规工作，能担当己任。

制定务实、可落地的企业观、企业宗旨、企业精神，让企业文化走进每个人内心，得到大家的认同，自己能够做好榜样、带领团队时刻践行着这些企业文化。

8. 团队统一行动

工作行动要听统一指挥。为了更大的工作效率，行动要有目标，有方法，有标准，有考核，目标未达成要复盘，方法不对要改策略，标准不行要调整，考核不合理要优化，态度不行要抓思想，行动不利要问责。

人是有惰性的，初创团队切勿采用"放羊式"的方法全凭自觉。只有统一的行动，才能以最快的速度达成团队的工作目标。

（四）团队建设的阶段

团队建设一般包括以下四个阶段。

1. 探索阶段

工作团队建立伊始，管理阶层所任命的正式监督者仍会对团队的各种活动进行指挥与控制。按照现代团队的理念与模式进行教育与训练，逐渐地，这位监督者的职责会先被分派给某些团队成员，然后再分散至所有成员。团队成员必须解决属于自己团队中的问题，而监督者与团队领导者只负责提供技术方面的教授与训练，团队成员无法再依赖他们来解决问题。

2. 雏形阶段

团队逐步形成一些有关合作的基本规定或标准，团队工作人员的归属感越来越强，并以合作来取代竞争，沟通的职能强化，彼此之间的信任也逐渐加深。团队成员开始注重彼此关系的维持，生产效率提高了。随着团队成员担负起更多与团队每日运作管理有关的职责，团队领导者的角色逐渐由监督者变为协调者。团队的成员开始接管一些较为重要的管理工作，发展团队意识，解决团体内部冲突，在无监督者指示情况下做出决定，并且从事一些改革政策、流程以及与执行例行工作方法相关的活动。

3. 成长阶段

随着团队建设的深入，团队信心大增，团队成员了解了自己的角色与他们必须完成的任务。团队开始发展，并且利用建构好的流程与方式来进行沟通、化解冲突、分配资源，处理与其他团队的关系。在这个阶段，团队领导者（或称协调者）脱离了团队，不再直接控制团队的活动。而团队成员则担负起制定例行决策的责任，根据不断积累起来的经验，他们能够正确地处理这些管理问题。

4. 成熟阶段

进入这一阶段，团队已经步入成熟。第一线的监督者角色消失殆尽，团队成员完全负责团队的整个工作。除生产经营等基本工作职能外，他们还担负起那些较大范围的行政、财务、人事等工作，并且尽量在不让外力介入的情况下，解决在技术与其他方面所遭遇到的问题。团队有很大的自主性，有较为完整的决策权，可以按照自己的意愿行事，高效地实现团队的目标。

（五）团队建设的要领

要建设有效团队，应注意抓好以下工作。

1. 科学地设定目标

科学地设定团队的目标，是团队建设的首要任务。团队的目标既是团队设立的出发点与归宿，又是凝聚团队成员、合作协调、团结奋战的纽带。设定团队的目标要先进合理，既要可行，又要具有挑战性，以激励团队成员合作奋战，并尽可能使成员的个人目标与团队的目标紧密融合。

视频

团队建设要领

2. 打造团队文化

共同的文化是团队建设的灵魂。首先，要践行社会主义核心价值观，并通过各种文化建设的途径，使全体成员共同认可，进而塑造健康向上的团队精神，全面建设具有本团队特色的组织文化。

3. 促进跨部门整合与技能互补

要根据目标的要求，科学设计不同部门之间成员的组合，注重成员技能的培养，促进不同技能间的互补，以形成团队的整合优势。

4. 维持小规模的团队

如果团队的规模过大，就无法进行团队所需要的建设性沟通与互动，成员对管理与决策的参与程度低，对于共同面临的一些问题也不易达成共识。因此，要适当控制团队的规模，以保证有效的沟通与合作。

5. 加强沟通与激励

逐步摒弃传统的行政命令与监督控制手段，主要倚重沟通、激励等现代管理手段，以平等的、相互高度信任的态度，充分协商，无边界沟通，并进行有效激励，营造和谐、向上的氛围，实现一种近乎"无为而治"的管理境界。

6. 设计信息系统

信息科技将团队成员彼此连接在一起，计算机和互联网系统可以让团队成员在团队内与团队间彼此沟通，也可以与客户、供应商和企业伙伴取得联络。因此，要按照团队建设的要求设计与完善信息系统，实现团队内外信息的有效沟通，促进团队的合作与协调。

7. 设计报酬系统

必须突破传统的奖酬理念与体系，采取一种以知识技能为中心的报酬系统，即把员工的技能与知识作为决定奖酬多少的主要依据，而不是依其所处的职位而定。同时，要把团队绩效与整个团队的奖酬挂钩，利益与风险共担，使团队真正成为利益共同体。

案例

某公司部分产品在海外的自主经营单元，会将研发部门、营销部门的人员以及客户、制造人员组织到一起，共同依据当地需求进行新产品开发，开发速度极快。当然，企业也会预先设定目标，规定产品必须占据市场多大份额，达成目标后所有参与者都能获得相应奖励。市场开发费用作为经营主体的成本项，扣除成本和开发费用后，最后的利润经营主体可以与企业分享。从一开始，这个办法就十分明确，大家齐心协力。例如，该企业专门为某地客户组建了一个经营团队，他们的职责就是发现该客户的需求，并在满足客户需求、为客户创造价值的同时，实现自身价值的增值。通过这种方式，很快，当地该企业手机的销售收入增长了89%。

视频

团队文化理念建设方法

（六）团队文化理念建立方法

1. 体系模型构建

从管理的角度来看，现代企业管理已进入文化管理阶段。文化应具有指导性、可操作性，便于制度的实施，解决企业的实际问题，文化要起飞，更要落地。团队文化建设是建立在应用型文化的基础上，围绕战略、管理、人力资源等方面进行展开，支持战略的实现和文化建设。战略导向型的文化理念体系构建分为战略层、策略层和执行层。在实际操作中，对企业进行文化调研、访谈、座谈、综合诊断分析的基础上，秉承继承与发展的原则，将原有企业作风赋予新的时代内涵。

2. 提炼文化因子

不同的发展阶段对团队文化建设具有不同的影响，有对应的文化因子。文化理念体系构建是在对识别与规划、培育与强化、确立与巩固、变革与发展四个阶段的调查、梳理的基础上，进行综合布局及系统分析，前瞻性地提出文化理念体系。

3. 团队核心价值观举例

（1）人本。"以人为本"是做好一切事情的出发点和归宿。人本的内涵体现在人文精神上，促进人与组织共同成长；人本的内涵表现在人性思考上，尊重员工，满足员工需求，人性在整个管理过程中处于突出的地位；人本思想采取的是关心员工生活、交流情感，关注人的各种需要，尊重人的主体意志；采取的是人本管理，就其职能而言就是科学地运用各种激励的手段，激发人的动机，诱导人的行为，发挥人的内在潜力，保证企业生产经营处于最佳状态。人本注重人的价值，注重内协外争效应，注重人的精神因素和物质因素并举，因而代表着企业发展的未来和方向。

（2）责任。员工的责任来自对企业的忠诚，意味着必须恪尽勤勉，献身事业，积极履行对国家和社会的承诺。责任同时需要必要的牺牲和奉献，意味着舍弃个人或局部的利益来成就团队的利益。必须清楚地认识自身承担的社会责任，为国家经济贡献力量，保护环境，节约资源，支持社会公益事业，使企业发展融入社会的发展与进步中。

（3）和谐。和谐是指加强沟通与协作，追求员工、企业、社会发展的和谐统一。和谐意味着企业与社会的和谐、整体与个体和谐的良好氛围；和谐的发展要求"以人为本"，充分认识维护企业和社会稳定的重要性。应当处理好整体利益与局部利益、短期利益与长远利益的关系；重视协调发展过程中各方利益关系，协调产业布局与发展速度，实现整体的持续发展。

（4）进取。进取是集团企业发展的推动力，是新事物战胜旧事物，进取的过程就是不断战胜困难的过程。进取是一种动力，以一种永不服输、不甘人后的赶超精神，是一种敢于破解难题、克服困难的勇气。

素质园地

论"天道酬勤"

"天道酬勤"源自《周易》里的"天行健，君子以自强不息；地势坤，君子以厚德载物"。其含义是上天会眷顾勤奋之人，付出的努力必定会得到回报。没有人能够仅仅凭借天分获得成功。这个成语启示人们：一分耕耘一分收获，若要获取自己期望的成果，就必须加倍努力付出。想要取得理想的成绩，就一定要投入相应的时间与精力。

（七）团队管理规范制定方法

管理规范化一共包含组织规范化、流程规范化、目标规范化、作业规范化、制度规范化五个层次。

视频

1. 组织规范化

组织架构和岗位设计、岗位职责的明确——规定由谁来做。

2. 流程规范化

业务流程和管理流程的标准化和优化——规定各岗位如何更好地协同和配合。

团队管理规范
制定方法

3. 目标规范化

根据战略分解目标，依据职责和流程确定各岗位、各流程节点目标和标准——规定做到什么程度。

4. 作业规范化

各岗位具体工作的操作程序、步骤、规程、指南的标准化——规定具体怎么做。

5. 制度规范化

薪酬绩效制度和风险内控制度的规范化建设——规定做好或做坏了会怎么样。

对于大型企业来说，规范化的企业管理方式才是对外展示的最佳手段，但是规范化的管理方式，并不是一个管理制度就能够改变的，而是需要从各方面去约束。要实现企业规范化管理，可以从以下六个方面着手。

1. 严格制定出勤管理

严格的出勤管理制度，不仅能够让员工能够有意识地去遵循，而且也能够更好地帮助企业树立严格的企业工作管理风范。

2. 制订个人职业规划

企业应该找专人，根据不同的员工制订不同的职业规划，通过这些职业规划帮助企业更加规范日常的管理。

3. 调整合理的组织机构

一般大型企业组织机构比较完善，合理地组织机构调整，对于企业的发展非常有帮助，也能够更好地管理环境。

4. 日常的工作流程梳理

工作流程梳理是企业规范管理的一部分，通过规范的流程管理才能够让员工做事有方向、有方法。例如，工业生产通过企业资源计划（ERP）系统进销存软件系统进行采购、销售、计件工资等管理。

5. 注重规律的宣传工作

企业的宣传工作非常关键，规律的宣传工作对于企业的发展至关重要，只有重视宣传工作，也才能够更好地树立对外的规范化形象。

6. 日常管理规范化

在日常的企业管理中，规范化不仅能够代表企业的形象，而且更加能够帮助员工进行自我的行为约束，帮助企业创造更多的价值和利益，帮助企业发展更好。

（八）团队考核标准设计方法

● 视频

团队绩效评价

1. 提出初步方案

在初步提出团队KPI（关键绩效指标）时，首先确定KPI的数量，一般主要指标选择3~6项比较适当，不能追求全面，要符合帕累托（80/20）原则；然后需要确定每个指标的名称及子指标，接下来确定各个指标的考评标准，确定考评所需信息的来源及提供周期；最后进行指标的权重分配。

2. 基于团队的沟通

由专家组成员分别与各个团队负责人（或者团队全体成员）就初步提出的KPI进行沟通，征求团队的意见，并将沟通成果整理汇总。在考评体系建立及指标确定过程与团队进行沟通，有利于增强团队的责任心与团队成员的满意感。在沟通过程中，重点是需要与团队确定考评指标的可行性及必要性。对一些需要考评但信息来源困难或难以衡量的KPI，需要用其他指标来代替或者采用绩效管理系统来采集数据。

3. 基于流程的沟通

召开相关团队共同讨论专家组整理汇总出来的团队KPI。这个讨论沟通过程是一个平衡与互相制约的过程。由参与大工作流程的相关团队共同讨论各个团队的KPI，由他们来担当裁判，分别对每个团队的KPI进行评价与平衡，保证KPI的相对公平性。这种开放式、多角度、多思维的讨论各个团队的KPI，能够保障公司战略发展目标的顺利实现。

4. 树立团队标杆

由专家组整理出不同职系团队的标杆KPI。专家组根据团队讨论结果，选取相对合理、比较完善的一两个团队作为标杆。对于不同的职系，需要分别选出一个标杆。例如，职能管理团队选取一个提取KPI相对最好的团队作为标杆；业务型团队同样选取一个相对最优的团队KPI作标杆。

5. 协商一致

参照标杆团队KPI，由团队主管领导与团队负责人协商确定本团队的KPI。标杆团队KPI实际上是公司对团队绩效考核的导向，而由主管领导与团队负责人参照标杆协商本团队的KPI，就是一个考评者与被考评者博弈的过程，通过这个过程有利于增强公司对团队工作行为及结果的导向。同时，在沟通协商过程中，增进上下级的了解，达成对团队绩效考核的共识，为下一步团队绩效管理奠定良好的基础。

6. 绩效考核委员会审核

由公司绩效考核委员会在公司范围内讨论确认各个团队的KPI。在各个团队与主管领导协商确定KPI的基础上，召开公司层面的高层班子成员对各个团队KPI进行讨论，是在公司层面对各个团队KPI全面性及平衡性的审核过程。从公司整体利益角度出发来确定公司的所有战略发展目标是不是已经全部分解下去，各个团队之间的KPI是否平衡，考评宽严度是否适当，各个团队的绩效考核是否遵循共同的价值导向等。在确认以上要求都得到满足后，由公司绩效考核委员会审核通过后，开始正式实施团队KPI的考评。

（九）团队评价体系建立方法

管理学理论认为，评价不仅是对过去管理工作的检验和总结，而且是发现问题、解决问题的前提，是为了更好地提高管理的效率以及组织的生产效率。它是管理者运用一定的指标体系对组织的整体运营效果做出的概括性评价。

首先，团队在建立价值评价体系时应该结合团队的发展阶段，认真思考自身发展过程中是否已经为价值评价体系的建立奠定好基础，反思自身是否具备建立价值评价体系的条件。

其次，评价系统的建立不是简单的确立考核指标，其关键在于通过岗位评估发现能够真正反映岗位价值的价值点。而究竟哪些指标能够真正地反映出该岗位的价值呢？这需要领导层、核心骨干及善于思考的员工的积极参与。如果团队条件允许，可以和专业第三方进行合作。

最后，团队在建立价值评价体系时应与激励机制相挂钩，这样才能使价值评价体系真正落到实处。

总之，团队在建立价值评价体系时应结合其自身发展阶段，做好前期准备工作，通过调动领导层、核心骨干等参与的积极性、邀请专业第三方参与等方式对不同岗位的价值点进行确认与评估，并且在建立过程中注意与企业相关激励机制相联系，将价值评价体系落到实处，建立真正的价值评价体系。

团队的评价系统大致可以分为以下四个层次：

（1）岗位评价系统，主要针对不同岗位之间的评估。例如，组织中一般业务部门的薪酬要高于职能部门，采取的便是这种评价系统。

（2）任职评价系统，主要针对岗位胜任的评估。例如，当业务部人员比较年轻，相对经验不足，而职能部员工经验丰富时，此时采用岗位评估系统进行评价就会存在一些问题，任职评价系统就可以解决这些问题。

（3）业绩评价系统，主要针对同岗位人员的评估。同一岗位上由于个人能力的差异，员工业绩水平也不相同，该系统更侧重对同岗位多劳多得的评价。

（4）价值评价系统，主要针对员工自身的价值进行评估，更加体现员工自身的能力价值。

素质园地

粥的分配之策

有七个人生活在一起，每日要分一大桶粥，可粥的量每天都不够。

最开始，他们采用抓阄的方式确定分粥之人，每天轮换一次。这样一来，他们只有在自己负责分粥的那一天才能吃得饱。

随后，他们推选出一位"德高望重者"来分粥。但大权在握而又无制约时，就容易滋生腐败。众人开始绞尽脑汁地去讨好他，相互勾结，致使整个环境乌烟瘴气。接着，大家组成了三人的分粥委员会和四人的评选委员会，然而相互扯皮之后，粥全凉了。

最终，他们想出一个办法：轮流分粥，且分粥的人要等其他人都挑完后才能拿剩下的最后一份。为了不让自己拿到最少的那份粥，每个人在分粥时都会尽力做到平均分配。从此，大家愉快和睦。

任务实施

活动1：领导力训练之"批判性思维"

活动规则：

（1）自由奔放的思考，在讨论过程中，需要集中注意力，在中心问题上解放思想，不被束缚地去表达；

（2）讨论后评判，讨论中，禁止评论他人的想法，不在过程中评判影响他人思绪；

（3）以量求质，需要大量的设想，无论好坏，提供设想便是；

（4）可以在别人设想的基础上产生新的想法，不要怕占用别人的创意。

活动要求：

（1）详细阅读背景材料；

（2）进行小组分工，设置组长、监察者、记录员、A、B、C等角色，形成学习团队；

（3）同伴互助。以小组学习为单位，针对问题情境中的三个问题进行研讨，并在组内进行交流；

（4）每个小组填报"组内交流任务单"，小组代表在全面进行汇报；

（5）汇报完毕后，小组运用"过程性评价量表"进行自评、互评。

活动实施：

第1步：阅读背景材料。

背景材料：

假设你是某食品公司的业务员，现在公司派你去偏远地区销毁一卡车的过期面包（食用后无损于身体健康）。在行进的途中，刚好遇到一群饥饿的难民堵住了去路，因为他们坚信你所坐的卡车里有吃的东西。这时报道灾民动向的记者也刚好赶来。对于难民来说，他们肯定要解决饥饿问题；对于记者来说，他是要报道事实的；对于你来说，你是要去销毁面包的。现在要求你既要解决难民的饥饿问题，让他们吃这些过期的面包，又要不让记者报道过期面包这一事实。请问你将如何处理？

说明：

（1）面包不会致命。

（2）不能贿赂记者。

（3）不能损害公司形象。

第2步：建立学习小组，组内进行讨论。

第3步：小组填报"组内交流任务单"（见表4-1-1）。

表 4-1-1　组内交流任务单

项　　目	要　　点	要点说明	小组自评
领导力训练之"批判性思维"	1. 2. 3. 4. 5. 6. …		
合计	要点××个		××分

记录员：

第4步：展示汇报。

每个小组的报告员代表本组进行学习成果汇报。对于每个小组提出的疑问，其他小组可以介绍解决办法。

第5步：学习评价（见表4-1-2）。

表 4-1-2　过程性评价量表（小组自评、互评标准）

评价内容	4分	3分	2分	1分
要点评价	要点准确、合理；且满足有效环境建设要求；要点数量四个以上	要点准确、较为合理；且满足有效环境建设要求；要点数量三个	要点准确、基本合理；且满足有效环境建设要求；要点数量两个	要点准确、基本合理；且满足有效环境建设要求；要点数量一个
问题意识	在小组活动中能够提出问题三个以上，问题针对性强，且具有问题解决的办法，办法具有可行性	在小组活动中能够提出两个问题，问题针对性强，且具有问题解决的办法，办法具有可行性	在小组活动中能够提出一个问题，问题针对性较强，且具有问题解决的办法，办法具有较强可行性	在小组活动中未能提出问题，且没有提出问题解决的办法

续表

评价内容	4分	3分	2分	1分
同伴合作	与小组伙伴合作密切，合作效果好	与同组伙伴有合作，合作效果较好	偶尔与同组伙伴有合作，合作效果一般	没有与同组伙伴进行合作
自我反思与改进	形成了完善的自我反思，且包含全部细节描述，改进明显	基本形成了自我反思，且包含一些细节描述，有所改进	基本形成了自我反思，但没有细节描述，有所改进	没有自我反思和改进

活动分析：

批判性思维是培养具有创新精神的高素质人才的关键，是培养学生学习能力的关键，是促进学生心理与个性良好发展的需要。批判性思维可以培养学生的独立思考能力和质疑精神，可以让学生更好地明辨是非，这是创新的前提。培养批判性思维不仅可以提高学生的思维能力如分析和解决问题的能力，更重要的是能提高学生的创新能力。在现代社会，养成批判性思维能力和精神气质，对于应对复杂多变的世界，提升现代社会生活的人文精神，都是必要的。

活动2： 领导力训练之"胜利墙"

活动规则：

团队成员要在有限时间内全体翻过一面高4 m的垂直墙面，如图4-1-2所示。活动过程中，不可以借助任何身体以外的工具，包括但不限于衣服、皮带、绳索、毛巾等。所能用并且允许用的只有每个学生的身体。

图 4-1-2　胜利墙活动示意图

活动要求：

（1）注意海绵垫是否完好，是否有硬物在上面，检查毕业墙墙头是否有松动。挑战前带学生进行充分热身活动。

（2）对攀爬的学生、搭人梯的学生、墙上提拉的学生、外围保护的学生要不断强调安全，将安全事故防患于未然。

（3）墙上学生不准骑跨或者站在墙头，墙上平台不得超过15人。老师监督的站位要合理，要能控制住后面及右侧，左侧要有安全人员保护。实际操作中，向右侧倾斜的概率会较大。

（4）当地面攀爬的学生少于三人时，老师要在人梯后的位置给予适当辅以力量。要重点关注前三名和最后三名攀爬学生的攀登过程，其余学生攀爬时可以提拉与托举同时使用，人梯不适宜过高，以免影响安全。

（5）最后一名攀爬学生时对下挂学生的安全要不断强调和监控，要学生注意安全措施，老师可以否决或者补充安全要求。

（6）当最后一名攀爬学生离开地面，脚开始上举或者做其他动作时，老师要站在学生的侧后方，避免学生头向下坠落或者脸或者头碰在墙上。假如学生坠落，要顺势帮助学生调整姿势，然后将其接住或者揽到怀里，之后必须休息一段时间然后再尝试。

（7）发现有安全隐患时应马上叫停。女学生一般不做中间连接。提醒学生在被往上拉时不可以用脚蹬墙，以免磕伤腿及面部。

（8）老师不可以参与项目，比如充当倒挂或者最后一人。身体不舒服的学生可以不参加攀爬挑战，但是可以参加外围保护。

（9）应制止学生搭两组人梯，当被拉学生出现上升困难而停滞或下滑时，应提示再搭一层人梯，或提示攀爬学生向一侧抬腿，墙上学生抱腿。最后一名学生攀爬时必须听从中间学生的感受，中间学生认为难以承受时要马上停止。

（10）当学生采用倒挂的方式时要问清学生的安全措施，面向墙壁倒挂时要注意提醒学生，腰部以下不可以伸出墙外，要有专门学生负责拉住他的双腿，老师要随时监控。面向外倒挂时要提示学生动作安全，小腿扣在墙头，大腿压在墙面上，腿下不得右手臂，后倒动作要慢，压腿的学生要随时拉好，不可以松手去拉最后一名被攀爬学生。

（11）挑战中不嘻哈打闹，要保持严肃，完成后注意边角站的学生的安全。

活动实施：

（1）团队成员必须在最短时间内爬过墙面，不可以借助外力和工具，包括但不限于绳索、衣服、皮带、帽子等，须沿墙体正面爬上，只要有一个成员没有爬上即定为挑战失败。如果人数太多，已经爬上去的学生顺着梯子下来后站在老师指定位置。

（2）参与挑战学生要摘去身上的所有硬的物品，如手表、圆珠笔、眼镜、钥匙、手机、发卡等，穿硬底鞋、胶钉鞋的学生须脱掉鞋子。

（3）采用搭人梯方法挑战的团队，底部的学生要采用马步站桩式，将身体背部靠在垂直墙面上，腰部挺直，用手臂固定保持人梯牢固。专门人员扶住人梯学生的腰，攀登的学生不可以踩搭人梯的学生的头部、颈部、脊椎，只允许踩肩膀和大腿。

（4）参训学生必须将衣服扎入腰带，拉人的时候不可拉衣服，拉手时必须要手腕相扣而形成老虎扣，不允许直接拉手或手指，不能将攀爬学生的手臂扣在墙沿上，只允许垂直上拉，当攀爬学生肩部超过墙沿时可以将身体靠在墙沿上，抬腿，然后从侧面拉腿将学生提上去。

（5）不允许助跑起跳上墙，不可用蹬墙上走的动作。翻越墙头要保持稳妥和安全。

（6）要关注安全垫的面积大小和硬度，要关注安全垫上活动学生的安全，以免扭到脚踝，人多的时候部分学生可以采用弓步，一脚踩在垫子外。

（7）项目进行中，有学生如果承受不住要大声呼救，保护人员要尽快解救呼救的学生。所有不攀爬和当人梯的学生都要参与保护，要保持弓步站立，双手过头，肘略弯曲，掌心对着攀爬学生，抬头随时关注攀爬学生，做好接应和保护的准备。

（8）若有学生跌落，保护的学生用掌心对着跌落学生将其按在墙上，注意不要按头部。当攀爬学生在比较高的地方倒落或滑落时，保护学生应赶快上前将其托住，并将其轻放在安全垫上。

（9）项目规则要清晰讲解，要重点强调细节，激励学生参加挑战。要由学生自己想出解决办法，不给安全操作规范外的任何操作建议。学生讨论时间为10 min，讨论时间快到而没有决策和执行方案时老师要给予提醒，要保留3/4的时间执行项目挑战。

（10）假如学生挑战多次依然没有成功，老师要给予鼓励，适当地给予一些技巧方面的提示。老师要记录项目挑战开始时间和成功的结束时间以及失败的次数。

（11）假如最后一名未攀爬学生尝试多种方法的时候都未成功，学生表示要放弃时，老师应该给予一定提示。比如：确定要放弃吗？现在放弃是很可惜的？方法是不是没找对？如果学生在提示下还找不到方法，老师可以把方法告诉某个学生，让学生自行沟通。

（12）当毕业墙高于4.2 m或者学生确实有困难时，老师可以提供绳套并指导使用方法或者采用其他方式进行帮助。

活动分析：

通过完成活动，可以提高参训学生的生存技能；提高学生安全意识和自我保护意识；有效提升团队凝聚力；有效讨论，合理、快速决策，科学评估创新方案，勇于实践，不断尝试；认识到成员之间的差异性，合理分工，最优化配置团队人力资源；深刻感受团队成员之间的信任和帮助的重要性，尝试完成有挑战性的任务。

●●●● 任务 2　学会协同合作 ●●●●

任务解析

本任务主要是对互联网营销师协同合作能力的训练，学生通过完成"共同蓝图""群龙取水"两个活动，能根据业务需求组建团队，根据业务方向调整团队分工，有效协同合作。

知识链接

视频

工作协调的内涵

一、工作协调

工作协调是指通过各种管理与沟通手段，解决工作运行中的各种矛盾，使经营管理活动平衡、有效地进行的管理行为。

（一）工作协调的类型与原则

1. 工作协调的类型

工作协调主要包括纵向协调与横向协调两种基本类型。

（1）工作的纵向协调是指在组织纵向结构的各管理层次之间的协调。工作的纵向协调由于存在领导隶属关系，可以靠领导权威与权力进行干预，因此协调较为容易。

（2）横向协调是指在组织横向结构的统一管理层次之间的协调。由于都是平级关系，无法靠权威与权力加以干预，因此协调较为困难。

2. 工作纵向协调的原则

影响工作纵向协调问题的因素很多，应认真分析，有效调节。纵向协调应坚持以下原则：

（1）维护统一指挥原则。下级服从上级，整个组织服从最高层管理者的统一指挥。

（2）相互尊重职权。下级要尊重上级的职权，上级也要尊重下级的职权。

（3）加强信息沟通。下级要多请示、多汇报；上级也要对下级多征求意见、多通报信息。

（4）建立清晰的层级链，明确划定各自的职责权限。

（二）工作横向协调的方式

1. 工作横向协调的基本方式

进行横向协调的主要方式有三种：

（1）制度方式，即通过建立科学有效的组织与管理制度，健全与完善组织体系来保证工作的协调。

（2）组织方式，即在组织结构出现缺陷时，通过建立协调组织来进行工作协调的方式。

（3）人际关系方式，即通过协调人际关系来协调工作的方式。

2. 制度方式

协调工作的制度方式主要有：

（1）对经常性业务与工作制定标准、程序与规范，实现管理工作标准化，从制度规范体系上保证协调。这是制度协调最基本的方法。

（2）对于需要各部门根据变化随机处理的问题，要通过例会制度进行协调。

（3）建立有联系的横向部门之间的信息沟通制度，遇有例外性问题，可进行跨部门直接沟通。

（4）涉及多个部门的例外性问题，可采用联合办公和现场调度的形式进行协调。

3. 组织方式

协调工作的组织方式主要有：

（1）对于需要多个部门长期协调的，可建立常设委员会或任务小组。借助委员会的协调，可保证该项工作的有效实施。

（2）对于需多个部门共同参与完成的临时性任务，可依需要设立临时性的委员会或任务小组。在委员会或任务小组的协调下，突击完成该项任务，任务完成之后，委员会解散。

（3）对于职权相关的几个部门，可由一名上级领导来分管，以有利于各部门的协调。

（4）对于需要经常进行各部门工作协调的，可设置专职的协调部门，专司协调工作。

4. 人际关系方式

这是中基层管理者经常应用的协调手段。协调人际关系的方式主要有：

（1）培养健康融合的组织文化，使各部门人员之间有共同的价值取向，建立合作、融洽的人际关系。这是最重要的人际关系协调方式。

（2）对于需要密切配合的部门，应使其合署办公，促进人员沟通与工作配合。

（3）建立基层管理运营组织，如专项工作小组、科研攻关小组等，使组织成员密切配合。

（4）直接沟通方式，即对出现的矛盾或冲突直接进行人与人之间的交往与沟通，加以解决或融合。

素质园地

谈工作协调的关键意义

天鹅、大虾和梭鱼想要合力拉动一辆载有物品的货车。它们三个套上绳索后，竭尽全力去拉，然而车子却一动也不动。

车上装载的东西其实并不重，只是天鹅一个劲地朝着云端冲去，大虾总是向后倒着拖，梭鱼径直往水里拉动（见图4-2-1）。到底谁对谁错？这无须过多解释，反正车子仍旧停在原地。

员工之间若缺乏协调，工作就无法顺利施行，只会把事情引向不良的方向，带来苦恼和烦扰。领导者的智慧体现之处，就是能够妥善地安排员工的工作，并协调他们之间的合作。

无论一个公司的物资多么充足，如果没有一支乐于思考且保持头脑清醒的团队，也不会产生理想的成果。

图4-2-1　天鹅、大虾和梭鱼故事漫画

（三）上下级关系协调

视频

上下级关系协调

1. 协调上级关系的重要性

中层管理者协调好与其上级的关系是非常重要的。

（1）协调上级关系是获取上级支持的关键因素。不能协调与上级的关系，就很难得到上级的全力支持，不利于工作的开展和对下级的统御，很难取得好的工作绩效。

（2）与上级关系不好，会造成很大的心理压力，难以维系和谐的工作关系。

（3）不能得到上级的信任与支持，就不利于个人的成长。

2. 协调上级关系的方法与艺术

要协调好与上级的关系，既包括努力工作的方面，又包括协调的方法与艺术。

（1）最根本的是要出色地做好本职工作，并表现出很强的工作能力。明智公正的上级会把下级是否很好地完成本职工作看成决定上下级关系最首要的因素。这一点反映了上下级关系的本质联系。

（2）摆正位置，尊重职权。"干事而不越位"，这是许多管理者在实践中的经验之谈。尊重领导的职权，不但是对领导者个人的尊重，更重要的是对组织及管理工作秩序的尊重与服从。下级不尊重上级的职权，是影响上下级关系最敏感的因素。因此，管理者要努力做到：尊重与敬畏上级权威；服从与积极落实上级指示、命令、要求；不越位干预上级职权范围内的工作；遵从必要的上下级礼仪规范。

（3）与上级主动沟通。事前要请示，事后要汇报，并注意保持必要的经常性联系。使领导感到，重要而成功的工作是领导决策的（领导会与你分享），重大但失误的工作是领导知道的（领导会与你分担），重大问题均在领导掌控之中（领导不被架空）。你既有出色的工作表现，又是领导放心和信任的。

（4）与上级保持适度的距离。当然，每个下级都愿意与其上级保持亲密的关系。但这种亲密的关系也要适度，理想的应是一种默契的工作关系加亲密的同志友谊，过分密切的关系也是不正常的。同时，还要注意与各相关领导的"等距外交"。

3. 与上级冲突的处理

在共事的过程中，由于工作或个性等原因也会出现上下级之间的矛盾与冲突。解决冲突的原则：

（1）以事实为根据，分清是非与责任，并以适当的方式做出必要的说明。

（2）下级服从上级，要以尊重的态度，认真查找自己的责任与原因。

（3）主动与上级沟通，修好关系。

4. 协调下级关系的重要性

管理者协调下级关系更是极为重要的。与下级的关系，是中基层管理者实施管理的立足之本。

（1）协调下级关系是管理者极为重要的经常性职责。管理的本质含义就是"通过别人把工作干好"，不能协调搞好下级关系，就等于没做好基本的管理工作。

（2）提高工作效率的根本性举措。工作是通过下级的努力完成的。与下级关系不好，甚至出现对立情绪，就没有工作效率可言。

（3）建立与发展和谐战斗团队的重要保障。只有上下级关系协调，才能形成团结、和谐、战斗力强的团队。

（4）亲和的下级关系，是管理者权威的重要来源，搞好下级关系，管理者就会更有权威。

5. 协调下级关系的方法与艺术

（1）坚持"以人为本"的现代理念，尊重、关怀下级。领导者对待下级的理念是协调与下级关系的思想基础，这将起决定性作用。管理者必须坚持以自己的下级为本，尊重他们的人格、地位与自主意识，关心他们的生活与疾苦，关怀与支持他们的成长。抓好工作，只是完成了管理者一半的职责；其另一半职责就是为下级营造一个愉悦的、高质量的社会生活，促进员工的全面发展。

（2）充分信任，放手使用。上级的信任就是对下级的巨大激励。"疑人不用，用人不疑"，对下级充分信任，授予实权，让下级放开手脚干，下级就会积极主动，敢于负责，会显著地提高组织的绩效。而现实中，一些领导者事必躬亲，忙得不可开交；而其下级反倒无事可干，更无主动性可言，导致组织绩效低下。其实，"下级的主动程度与上级的干预程度成反比"，上级干预越多，下级的积极性、主动性越低。

（3）多沟通，多联络。管理者做决策，下指示，尽可能让下级参与。下级参与决策，不但可以提高决策的可行性，还使下级受到领导信任的激励，特别是作为决策参与者，他们会在实施中加倍努力。开展合理化建议活动，虚心征求下级的意见，重大事件及时向下级通报，与下级保持经常性联系，都会对激励下级、满足下级的社会心理需要起着积极的作用。

（4）坚持"一视同仁"。管理者切忌在下级之间区分远近亲疏，对少数人"亲"，就意味着对多数人"疏"。"亲者"可能感情更近，却不利于对其教育管理；而"疏者"则可能在心理上大受伤害，极不利于组织的团结与稳定。

（5）严爱结合，宽猛相济。在尊重、关爱下级的同时，也必须从严要求，维护组织权威与秩序。首先，管理者要塑造严爱结合的自身形象，使下级对你既有敬爱，又有敬畏。管理者自身的权威对于维护组织的统一与团结是至关重要的。其次，管理者要奖惩分明，强化奖惩效应。就驾驭下级而言，无"严"不"爱"，无"猛"不"宽"，只有科学而严格的治理，才有组织的和谐与绩效。

6. 与下级冲突的处理

当与下级出现矛盾或冲突时，管理者应高姿态处理。解决冲突的原则：

（1）最重要的是应以宽容之心对待下级。当下级与你发生冲突时，如果觉得其权威与面子受到挑战，于是大发雷霆，要"兴师问罪"，这是极不明智的。有一条铁的定律："任何一位下级都不愿意得罪自己的上级"。冲突之所以发生，往往是一些主客观因素导致"箭在弦上，不得不发"，而非下级本意。基于上述定律，管理者应放下架子，主动找下级沟通，这样做几乎没有不成功的。这不但可令该人"心服"，而且可令众人"敬服"。

（2）在做到上一条的基础上，以平等的、毫无偏见的态度对下级的错误提出批评，当然也要指明自身可能存在的问题，并共同总结经验教训，共同提高。

（3）要和好如初，照样信任，在工作实践中不但彻底消除隔阂，而且，会与下级建立更稳固的合作关系。

📺 现场演练

设定某一冲突，由不同公司的成员扮演上级与下级，运用协调上下级关系的方法与艺术，进行现场演练。

二、人际交往与合作

视频

人际交往艺术

（一）人际交往艺术

在管理实践中，管理者要同各类人进行交往，协调各种人际关系，实现广泛的团结与合作。因此，必须高度重视交际艺术，做好情感融通工作。

1. 真诚、热情、助人为乐

沟通技巧固然重要，但归根结底必须做到以诚相待，这是情感沟通的思想基础。管理者必须出于高尚目的，发自真诚，实实在在地帮助下级排忧解难，真正实现互助、友谊、双赢。

2. 讲究文明礼貌，塑造良好的自身形象

管理者应注意塑造自己的形象，这是影响与人交往的重要因素。

（1）礼貌礼仪。要注意称谓与介绍的礼仪惯例，根据交际双方身份、相互关系选择礼节；要注意不同国家、民族、地区礼仪上的差异；并注意以礼传情，即通过理解表达尊重、真诚、亲近等复杂情感。

（2）服饰仪容。交际对服饰的基本要求是服饰要协调自然；与本人体形、身份相适应；服饰要显示个性、风度；服饰要为实现交际目标服务。

（3）举止与谈吐。要重视交际中举止的规范性、礼仪性，特别是目的指向性。通过会话谈吐，举手投足，表现出管理者的风度、气质、才学、人品，以及与对方的情感。

3. 研究并尽可能满足沟通对象的社会心理需要

管理者在交往中，最首要的是了解对方的社会心理需要，并尽可能加以满足。人们之间产生感情，建立融洽的关系，除了一些利害关系外，最主要的是由人们满足彼此社会心理需要的程度所决定的。组织成员的一般社会心理需求有：渴望与人交流的需要；渴望成为某团体一员的归属需要；渴望在工作和生活中受到尊敬的需要；渴望拥有愉悦的心情，以获得高质量社会生活的需要；渴望获得更深层次的理解，求得"知音"的需要；渴望友谊，在危难时有挚友相助的需要；等等。管理者要注意观察和研究上下级这些方面的心理需要，然后有针对性地加以满足，以赢得他们的真实情感，在彼此之间建立融洽的关系。

（二）交谈的技巧

交谈是沟通中应用最多、最基本的语言形式。

（1）要言之有理，并有足够信息量，以内容吸引人。

（2）选择对方感兴趣或擅长的话题。交谈中不能只按自己感兴趣和擅长的话题谈，而是选择对方感兴趣或擅长的话题，就会使其在兴趣极浓的畅谈中，满足其自我表现的欲望与受人尊重的心理。

（3）尊重与赞美。在交往与会话的过程中，要注意发现与寻找对方的长处与优点，并出于真诚，恰当地赞美对方，使其尊重心理获得满足，会明显地有助于感情的融通。

（4）回避忌讳的话题。在交谈中，要保守别人的秘密，不揭露别人的隐私，特别是不可涉及国家、民族等方面的禁忌。

（5）运用幽默。幽默对于调解谈话气氛、迅速消除隔阂、拉近双方心理距离、排除尴尬局面都具有明显作用。管理者在交谈中，要巧用幽默，以获得更好的沟通效果。

（6）善于倾听。与别人进行交谈时必须善于倾听。倾听是有效沟通的关键性环节。管理者要特别注意运用好倾听的技巧。

① 以真诚的态度倾听，并运用体态语言去"恭听"，甚至入神，表明受到吸引。

② 要适时进行必要的提问或回应，引导对方讲下去。这样，谈话者不但从交谈中获得满足与愉悦，而且会给予相应的感情回报。

（三）合作及其途径

1. 合作的含义

合作是指人与人及群体之间为实现共同目标、任务、利益而相互配合与支持，共同努力的过程。合作既包括人与人之间的合作，还包括人与群体、群体与群体之间的合作。合作是个体结合而形成整体，打造合力，放大作用的人类智慧行为。合作是群体与组织管理的核心内容。

视频

合作及其途径

2. 合作的实现途径

实现合作的基本途径主要有三个：

（1）人际交往与沟通，是人与人之间实现合作的途径，这是最基本的。

（2）构建群体心理和谐，这是在人与人基础上所形成的群体或组织成员的心理一致与情感亲和。

（3）群体心理冲突管理，化解群体矛盾，克服合作障碍。

（四）合作意识与自我修养

1. 树立合作意识

人的意识决定人的行为。要想与人友好相处，与人合作，首先必须树立合作意识，即充分认识合作的重要意义，并从思想深处形成与人合作、共同奋斗的强烈意愿与需要。特别是作为领导者，有团结合作意识才会有团结合作局面。

2. 加强自我修养

要与人合作，最基本的就是合作者自身的素质。

（1）以诚待人、以人为善、信守诺言，只有真诚，才能有坚实的合作基础。

（2）尊重他人，信赖部下，并关心与帮助他人，才能获得别人的信任与好感。

（3）要有自知之明，宽容待人，正确对待批评与意见，"能宽容多少人，就能团结多少人，就能领导多少人"。

（4）要大公无私，绝不能损人利己，能正确地处理各种利益关系。

（五）工作中的配合与支持

1. 明确共同目标，追求整体利益

合作必须有共同的目标。在工作中，每个人都要把组织的目标放在首位，全力以赴地追求整体利益。管理者要善于引导，把个人目标升华为组织或群体的共同目标。绝不可把职权作为谋取私利的手段，把个人的目标置于组织或群体的目标之上。这就会防止出现个人主义、小团体主义等影响团结与合作的障碍。

2. 准确地定位职务角色，正确地处理职权关系

职权越位、角色错位是影响团结与合作的大敌。组织要制定明确的职务说明书，个人要准确定位本人角色，正确地行使职权，履行职责。绝不可以错位越权，上不可干预领导的职权，下不可剥夺部下的职权。规范、和谐的职权关系是工作中合作的关键因素。

3. 出色地完成本职工作

合作的前提是尽心尽力地干好自己的本职工作。只有每个人都干好自己的本职工作，才会实现高效率的合作。根据"短板原理"，只要有一个人员、岗位或环节出现了问题，就会危及整个工作系统的绩效。要合作，首先必须做好自己的工作。

4. 主动的配合他人

要寻求别人的合作，首先必须主动配合别人。特别是在别人遇到困难、急需帮助的时候，主动地伸出援助之手，不但可以及时解决对方的燃眉之急，而且会赢得对方的感激与信任。在你遇到困难或需要帮助的时候，对方也会毫不犹豫地出手相助，合作就会成为极其自然的事了。

5. 善于寻求别人的帮助

在做好自己工作的前提下，在工作中，要积极地寻求别人的帮助，主动地与他人联手来共同提高工作的质量与效率。要避免"单打独斗"，把自己封闭起来，既不利于工作效率的提高，也不利于人之间的沟通，对自己和他人都不是一件有利或愉快的事。

6. 加强工作中的沟通

影响团结与合作的障碍往往来自没有实质性矛盾的误解。显然，工作中的沟通极为重要。在工作过程中，对上级要多请示，多汇报；对下级要多商量，多鼓励；对同级要多联络，多"通气"。在多沟通的过程中，误解避免了，障碍消除了，就会建立起紧密的合作关系。

7. 正确处理竞争与合作的关系

人与人乃至群体与群体、组织与组织，在工作中的关系都是一种既竞争又合作的关系，即所谓"竞合关系"。处理这类关系，首先要以合作为基础，出于合作意愿，寻求共同利益，构建一种合作基础上的竞争关系；同时，发挥优势，全力拼搏，实现绩效最大化，并最终追求组织整体利益的最大化。最基本的原则与目标就是实现互惠双赢。公平、合理的竞争关系不但不会破坏合作，反而有利于更坚实合作关系的建立。

三、团队协作与分工

（一）团队协作技巧

关注团队协作对于很多组织来讲是一件新鲜事物。大多数企业团队协作停留在口授上，而领导及管理层仅仅只是简单地告诉大家要合作是远远不够的。要想得到高效的协作，需要全部的员工都接受合作技巧的培训。

视频

团队协作技巧

1. 倾听技巧

人们时刻都是在倾听，倾听配偶、家庭其余成员、朋友、同事、主管、店员等在一天中一切可以沟通的人。虽然有了这些实践活动，但大部分人依然不清楚如何做一个好的倾听者。掌握运用倾听来正确理解大家的用意是有效协作的基础。倾听同时还包含询问的技巧，可以从他人那里得到想要的信息，也需要好的演说技巧，能够清晰地表明想法，同时用客观事实和证据来进行佐证。

2. 头脑风暴

鼓励团队工作的另一个方式是利用所有人的想法与知识。有很多有趣的头脑风暴技巧能够让员工掌握创造性思维，激烈的讨论也会使每一个人畅所欲言，击破影响协作的壁垒。

3. 整理想法

倘若很好地完成了倾听、头脑风暴和讨论的工作，也可能会惊叹于团队成员提出的诸多想法和主意。假如搜集了50个问题解决方案，将如何处置？在大多数情况下，要逐一检验每个方案是不切实际的，效率也过低。因此，协作技巧还包括筛选、整理和优选的原因。

4. 决策

很多人都习惯性轻易地做出决策。但是，组织鼓励团队工作的原因之一，就是让对过程或问题了解深入细致的人在决策时有更多的发言权，那样每个人都会积极主动地参与决策的制定。学习一些决策的技巧和方法是有帮助的，包含如何决策的方法，决策者包含哪些人或组织，他们应当扮演什么角色，怎样在诸多的建议和解决方案中挑选等。

善于倾听、头脑风暴借助他人的智慧、整理各种想法、对各种创新念头和方法进行挑选决策这四大团队管理协作技巧构成了高效团队合作的必要技能的一部分。管理者在企业管理当中具备这四大协作能力非常必要。

素质园地

三只老鼠的教训：合作方能共赢

三只老鼠相约一同前往一个很深的油缸处偷油喝。因为够不着油，它们便想出一个法子：一只老鼠咬着另一只老鼠的尾巴，依次垂吊下缸底，大家轮流喝油。

第一只老鼠最先被放下去喝油，它心中暗想："油就这么点儿，大家轮流喝实在不过瘾，今日我运气好，干脆自己跳下去畅饮一番。"夹在中间的老鼠思忖着："下面的油所剩不多，万一被第一只老鼠喝光，那我该如何是好？不如把它放开，自己跳下去痛快地喝。"第三只老鼠也暗自嘀咕："油那么少，等它们两个喝饱喝足，哪里还有我的份儿？倒不如趁此时把它们放开，自己跳到缸底尽情畅饮。"

于是，第二只老鼠放开了第一只老鼠的尾巴，第三只老鼠放开了第二只老鼠的尾巴，它们争先恐后地跳进了缸里（见图4-2-2）。最终，三只老鼠都淹死在了油缸中。

在团队之中，成员只有真诚合作，才能够顺利实现团队目标。每个人都应该忠诚负责地对待自己的工作，不可因个人私利而置组织和他人利益于不顾。只有这样，才能形成强大的凝聚力，最大限度地发挥组织的潜力。

图 4-2-2 三只老鼠偷油喝漫画

（二）团队协作规则

（1）独立能完成的事情，放在后面做，放在空隙中做；需要和别人配合的事情，优先做，这样能保证进度。

（2）及时反馈结果，如快迟到了，提早告之会迟到多少分钟。做错、未完成也没有关系，要及时反馈。

（3）需要多人合作的事情要写文档，文档中多举例子、画图，文档要详细。

（4）通告自己的进度，了解他人的进度。

（5）尽量使用自然语言表述，尽量不要使用概念。如果必须使用，要仔细进行概念定义，避免误解。

（6）不要邀请无关的人参加会议，开会时人越少，效果越好。每次会议不要超过20 min，多开会，开短会。会议通知有时比开会总结更有效。

（7）不要频繁调换合作搭档，因为相互磨合的成本较高。

（8）诚信原则。团队合作，诚意当先，以诚相待。

（9）目标原则。求大同，存小异。把握共同的目标价值，把握大局观。

（10）信任原则。团队合作杜绝相互猜疑，要互相信任。

（11）公平原则。团队合作中，要保持公平公正，一切以团队利益为根本。

（12）谦虚原则。尊重他人优点，包容他人缺点，相互学习，共同提高。

（13）沟通原则。团队之间要经常沟通，有想法尽早提出，多沟通、勤沟通。

（14）坚持原则。敢于坚持原则，努力捍卫共同制订的规则，并为合作伙伴做好服务。

（三）团队分工的调整办法

1. 团队如何分工

（1）明确团队工作目标。作为团队成员，特别是核心成员，一定要基于团队的共同目标来开展工作，所以，在对团队关键成员进行工作分工时，要明确团队共同的工作目标。这个目标一定要明确、具体、可衡量、与业务相关，而且可以实现。

视频

团队分工

（2）梳理团队关键工作。基于团队的工作目标，经过团队成员的共同参与讨论，梳理出来团队的关键工作项目，即重要完成哪些工作。这些工作对于团队整体目标的达成起到关键作用，遵循"二八原则"，要用80%的时间与精力去完成这些工作。

（3）设定成员考核指标。在对团队的关键工作项目梳理后，要将这些关键的工作分配给可以担任此项工作任务的成员。这些成员要有相对丰富的经验、比较高的技能水平和比较强的组织与沟通能力。根据关键工作任务，设定相应的绩效考核指标，为下一步考核打下基础。

（4）分工特点。在分配团队关键工作任务时，要考虑团队关键成员的个性特点、优势与擅长点等。在个性方面，可以运用一些测评工具，识别出关键成员的个性特点，如是否善于沟通、是否愿意与他人合作等。同时在工作过程中，依据不同的特点、优势情况进行相应的调整。

（5）制定团队工作机制。在明确团队工作目标、梳理工作计划、设定考核指标后，为了保证关键团队成员的工作能够按计划完成，同时保证最终团队目标的实现，要制定相应的工作机制，如沟通机制、会议机制、工作成果共享机制、学习分享机制、奖惩机制等，以保障整体工作的顺畅运行。

2. 分工要遵循的原则

（1）所有手段都要服从目标。团队负责人要对团队共同目标负直接责任，完成目标获取嘉奖，完不成目标自觉受罚。因此，分工的第一准则，就是要确保分工能够有效支撑部门共同目标的完成，不要遗漏，最好略有超出。

（2）分工要用人所长，争取让每个人做自己最擅长的、最喜欢的事情。例如，如果员工擅长写作，却安排他去计算；如果员工擅长沟通协调，却安排他做案头工作，会导致团队效率很低，而且对团队成员也是一种折磨。

（3）要不重不漏，把所有目标和任务分解到位，确保部门的职责和考核指标能落实到人。漏掉哪项，就容易漏掉哪个指标，考核时要进行清算。

（4）工作合理搭配，创新性工作与烦琐性事务性工作要搭配，争取让每个成员有意义感、成就感；同时，年度工作、季度工作、月度工作和日常工作要搭配，工作节奏要合理，工作量要相对均衡。

（5）尽可能使工作成体系，让成员有意义感。比如，让一个成员负责绿植、地毯、水电暖等工作，他会很不耐烦，但如果将同样的事情包装一下，让这位同事负责"职场环境管理"，告诉他，他的工作之一是让公司有一个优美、干净、卫生、便利的工作环境，他就更能接受，同时还会主动提出很多优化的想法和建议。

（6）充分沟通原则，事前单独沟通。不要自己闷头分工，分完之后通知大家分工结果，而是有了初步的分工方案之后，就每一项工作分工和团队成员充分沟通、达成一致。团队成员提出异议的，尽可能说明分工思路和考量，帮助其理解该项工作的作用、意义、内容和目标。在沟通上，先分头沟通，达成一致后，可以召集部门同事一起开会，通报分工情况。如果开会前不分头达成一致，开会现场被质疑，会比较难收场，导致分工方案难以推行。

（7）帮助员工成长原则。作为管理者，在完成部门工作目标任务的同时，也要尽可能帮助员工成长。成事、利他，是管理者考虑问题的首要原则。在分工时，尽量能够帮助员工提升某些方面的认识或技能，并将该期望明确告知员工。比如对负责薪酬绩效的同事说，今年在负责薪酬绩效的同时，要提高办公软件使用的技能。

（8）集体讨论原则。分工完成后，要组织一次集体讨论，各位团队成员充分认识到自己所负责的工作在部门中的定位和作用，同时也能看到其他同事的工作内容。分工明确后，要鼓励大家，既要完成自己的工作，也要团结协作。

素质园地
解读《西游记》中的管理团队

在《西游记》里，唐僧师徒四人皆为不可替代的杰出员工（见图4-2-3）。师徒四人各有缺点，然而组成团队后，却迸发出强大的战斗力，取经路上的九九八十一难都不在话下。只因站对了位置，所以每个人都能成为优秀员工。

唐僧可谓管理奇才，十分适合高层的角色定位。有大唐皇室给予大力支持，还让观音为其网罗精锐下属，其外交能力着实不凡。他让三个有背景的徒弟认可"西天取经"这一共同目标，善于营造企业文化。最为关键的是，他拥有无比坚定的成功信念。所以，尽管唐僧不会降妖伏魔，但只有他能够管理好西行团队。他心思深沉、做事有规划、注重细节、善于察觉问题，能够深切关怀他人，但行动和决策的速度较为迟缓。

孙悟空是能力超群的业务骨干，上天入地，几乎无人能敌。在取经的过程中，他始终扮演着总监的角色，为实现取经目标殚精竭虑。他永远冲锋在前，最终取得令人瞩目的工作成效。他具备一流的执行力，坚韧不拔、不屈不挠，但不擅长与同事合作，有时咄咄逼人。

猪八戒看上去似乎没什么显著长处，但他的存在却极为必要。他性格开朗，能够坦然接受批评，在团队中犹如"润滑油"，哪里有矛盾，哪里就有他。他情商颇高，所以深受师父喜爱。他幽默风趣、嘴甜、富有人情味，但意志薄弱，容易放纵自我。

沙僧是老实本分的办事人员，是实干派的典型代表。他能力一般、缺乏主见，但任劳任怨，主动承担起"挑担"这种粗重工作，默默地为取经贡献力量。他一直在孙悟空和猪八戒的夹缝之中生活，是最容易被忽略的一个。沙僧内向、温和、勤恳踏实、纪律性强，但遇到事情容易畏缩观望、逆来顺受。

从《西游记》可以看出，团队需要领导魅力与艺术，需要协作与互补。一个优秀的团队，领导要有坚定的信念和卓越的管理能力，成员之间要相互协作、优势互补，共同为实现团队目标而努力。

图 4-2-3　《西游记》中的师徒四人

四、团队协作风险

（一）团队协作风险的预判

不管是创业阶段还是守业阶段，企业的人力资源储备以及团队协作都是核心问题之一。很多创业失败或者是运营管理之中最大的风险，就是团队协作之间的风险。

既然是团队协作，就不能不考虑一些禁忌的问题。研究发现，企业团队协作如果注意如下事项，就可以尽量避免很多不确定性的风险。

视频

团队协作风险
预判

1. 要聚焦，而不要分散

所谓聚焦，不仅是指注意，而且是指排除干扰。在项目成立之初，不要主次不分。需要在事件上聚焦，在解决问题的特定时刻聚焦。不仅在自己工作的时候聚焦，更要在开会协调的时候聚焦。每次开会都要有前期准备，直至达成既定成果。设定会议商讨机制，提出所商议的问题并在会议中得到结果。时间周期的设定与考量，工作内容规划与落实，会议沟通的议题，由执行团队制订，并由内部会议讨论。

2. 注重全局性与战略性，不要因小失大

这需要在方向性上与团队成员之间达成共识，决策要充分尊重执行者的意见。因为执行者所面对的艰难及所承受的压力是决策制定者难以想象的。所以，在特定项目上，执行团队拥有无可争辩的话语权，特别是在目标设定、关键环节的技术性把握方面，执行者的意见需要得到优先尊重。

3. 在推进的时候，不要求全责备

在推进的过程中，总会有一些自己事先没考虑到的因素会阻碍前进。所以，假如希望在万事俱备的时候再去推进，那么会前功尽弃，精心进行的前期准备将毁于一旦。

4. 在推进的过程中，不要人为设定先决条件，并节外生枝

阻碍一件事情成功的因素很多，不要在内部再自行设定"门槛"，团队内斗将耗费巨大的精力。只有在自己能掌控主动权与节奏的事情上积极推进，才能尽量把主动权掌握在自己手中。

5. 在利益面前不要执行双重标准

每个人都有双重标准的倾向性，从别人那里获得利益的时候，总是倾向于过多计算并先行支付；而自己需要给别人出让利益的时候，却是倾向于少计算，而且支付时间朝后延续。解决方法是换位思考，从对方的利益角度多考虑一些。在利益面前，多为别人考虑。

6. 不要在成本上划分彼此

所有成本都是共同担当的，推卸责任是让彼此疏远的行为。

7. 不要把预期利益模糊化，而要把目标与预期目标的实现周期清晰化

需要有数量上的描述，有关键的时间节点，有承担主要责任的人，有负责执行的团队。利益是必须放在明面说的，所涉及的主要因素包括争取的目标，达成的结果，在其中取得的合理份额，支付和分配的时间与比例，提前支取会导致哪些方面的损失，如不提前支取，所共同面临问题的解决方案。

8. 在协作的时候，不要紧盯伙伴的短板，要善于发现并发挥其所长

把人用错了地方，不仅是对对方的浪费，更是为自己埋下隐患。把人用在能发挥其最大价值之所在，才最为有效。

9. 不要逃避争吵与公开发泄不满

人们很难完全志同道合，更多的是求同存异。为了实现自身的利益而隐忍，引而不发的害处更大。不发的忧患往往更值得恐惧。只有所有的事情、所有的不悦都放在桌面上，透明、公开，才不会成为隐患。其实很多矛盾都是源自误解，但误解不表达出来，就永远是误解，而且积重难返，再到试图补救的时候已经是危险的倒计时，无法回头了。有意见不藏着掖着，也是给对方一个申辩与澄清的机会，于自己是得到缓解，于对方是给予宽容谅解，共同塑造一个坦率面对的环境。

（二）风险应对计划的制订

风险应对计划是针对项目的风险开发和制定一个风险应对的方案，目的是提高实现项目目标的机会。风险应对计划包括项目主要风险，针对该风险的主要应对措施，每个措施的负责人，要求完成的时间以及进行的状态。

1. 制订风险应对计划的主要内容

（1）需要应对的风险清单。风险清单在风险识别过程中形成，在风险定性和定量分析中得到更新。应对计划的风险清单包括已识别的风险、风险的描述、受影响的项目领域（如工作分解结构元素）、原因（如风险分解结构元素），以及它们如何影响项目目标。风险清单要符合优先权排序并和所计划的应对策略的详细程度一致。高、中级风险通常会更仔细地处理。判断为低优先权的风险被列入观察清单，以便进行定期监测。

（2）形成一致意见的应对措施。在风险应对计划过程中，要选择好适当的应对策略，就策略形成一致意见，同时还要预计在采取计划的对策之后仍将残留的风险，以及那些主动接受的风险；预计实施一项风险应对措施可能直接产生的继发风险；根据项目的定量分析和组织的风险极限计算出的不可预见事件风险。

（3）实施所选应对策略采取的具体行动。

（4）明确风险管理人及其责任。

（5）风险发生的征兆和预警信号。

（6）实施所选应对策略需要的预算和进度计划活动。

（7）设计好要准备的符合有关当事人风险承受度的用在不可预见事件上的预留时间和费用。

（8）应急方案和要求实施方案的引发因素。

（9）要使用的退出计划，它作为对某个已经发生，并且原来的应对策略已被证明不当的风险的一种反应。

（10）其他相应事项的合同。

2. 制订风险应对计划的依据

制订风险应对计划，确定要采取的增加对项目目标的机会以及减少对项目目标的危害的措施。风险应对计划在定性风险分析和定量风险分析之后进行，它确认和指定一个或多个人（风险应对措施的所有人）承担已商定且已得到资金的风险应对措施的责任。风险应对计划根据风险的优先级别处理风险，在需要时将资源和活动加入预算、进度计划和项目管理计划中。

所计划的风险应对措施必须与风险的重要性相符，能低成本地应付挑战，要及时，要在项目环境下实现，参与各方要意见一致，并由一个责任人负责。通常需要从几个方案中选择一项最佳的风险应对措施。

（1）风险管理体系文件。风险管理体系文件的重要内容包括岗位职责、风险分析定义、进行项目风险管理需要的时间和预算。还包括低、中、高风险的极限，这种极限帮助人们了解那些需要采取应对措施的风险，以及用于制订风险应对计划的人员分配、进度计划和预算。

（2）风险分析后更新的风险清单。风险应对计划在制订风险应对策略时，可能要重新参考和已识别的风险、风险的根本原因、可能的应对措施清单、风险所有人、征兆和预警信号。

风险清单给风险应对计划提供的重要依据包括项目风险的相对等级或优先级清单、近期需要采取应对措施的风险清单、需要补充分析和应对的风险清单、风险分析结果中的趋势、根本原因，按分类分组的风险，以及低优先级风险的观察清单。

（三）制订风险应对计划的方法

有若干种风险应对策略可用。应当为每个风险选择最有可能产生效果的策略或策略组合。可以利用风险分析的工具选择适当的应对方法，然后为了实施该项策略而制订具体行动。可以选定主要策略和备用策略。可以制订一个退出计划，在所选策略被证明不是充分有效或者发生了一个可以接受的风险时实施。通常要分配不可预见事件的时间或费用储备。最后，可以制订一个不可预见事件计划，识别引发这些事件的条件。

1. 消极风险或危害的应对策略

通常使用回避、转移与减轻三种策略处理危害或一旦发生就可能对项目目标有消极影响的风险。

（1）回避。回避风险包括改变项目管理计划以消除由有害的风险造成的危害，使项目目标不受风险的影响、放宽有危险的目标，如延长进度或减小范围等。一些在项目早期出现的风险可以通过澄清需求，取得信息、改善沟通或获取专门技术避免。

（2）转移。风险转移需要将威胁的消极影响连同应对的权利转给第三方。转移风险实际只是把风险管理的责任给了另一方，而非将其消除。转移债务是处理财务风险的最有效方法。转移风险几乎总是伴随着向承担风险的一方支付风险费用。转移手段丰富多样，至少包括使用保险、履约保证（金）、保证和担保等。可以利用合同将特定风险的责任转移给另一方。如果项目的设计保持不变，可以用固定价格合同把风险转移给卖方。

（3）减轻。风险减轻是指把不利风险事件的概率和影响单独或一起降低到可以接受的限度。为了把不利风险事件的概率和影响单独或一起降低而早采取行动，往往比在风险发生后亡羊补牢更为有效。采用不太复杂的工艺、进行更多的测试，或者选用比较稳定的供应商都是减轻风险行动的实例。要想减低一项工艺或产品从实验室规模的模型放大到实际产品存在的风险，就需要开发样机。如果不可能降低风险的概率，则减轻风险的应对措施就可能通过瞄准决定严重程度的连接点专注于风险的影响。例如，设计时在子系统中设置冗余组件有可能减轻原有组件故障所造成的影响。

2. 积极风险或机会的应对策略

建议使用利用、分享或增加三种策略应对项目目标可能产生积极影响的风险。

（1）利用。在组织希望确保某个机会得以实现的情况下，可以为那些有积极影响的风险选择这个策略。这个策略通过使机会肯定出现追求减低某个特定的优势风险不确定性。直接利用措施包括为了缩短完成时间或得到高于原计划的质量给项目分配更多有能力的人员。

（2）分享。分享一个积极风险就是将风险的所有权分配给最有能力抓住对项目有利的机会的第三方，分享的实例包括组建风险分享的合伙契约、团队、带有特殊目的公司或为处理风险的特殊目的建立的联合体。

（3）增加。这个策略通过单独或一起增加概率和积极影响，并通过识别这些有积极影响风险的关键促成因素和使它们最大化。通过努力促进或加强机会的成因，以及提前瞄准和加强其引发条件可能提高机会发生的概率。也可以瞄准影响的促成因素，努力提高项目对于机会的敏感性。

3. 同时应对危害和机会的策略

同时应对危害和机会的策略是接受。采用这一策略的原因是很少有可能消除项目的所有风险。这种策略预示项目团队已经决定不为处置某个风险而改变项目计划，或者无法找到任何其他应对良策。可以把它用于机会或者危害。这个策略可以是被动的，也可以是主动的。被动地接受不需要采取任何行动，当危害或机会出现时让项目团队去处理它们。最常用的主动接受策略是建立一项不可预见事件储备，包括一定的时间、资金或资源用于处理已知或只是有时可能的未知危害或机会。

4. 应急应对策略

有些应对措施只在某些事件发生时才使用。对于有些风险，项目团队可以制订一个只在某些预定条件下才执行的应对计划，这样做的前提条件是相信有实施这个计划需要的足够的预警信息。应当确定并跟踪那些引发应急应对策略的事件，如缺少的中间里程碑或在供应商那里得到更高的优先权。

（四）风险应对计划制定的成果

1. 风险应对计划应详细到可操作的层次

（1）风险识别，风险特征描述，风险成因，影响项目的区块，可能如何影响项目的目标。

（2）风险主体和责任分配。

（3）风险定性和定量分析的结果。

（4）针对每一项风险所制定的应对措施，如规避、转移、缓解、自留等。

（5）在应对策略实施后，预期的风险残留水平（风险概率及其影响程度）。

（6）事实选定的应对策略所需要的具体行动。

（7）风险应对措施的预算和时间。

（8）应急计划和反馈计划。

2. 剩余风险

剩余风险是指在采取了规避、转移、缓解、自留等风险应对措施之后依然残留的风险，也包括可以被接受的小风险。

3. 附加风险

对于因实施风险应对措施而直接导致的新的风险称为附加风险。它们应该与主要风险一样来加以识别并计划应对措施。

4. 合同协议

为避免或减轻威胁可以针对具体风险或项目修订保险、服务或其他必要的合同协议，明确各方对于某些特定的风险所应负的责任。

5. 需要的应急储备量

需要的应急储备量是指为了把超越项目目标的风险降低到组织单位能够接受的水平，需要多少缓冲和应急储备。

6. 向其他过程的输入

多数风险应对措施涉及额外时间、费用或资源的消耗，并且需要对项目计划进行变更。组织单位需要确认花费相对于减低风险的水平是否值当。这些结论都必须反馈到其他各个相关的方面。

7. 向修订项目计划的输入

风险应对计划的成果必须进入项目计划，从而确保其成为项目中的有机组成部分。

素质园地

从寒号鸟看人生与企业的教训

传说中有一种奇特的小鸟，名叫寒号鸟（见图4-2-4）。它长着四只脚以及两只光秃秃的翅膀，无法像普通鸟儿那般飞翔。

夏天之际，寒号鸟全身满是绚丽多彩的羽毛，模样十分动人。它骄傲得忘乎所以，认定自己是天下最美的鸟。于是，它整日摇摆着羽毛，四处溜达，还扬扬自得地唱着："风不如我！风不如我！"夏天悄然过去，秋天踏步而来，鸟儿们都忙碌起来。有的结伴飞往南方，准备在温暖之地度过寒冬；有的留下来，辛勤劳作，积攒食物、修补窝巢，为过冬积极筹备。唯有寒号鸟，既没飞往南方的本事，又不愿努力劳动，依旧整日游荡，到处炫耀自己漂亮的羽毛。

冬天来临，天气酷寒无比，鸟儿们都回到了温暖的窝巢。此时的寒号鸟，漂亮羽毛已全部脱落。夜晚，它躲在石缝中，冻得浑身哆嗦。它不停叫嚷着："好冷啊，好冷啊！等天亮了我就造个窝。"天亮后，太阳升起，温暖的阳光一照，寒号鸟便忘了夜晚的寒冷，又开始哼唱："得过且过！得过且过！太阳下面暖和！太阳下面暖和！"寒号鸟就这样一天天得过且过，始终没给自己建造一个窝。最终，它冻死在了岩石缝里。

那些只看眼前、得过且过、不做长远规划、缺乏风险防范意识的企业，与寒号鸟有着相似的命运。人生亦如此，若只图一时安逸，不做长远打算，也会在困境来临时陷入绝境。我们应从寒号鸟的故事中吸取教训，居安思危，未雨绸缪，为未来做好充分的准备。

图 4-2-4　寒号鸟的故事漫画

任务实施

活动 1：协同合作训练之"共绘蓝图"

活动规则："共绘蓝图"活动示意如图4-2-5所示。全体学生充分发挥自己的想象力，利用颜料、画笔等材料，在画布（纸上）上共同绘出心中的愿景、企业的宏伟蓝图，全体学生以蓝图为背景进行大合影。

图 4-2-5　"共绘蓝图"活动示意

活动要求：

（1）熟悉老师交给的任务和材料。

（2）进行小组分工，设置组长形成学习团队。

（3）同伴互助。以小组学习为单位，针对任务进行研讨，并在组内进行交流。

（4）小组代表进行活体感受分享。

活动实施：

每个小组（八或九人一组）会得到相关的任务书和材料，根据任务书上的要求完成任务，每组学生根据特定的主题和比例要求在画布（纸上）的一面进行绘画，另一名进行剪切画。在老师的要求下将所有各组制作好的画布（纸上）拼接到一起。最后，做好的画布（纸上）上一面是各个队按照主题制作出来的画，丰富多彩，各有风采；画布（纸上）另外一面是所组建的公司企业的Logo。

活动分析：

通过完成活动，使学生找到个人明确定位，做好自己的同时就是成就了团队，团队气氛达到高潮，培养团队的集体荣誉感、自豪感，团队成员树立强烈的归属感。

活动2： 协同合作训练之"群龙取水"

活动规则： "群龙取水"活动示意如图4-2-6所示。在一条直线外的一定距离内，或者在直径一定的圆圈内放几个矿泉水瓶。在规定的时间内，学生不得进入圈内取出矿泉水瓶，而是通过整个团队的努力利用其他方式取出矿泉水瓶；在取出的过程中，如果出现倒瓶、取水失败、团队成员身体触碰界限内地面或界限，则将已取到的水瓶放回原处并且后移一个位置，再重新完成取水。游戏规定取水员每次的取水方式都要不相同。

图 4-2-6 "群龙取水"活动示意

活动要求：

（1）活动开始后，团队任何学生不得触碰到取水界限本身及界限以内。

（2）团队内每位成员都要取一瓶水，不得借助除身体外任何其他物品。

（3）如果出现瓶子倒拿、学生触碰界限内地面或界限，则将已取得的水放回原处，并将最前排水依次摆放于最后一排之后。每人每违规一次，则将第一瓶水挪到最后一瓶水的位置。

（4）活动开始前，各队的练习时间为5 min。

（5）水瓶摆放，最前排水瓶需距离取水界限1.0 m呈三角形摆放。水瓶数量与各小队人数相同。

活动实施：

（1）根据团队的人数，完成团队每人取一次水的任务。

（2）距离是起点与目标点之间是1.8 m。

（3）取水人的肢体、衣裤等物品不得触碰地面。

（4）若取水的过程中触碰的地面或接触地面，水源将推后20 cm。

（5）团队成员每人只能取一次，违规者做10个俯卧撑，给予一次机会。

（6）开始前决策时间5 min，练习时间为10 min。

活动分析：

通过完成活动，可以活跃团队气氛，增强团队凝聚力；开拓队员的思路，提高他们的创新意识；提高团队协作能力，使队员认识到领导者统一指挥的意义与重要性；让队员明白任何创新都会受到有限资源的限制，做事不能天马行空，而要理性科学。

项目实训

实训1　"领导力训练"知识应用——团队建设

实训目的

（1）培养团队成员的团队意识。

（2）培养团队管理的能力。

（3）培养团队建设的初步能力。

实训准备

（1）智慧教室或一体化实训室，能够围坐在一起交流。

（2）学习用具。

实训内容

（1）将学生分成四或五组，以小组为单位组建公司。

（2）分析学生所在小组的群体状况（和谐程度、优势与缺点、团体氛围等），并表述公司愿景目标。

（3）每个小组成员制定一份团队建设方案。

（4）班级组织交流，每个公司推荐两名成员进行介绍，并进行现场质询与评价。

实训要求

（1）组建的公司主营业务明确且合理合法。

（2）每个同学在小组内必须承担公司中某一职位。

（3）每个同学必须积极参与研讨，不允许"搭便车"。

（4）每个同学独立制定团队建设方案，不允许抄袭。

（5）展示交流时尊重发言同学，不允许随意打断。

成果要求

每位同学提交一份《××公司××部门团队建设方案》。

考核评价

（1）每人制定一份团队建设方案作为一次作业。

（2）根据在班级交流中的表现运用表4-2-1评定成绩。

① 教师评价。

② 小组互评。

表 4-2-1　过程性评价量表

评量向度	小组互评	教师复评	小　计
团队协作性（20%）			
环节连贯性（20%）			
内容专业性（20%）			
气氛感染力（20%）			
团队贡献度（10%）			
语言表达力（10%）			
★综合成绩（100%）			

实训 2　"协同合作能力训练"知识应用——组织一场直播带货

实训目的

（1）增强学生对组织活动的感性认识。

（2）培养学生分析与解决工作问题的能力。

（3）培养学生与别沟通与交涉的能力。

实训准备

（1）智慧教室或一体化实训室，有稳定网络。

（2）直播设备、道具、学习用具。

实训内容

（1）将学生分成两组，以小组为单位组织直播活动。

（2）小组组长组织团队成员进行工作准备、选品、直播营销、视频创推、技术支持与互动管理、售后与复盘。

（3）教师可协助在其他无课班级进行推广，同学们观看直播并互动。

（4）班级组织交流，每个小组组长进行经验介绍，并进行现场质询与评价。

实训要求

（1）带货产品可以是身边实物产品，也可以是虚拟产品或服务。

（2）每个同学在小组内必须承担公司中某一任务。

（3）每个同学必须积极参与研讨，不允许"搭便车"。

（4）直播间互动的同学语言要规范得体。

（5）经验分享时尊重发言同学，不允许随意打断。

成果要求

每个小组提交一份《××产品××平台直播带货策划方案》。

考核评价

（1）每个小组制定一份直播带货策划方案作为一次作业。

（2）根据在班级交流中的表现运用表4-2-2评定成绩。

① 教师评价。

② 小组互评。

表4-2-2　过程性评价量表

评量向度	小组互评	教师复评	小　计
团队协作性（20%）			
环节连贯性（20%）			
内容专业性（20%）			
气氛感染力（20%）			
团队贡献度（10%）			
语言表达力（10%）			
★综合成绩（100%）			

项目总结

本项目主要介绍了领导力、团队建设、工作协调、合作等内容，具体包括领导力的构成与缺失表现、团队管理中团队架构的搭建方法、团队管理中考核标准设计方法、团队管理中评价体系建立方法与互评机制建立方法、团队管理中文化理念建立方法与管理规范制定方法、团队配合技巧、团队协作规则、团队分工的调整方法、团队协作风险的预判与应对计划制定的方法等。通过完成本项目两个任务的活动训练，为后续项目实施奠定了坚实的基础。

素养测试

1. 团队建设的首要任务是（　　）。

　　A. 选拔优秀人员　　　　　　B. 科学设定目标

　　C. 明确职责分工　　　　　　D. 打造团队文化

2. 协调与上级关系最根本的是（　　）。

　　A. 与上级主动沟通　　　　　B. 出色做好本职工作

　　C. 摆正位置，尊重职权　　　D. 与上级保持适当距离

3. 处理与下级的冲突，最重要的应该以（　　）对待下级。

A. 积极热情　　　B. 严肃认真　　　C. 诚恳态度　　　D. 宽容之心

4. 在公司生产部与技术部之间的协调是（　　）。

A. 私人之间协调　　　　　B. 上行协调

C. 工作的纵向协调　　　　D. 工作的横向协调

E. 传播者的语言陷阱

5. 共同的价值观是团队建设的（　　）。

A. 基础　　　B. 核心　　　C. 灵魂　　　D. 关键

6. 下面属于交谈的技巧有（　　）。

A. 言之有理

B. 选择对方感兴趣或擅长的话题

C. 尊重与赞美

D. 坚持原则，据理力争

7. 团队建设的阶段有（　　）。

A. 探索阶段　　　　　B. 雏形阶段

C. 成长阶段　　　　　D. 成熟阶段

8. 处理与上级冲突的技巧有（　　）。

A. 分清是非与责任　　　　B. 敢于争论交锋

C. 认真查找自己的责任与原因　　　D. 主动沟通与修复关系

项目五
数字媒体素养训练

项目导入

　　某互联网公司积极营造数字媒体素养提升氛围，组织参加各类数字化竞赛，以"赛"促"培"，加快提升员工数字素养能力。同时积极开展业务与技术融合工作，组织的各类数字化讲座及人工智能项目实操，让员工获取前沿知识，丰富实战经验。

　　当今世界，数字媒体大量涌现，全方位进入各个生活领域。基于人类进入数字时代的客观现实，对数字媒体的新素养提出了更多的要求。本项目提出数字时代人们所面临的困惑，作为互联网营销师要通过网络安全意识训练、互联网思维训练、信息素养训练和数字素养，训练形成正确的职业态度和人生观。

学习目标

知识目标：

（1）概括网络安全的相关知识。

（2）描述互联网九大思维规律。

（3）阐述互联网营销师具备的三项核心数字素养。

（4）描述数字素养与技能教育训练的方法。

（5）概括信息素养相关知识。

能力目标：

（1）提升自己的网络安全意识。

（2）提高自己的互联网思维。

（3）提升自己的信息素养能力。

（4）提升数字素养必备的五种能力。

素质目标：

（1）紧跟互联网营销时代潮流，并为推进网络安全贡献自己的力量。

（2）坚定文化自信，激发爱党、爱国、爱社会主义的深厚情怀。

（3）具有网络安全意识，在网络中唱响互联网爱国主义主旋律。

项目实施

任务1　提高网络安全意识

任务解析

本任务主要是对互联网营销师网络安全意识的训练，通过介绍网络安全意识相关知识及应用，使学生认识到网络安全的重要性，树立正确的网络安全观。通过训练，学生可以掌握网络安全知识，培养网络安全意识，提升基本防护技能，营造网络安全人人有责、人人参与的良好氛围，做到文明上网、安全上网、绿色上网，共同维护国家网络安全。

知识链接

视频

网络安全和网络安全意识

一、网络安全和网络安全意识

（一）网络安全

1. 网络安全的定义

网络安全是指通过采用各种技术和管理措施，使网络系统正常运行，从而确保网络数据的可用性、完整性和保密性，通常也指计算机网络的安全，实际上也可以指计算机通信网络的安全。计算机通信网络是将若干台具有独立功能的计算机通过通信设备及传输媒体互连起来，在通信软件的支持下，实现计算机间的信息传输与交换的系统。网络安全的具体含义会随着"角度"的变化而变化。比如，从用户（个人、企业等）角度来说，他们希望涉及个人隐私或商业利益的信息在网络上传输时受到机密性、完整性和真实性的保护。从企业的角度来说，最重要的是内部信息的安全加密以及保护。

2. 网络安全的特征

（1）保密性：信息不泄露给非授权用户、实体或过程，或供其利用的特性。

（2）完整性：数据未经授权不能进行改变的特性，即信息在存储或传输过程中保持不被修改、不被破坏和丢失的特性。

（3）可用性：可被授权实体访问并按需求使用的特性，即当需要时能否存取所需的信息。例如，网络环境下拒绝服务、破坏网络和有关系统的正常运行等都属于对可用性的攻击。

（4）可控性：对信息的传播及内容具有控制能力。

3. 网络安全的分类

依据不同的环境和应用，网络安全分为：

（1）运行系统安全：保证信息处理和传输系统的安全。它侧重于保证系统正常运行，避免因为系统的损坏而对系统存储、处理和传输的消息造成破坏和损失，避免由于电磁泄漏产生信息泄露，干扰他人或受他人干扰。

（2）网络信息安全：包括用户口令鉴别，用户存取权限控制，数据存取权限、方式控制，安全审计，计算机病毒防治，数据加密等。

（3）信息传播安全，即信息传播后果的安全，包括信息过滤等。侧重于防止和控制由非法、有害的信息进行传播所产生的后果，避免公用网络上大量自由传输的信息失控。

（4）信息内容安全：网络上信息内容的安全侧重于保护信息的保密性、真实性和完整性，避免攻击者利用系统的安全漏洞进行窃听、冒充、诈骗等有损合法用户的行为。其本质是保护用户的利益和隐私。

（二）网络安全意识

1. 网络安全意识的定义

网络安全意识是指对人的心理免受网络脆弱性影响所持有的心理状态的总和，是通过采取必要措施，防范对网络的攻击、侵入、干扰、破坏和非法使用以及意外事故，使网络处于稳定可靠运行的状态，以及保障网络数据的完整性、保密性、可用性的能力。

2. 网络安全意识的重要性

要认识到网络安全的重要性，树立正确的网络安全观。要深入开展网络安全知识技能宣传普及，提高网络安全意识和防护技能。让"没有网络安全就没有国家安全"的意识深入人心，让"网络信息人人共享、网络安全人人有责"的意识落地生根，让网络安全的成果真正惠及你我他。

3. 网络安全意识的培养

首先，知识层面的培养。认识网络使用规范和有关伦理道德的基本内涵，能够识别并抵制不良信息，树立网络交流安全意识。增强自觉遵守与信息活动相关的法律法规的意识，负责任地参与信息实践。了解信息技术可能带来的不利于身心健康的因素，养成健康使用信息技术的习惯。

其次，学以致用层面的实践。掌握有关网络道德规范的知识和信息安全法律法规的知识，同时了解在信息活动过程中存在的消极因素，学会识别和抵制不良信息，增强在网络交流中的自我保护意识，争做"网络社会"的好公民。

最后，以案为鉴，防患于未然。通过身边的实际案例，知晓缺乏网络信息安全意识的后果，吸取教训，增强网络安全意识。

树立正确的网络观是网络素质教育的基础，也是网络自我保护的预防针，这需要国家、社会、家庭、学校几方面的共同努力，更需要加强自身修养，不断提高自己的鉴别力。

二、网络安全法律法规

视频

网络安全
律法规

（一）主要的网络安全法律法规

国家和网络安全职能部门下发的有关网络安全的政策及法律主要有以下四部。

1.《中华人民共和国网络安全法》

2017年6月1日，《中华人民共和国网络安全法》正式实施。作为我国第一部全面规范网络空间安全管理方面问题的基础性法律，《中华人民共和国网络安全法》是我国网络空间法治建设的重要里程碑，是依法治网、化解网络风险的法律重器，是让互联网在法治轨道上健康运行的重要保障。《中华人民共和国网络安全法》将近年来一些成熟的好做法制度化，并为将来可能的制度创新做了原则性规定，为网络安全工作提供了切实法律保障。

自《中华人民共和国网络安全法》落地以来，随着国家对基础设施安全和消费者权益保护的重视，相关的法律法规陆续出台，形成了包括个人信息保护、金融信息处理与跨境传输合规、网络安全等级保护、网络及数据安全审查、金融消费者权益保护、金融信息保护内控制度在内六个方面的制度组合，从而预防行业网络安全风险。

2.《互联网新闻信息服务管理规定》

2017年5月2日，国家互联网信息办公室对外公布新版《互联网新闻信息服务管理规定》，正式实施时间是2017年6月1日。明确了互联网新闻信息服务的许可、运行、监督检查、法律责任等，将各类新媒体包括通过互联网站、应用程序、论坛、博客、微博客、公众账号、即时通信工具、网络直播等形式向社会公众提供互联网新闻信息服务纳入管理范畴，各类平台对发布者的资格审核和上传的内容审查都更为严格。要进一步加强网络空间法治建设，促进互联网新闻信息服务健康有序发展。

3.《公安机关互联网安全监督检查规定》

2018年11月1日，公安部发布《公安机关互联网安全监督检查规定》。根据规定，公安机关应当根据网络安全防范需要和网络安全风险隐患的具体情况，对互联网服务提供者和互联网使用单位开展监督检查。

4.《公共互联网网络安全突发事件应急预案》

2017年11月23日，工业和信息化部印发《公共互联网网络安全突发事件应急预案》。要求部应急办和各省（自治区、直辖市）通信管理局应当及时汇总分析突发事件隐患和预警信息。

综上所述，近年来我国互联网发展得十分迅速，成为互联网大国。网络空间不是法外之地，在依法治国理念下，我国针对网络也颁布了相关法律，从事互联网运营的企业和个人都要遵守法律法规。

（二）做"三好"网民

网络已成为海陆空天之外的第五大疆域，给人们带来了极大的机遇和挑战。网络安全作为维护国家安全稳定的重要基石，需要每一位网民做"三好"网民，即守法、文明、智慧，共同守护清朗网络空间。

1. 做守法网民，自觉维护网络秩序

网络是个虚拟世界，但绝非法外之地，法律不仅约束现实生活，同样也是网络世界的底线和红线。做"三好"网民，就是要自觉遵守法律法规，面对网络谣言、敏感事件、负面消息时能够研判识别、理性分析，绝不当"好好先生""墙头草"，特别是面对网上违法行为，要仗义执言、及时揭露，努力营造相互监督、相互纠正、相互促进的良好局面。

2. 做文明网民，坚决抵制低级趣味

近年来，随着微博、朋友圈、短视频、直播等自媒体平台的兴起，出现了"流量至上"等过度娱乐化、庸俗化现象，严重偏离主流价值观念。人无德不立，"网"无德则乱。做"三好"网民，就是要加强自我约束、自我管理，远离媚俗倾向，抵御低俗之风，遵守道德规范和公序良俗，崇德向美、见贤思齐，做到文明上网、理性表达、和谐互动，传递向善向上的精神力量。

3. 做智慧网民，防范网络犯罪活动

近年来，各类网络犯罪行为时有发生，如网络兼职诈骗、网购信息诈骗、虚假中奖信息等，形式五花八门，严重损害了网民切身利益，破坏了网络安全生态。做"三好"网民，就是要增强网络行为甄别能力，提高警惕性，拒绝任何涉案网络信息。特别是涉及个人钱财、消费、安全、人身自由、涉及案件等相关的内容，做到"不轻信、不泄露、不转账"，不给犯罪分子可乘之机。

文明世界讲文明，和谐社会传真情。文明、守法是一个眼神，给人无声的祝福；文明、守法是一滴泉水，给人心田的滋润；文明、守法是一缕春风，给人身心的舒畅。"文明、守法上网、共建和谐"，呼唤我们每一个网民，从自己做起，从今日起步，如图5-1-1所示。

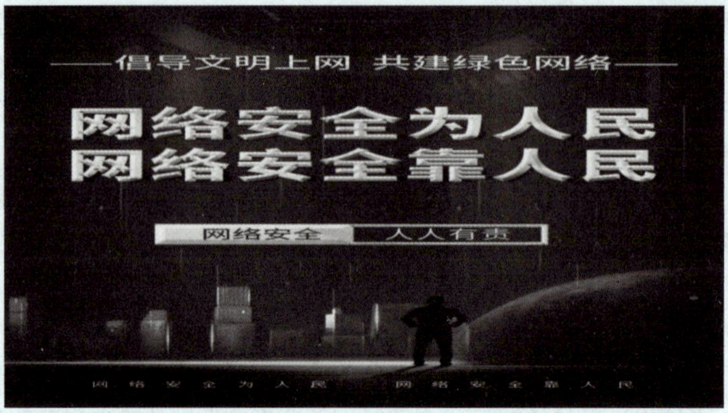

图 5-1-1   网络安全，人人有责

视频

网络常见安全风险

三、网络常见安全风险

（一）钓鱼Wi-Fi

无线接入点（access point，AP）是无线网和有线网之间沟通的桥梁，是组建无线局域网（WLAN）的核心设备，相当于发射基站在移动通信网络中的角色。Wi-Fi热点既是指Wi-Fi信号源的位置点，也是指无线路由器一类的无线AP设备。

风险：攻击者架设假冒的free-Wi-Fi热点，或者向受害人计算机发送断联信号，强制使其下线，然后将其吸引到同名恶意热点上，对受害人进行窃取数据、注入恶意软件、下载有害内容等侵害。

（二）恶意软件

恶意软件是指可以中断用户的计算机、手机及其他设备的正常运行或对其造成危害的软件。

主要包括：

（1）病毒：通过感染计算机文件进行传播，以破坏或篡改用户数据，影响信息系统正常运行为主要目的。

（2）蠕虫：能自我复制和广泛传播，以占用系统和网络资源为主要目的。

（3）木马：以盗取用户个人信息，甚至是远程控制用户计算机为主要目的，如盗号木马、网银木马等。

（4）逻辑炸弹：当计算机系统运行的过程中恰好某个条件得到满足，就触发执行并产生异常甚至灾难性后果，如删（数据）库等。

（5）后门：绕过安全性控制而获取对程序或系统访问权的方法。

（6）勒索软件：以锁屏、加密用户文件为条件向用户勒索钱财。用户数据资产包括文档、邮件、数据库、源代码、图片、压缩文件等。

（三）漏洞攻击

漏洞是指信息系统的软件、硬件或通信协议中存在的设计、实现或配置缺陷，从而可使攻击者在未授权的情况下访问或破坏系统，导致信息系统面临安全风险。

漏洞分类：

0day漏洞：还没有可用补丁的安全漏洞。

1day漏洞：刚刚公布补丁的漏洞。微软通常在每个月的第二个星期二发布系统补丁，称为Patch Tuesday，但常有黑客根据对补丁的分析而快速发现漏洞所在，称为Exploit Wednesday。

Nday漏洞：已经发布了很久，但是仍然被利用的漏洞。

（四）个人信息保护

个人信息是指以电子或者其他方式记录的能够单独或者与其他信息结合识别自然人个人身份或者反映特定自然人活动情况的各种信息，包括但不限于自然人的姓名、出生日期、身份证号、个人生物识别信息、住址、电话号码等。个人敏感信息是指一旦遭到泄露、非法提供或滥用，可能危害人身和财产安全，极易导致个人名誉、身心健康受到损害或歧视性待遇等的个人信息。

风险：

（1）随手乱丢快递单，泄露姓名、电话号码、工作地点或住址。

（2）星座、性格测试，泄漏姓名、出生年月。

（3）分享送流量，不法分子确认手机号是有效的。

（4）抢红包输入个人信息，泄露姓名、手机号。

（5）微博发帖、朋友圈分享旅行信息，如果家中没人可能引来窃贼。

（6）晒图，照片元数据中包含GPS位置信息。

（7）允许陌生人查看社交网络个人档案、微信朋友圈，泄露生日、爱好、电话号码等信息。

（8）机构数据泄露，账户信息泄露。

（9）远程办公系统的企业通信录、健康情况汇总、活动轨迹填报等功能，可能收集、存储用户的个人信息（如姓名、电话、位置信息、身份证号、生物特征识别数据等），存在被滥采、滥用和泄露的风险。

（五）网络电信诈骗

网络电信诈骗通常指通过网络、电话、短信等途径，利用虚构事实或者隐瞒真相等手法，骗取他人财物的诈骗手段。

种类包括：

信任类诈骗：通过冒充亲友、领导、客服、医保社保、通信运营企业、助学机构等，通过伪造各类图片公文等方式骗取信任，欺骗性很强。

同情类诈骗：伪造车祸、突发疾病等突发事件，假装心急如焚，诱骗受害人转账；虚构寻人、扶困帖子以爱心传递方式发布在微信朋友圈，实施电话吸费或电信诈骗。

威胁类诈骗：假冒公检法办案，虚构包裹涉毒、受害人涉案、医保卡涉嫌违禁药品等场景。

贪婪类诈骗：微信传销、AA红包、天天分红、中奖、购车补贴、刷单刷钻等，利用微信等现代工具在亲友间传播，谎称低投入、高回报，诱惑力比较强。

情感类诈骗：伪装成"高富帅""白富美""颜值担当主播"等，添加好友骗取感情和信任后，以资金紧张、家人有难、冲业绩等理由骗钱。

（六）钓鱼邮件

钓鱼邮件是指黑客伪装成同事、合作伙伴、朋友、家人等用户信任的人，诱使用户回复邮件、单击嵌入邮件正文的恶意链接或者打开邮件附件以植入木马或间谍程序，进而窃取用户敏感数据等的一种网络攻击活动。种类包括：

（1）广撒网式钓鱼：群发垃圾邮件钓鱼。

（2）鱼叉式网络钓鱼：是指黑客研究目标用户，了解用户的喜好和日常运作，通过特殊定制的邮件来窃取敏感数据和安装恶意软件。

（3）钓鲸邮件：专门针对企业高管发送的精准钓鱼邮件。

四、风险的防范安全技巧

（一）钓鱼Wi-Fi防范安全技巧

（1）仔细辨认真伪：向公共场合Wi-Fi提供方确认热点名称和密码；无须密码就可以访问的Wi-Fi风险较高，尽量不要使用。

（2）避免敏感业务：不要使用公共Wi-Fi进行购物、网上银行转账等操作，避免登录账户和输入个人敏感信息。如果要求安全性高，有条件的话可以使用VPN服务。

（3）关闭Wi-Fi自动连接：在不使用Wi-Fi时，应将其关闭。或将Wi-Fi功能设置为锁屏后不再自动连接。

（4）加固家用Wi-Fi：为Wi-Fi路由器设置强口令以及开启WPA2是最有效的Wi-Fi安全设置。

（5）运行完全扫描：安装安全软件，进行Wi-Fi环境等安全扫描，降低安全威胁。

（二）恶意软件防范安全技巧

（1）要安装防火墙和防病毒软件，并及时更新病毒特征库。

（2）要从官方市场下载正版软件，及时给操作系统和其他软件打补丁。

（3）要为计算机系统账号设置密码，及时删除或禁用过期账号。

（4）要在打开任何移动存储器前用杀毒软件进行检查。

（5）要定期备份计算机、手机的系统和数据，留意异常告警，及时修复恢复。

（6）不要打开来历不明的网页、邮箱链接或短信中的链接。

（7）不要执行未经杀毒扫描的下载软件。

（8）不要打开QQ等聊天工具上收到的不明文件。

（9）不要轻信浏览网页时弹出的"支付风险、垃圾、漏洞"等提示。

（三）漏洞攻击防范安全技巧

（1）软件漏洞普遍，隔三差五发现；关注安全提醒，及时排查隐患。

（2）提示补丁修复，千万别嫌麻烦。操作系统、浏览器和其他应用软件，都要及时打补丁。

（3）关闭无用服务，卸载没用软件。减少暴露途径，提高安全基线。

（4）禁用危险端口，系统安全改善。开启防火墙，设置规则禁止对危险端口的访问。

（四）个人信息保护防范安全技巧

（1）要利用社交网站的安全与隐私设置保护敏感信息。

（2）要在安全级别较高的物理或逻辑区域内处理个人敏感信息。

（3）要加密保存个人敏感信息，个人敏感信息需带出时要防止被盗、丢失。

（4）要仔细阅读用户许可，只授权将个人信息转移给合法的接收。

（5）要注意保存或及时销毁存有个人信息的纸质资料、快递单，废弃的光盘、U盘、计算机。

（6）不要在微博、朋友圈等处随意发布个人敏感信息。

（五）网络电信诈骗防范安全技巧

（1）凡是打着类似民族资产解冻旗号进行敛财的、让你交钱的，不管钱多钱少，都是诈骗。

（2）凡是自称党中央、国务院领导干部，通过电话、微信、电子邮件、QQ等方式进行所谓的"委托""授权""任命"的，均是诈骗。

（3）凡是声称缴纳数十元、上百元会费就能获利数万元、数十万元甚至数百万元的各类App、项目，均是诈骗。

（4）要选择信誉良好的网站购物，将官方网站加入收藏夹备用，以免因为输入错误网址而误入钓鱼网站。

（5）不要在网上购买非正当产品，如手机听器、毕业证书、考题答案等。

（6）不要轻信以各种名义要求你先付款的信息，不要轻易把自己的银行卡借给他人。

（7）不要轻信任何号码发来的涉及银行转账及个人财产的短信，不向任何陌生账号转账。

（六）钓鱼邮件防范安全技巧

（1）看发件地址，若非预期不理。留心利用拼写错误来假冒发件人地址，比如r+n与m，v+v与w，c+l与d.或私人邮箱号称官方邮件等。

（2）看邮件标题，警惕诈骗字眼。典型的钓鱼邮件标题通常包含（但不限于）"账单、邮件投递失败、包裹投递、执法、扫描文档"等，重大灾害、疾病等热点事件常被用于借机传播。

（3）看正文内容，辨明语法错误。忽略泛泛问候的邮件，警惕指名道姓的邮件；诈骗相关的热门正文关键字包括"发票、支付、重要更新"等；包含官方Logo图片不等于就是真邮件。

（4）看正文目的，保持镇定从容。当心索要登录密码、转账汇款等请求，通过内部电话等其他可信渠道进行核实。对通过"紧急、失效、重要"等词语制造紧急气氛的邮件谨慎辨别，不要忙中犯错。

（5）看链接网址，注意鼠标悬停。鼠标悬停在邮件所含链接的上方，观看邮件阅读程序下方显示的地址与声称的地址是否一致。

（6）看内嵌附件，当心木马易容。恶意电子邮件会采取通过超长文件名隐藏附件真实类型，其迷惑性附件名称诱使用户下载带毒邮件。在下载邮件附件之前，应仔细检查附件文件名和格式，不要因好奇而下载可疑附件。打开前用杀毒软件进行扫描。常见的带毒邮件附件为ZIP、RAR等压缩文件格式。DOC、PDF等文档中也可带有恶意代码。

（七）居家期间的线上工作与安全

（1）评估供应方的安全能力，选用合适的用户平台。

（2）谨慎保管登录凭证，设置较为复杂的密码。

（3）设备应配备防火墙、防病毒软件，提高工作设备的安全性。

（4）企业聊天、电子邮件或应用程序需进行加密保护。

（5）如有条件，可以请可信任的第三方对办公系统的安全性进行测试和评估，保障移动设备及移动设备中应用程序的安全性。

（6）提高自身的网络安全意识。使用工作专用设备，将个人数据与工作数据进行严格区分。

（7）移动设备应及时进行系统更新，修补系统漏洞以降低安全风险。

账户安全小提示

（1）密码设置应具有一定复杂度，不可过于简单，尽量使用英文字母、数字、特殊字符两种或两种以上结合，具有一定长度的密码。

（2）个人账号和密码信息不可泄漏给他人，不要使用与自己相关的资料作为个人密码，如自己或家人的生日、电话号码、身份证号、门牌号、姓名简写。

（3）使用公用计算机时，切勿开启"记住密码"选项，使用完毕后应安全退出，最好重新启动计算机或清除浏览器缓存。

（4）尽量避免不同账户使用同一个密码，养成定期更换密码的习惯。

个人计算机安全小提示

（1）为计算机安装防病毒软件并及时更新病毒库。首次安装防病毒软件时，一定要对计算机做一次彻底的病毒扫描。建议至少每周更新一次病毒库，因为防病毒软件只有最新的才最有效。

（2）安装软件时使用从正规渠道获取的安装包。例如，各软件的官方下载网站或正版软件服务平台。在安装或打开来历不明的软件或文件前先杀毒。

（3）对计算机系统和安装的软件进行及时更新，预防安全漏洞。

（4）不随意打开不明网页链接，尤其是不良网站的链接，陌生人通过QQ给自己发送链接时，尽量不要点击。

（5）在使用可移动存储介质时，杀毒后打开，不要随意将设备接到计算机上。

（6）定期备份计算机内资料，当遭到病毒严重破坏后能迅速修复。

（7）经常关注操作系统和应用软件的漏洞发布信息，及时升级补丁，不断增强个人计算机的免疫能力。

五、提高网络安全的方法

网络安全问题和经济社会问题相互交织，其复杂程度已经超越技术本身，成为影响经济社会发展的全局性问题，主动防范和化解新技术应用带来的潜在风险，加强网络空间治理，提升网络安全保障能力，已经成为人们适应网络强国时代的必备技能之一。

1. 建立网络安全法律意识

未来，我国在网络安全领域的法制只会越来越健全，关于网络安全的法律法规也会越来越多，作为互联网从业者，要做的是要更好、更快地适应这些变化，学习相关的法律知识，培养正确的职业观和道德观，自觉养成遵守网络安全法规的良好习惯，建立安全法律意识，自觉遵守网络安全法规，用合法合规的工作推动整个互联网行业更加健康且快速的发展。

2. 树立警惕意识

随着互联网、物联网向经济社会各领域的深度渗透，传统网络安全已经蔓延到经济社会各个领域，未来网络安全问题可能无处不在，网络安全引发的问题将不仅仅是断网本身，在推进信息技术普及应用过程中，要把网络安全保障意识放在前面，要时刻提高网络安全警惕意识，强化网络安全保障，完善管理制度和技术支撑，筑牢安全发展基石。

3. 提高责任意识

共同携手营造安全的网络环境，这是每个公民的权利和义务。网络虽然是自由之地，但不是法外之地，我们要文明上网，增强辨别是非的能力，不随意点击网页广告，不下载诱导软件。

4. 提高网络空间治理意识

网络空间安全已经远远超过传统网络安全范畴，互联网和经济社会各领域融合产生的新业态引发了网络空间新风险，诈骗、偷窃、色情、恐怖主义等传统违法犯罪行为的数字化和网络化，已经成为网络空间最大的安全隐患。要加快行业治理向网络空间领域拓展，加强对新业态发展引发风险的研判，加快治理手段革新，强化新技术在网络空间治理中的应用，提高网络社会时代行业治理能力。

5. 掌握网络安全的技能

提升亿万网民依法上网、文明上网、安全上网的意识，共同维护网络安全和国家安全、维护网民的切身利益已成为全社会的重大课题。我们可通过积极参与国家网络安全宣传周各项活动，获取网络安全知识和技能，做好个人数据资料的保护，谨慎进行电子交易、网上支付等涉及经济利益的操作，及时修复安全漏洞，防范个人主机或移动终端被木马或僵尸网络操控，防范个人信息泄露和财产损失。

6. 加强自我保护

大数据时代，部分人的信息保护意识淡薄，造成个人信息泄露，诈骗电话、营销电话比比皆是。所以，我们要增强自身网络安全知识和网络安全法制教育，掌握网络安全知识，增强防范意识。

素质园地

"网络安全为人民，网络安全靠人民。"维护网络安全既是我们每个人的权利，也是我们不可推卸的责任。一方面，我们拥有维护网络安全的权利，这能确保我们的生活更加安全无忧、便捷高效；另一方面，我们承担着确保网络安全的义务，以保障国家、集体以及个人的利益不受损害。从这个角度来看，构建一张坚不可摧的网络安全防护网，是全社会共同的期盼，也是全社会共同承担的使命，它需要政府、企业、社会组织以及广大网民携手合作、共同努力。唯有深化对网络安全的认识与理解，切实履行网络安全责任与义务，我们才能在建设网络强国的征途上行稳致远。

任务实施

活动1：设置手机支付安全保护

活动规则：

（1）一般支付宝、微信付款时除了软件自带的安全防护，手机本身带有支付安全保护的设置功能。

（2）进行手机支付安全保护的时候，可以对其他软件安全进行同步设置。

（3）选择需要保护的手机支付软件。

（4）具体设置因为手机型号和个人兴趣不同而异。

活动要求：

（1）准备好手机，型号不限。

（2）按照操作标准，学生自己设置。

时间：10 min。

活动实施：

第1步：单击"安全"。在"设置"界面中，点击"安全"选项，如图5-1-2所示。

第2步：选择"支付保护中心"。在"安全"界面中，点击"支付保护中心"，如图5-1-3所示。

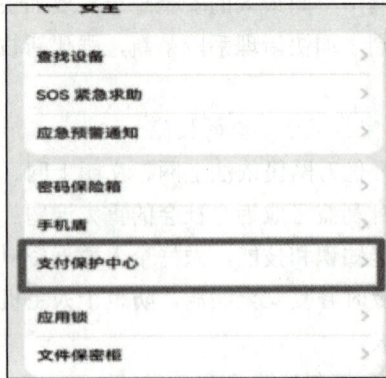

图 5-1-2　"安全"选项　　　　　　　图 5-1-3　"支付保护中心"选项

第3步：开启安全提示。在"支付保护中心"界面中，将安全提示开启，如图5-1-4所示。

第4步：还可以在手机的支付保护中心，开启想要受保护的应用开关，手机可以自动进行检测，保护支付环境安全，如图5-1-5所示。

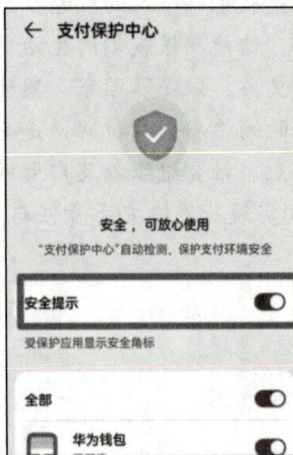

图 5-1-4　开启安全提示　　　　　　图 5-1-5　自动进行检测

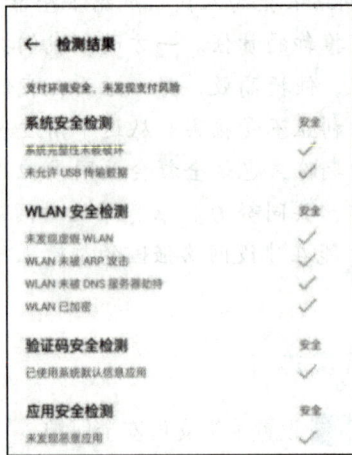

第5步：同学互相查看设置是否正确。

活动2：微信支付安全设置

活动规则：

（1）除了可以给手机添加密码外，还可以在微信支付上添加密码，以保障财产安全。

（2）手机上要有微信软件。

（3）因为手机型号和个人兴趣，设置界面会略有不同。

活动要求：

（1）准备好手机，型号不限。

（2）按照操作标准，学生自己设置。

时间：10 min。

活动实施：

第1步：打开"微信"，点击"我"，如图5-1-6所示。

第2步：点击上方的"支付"选项，如图5-1-7所示。

图 5-1-6　点击"我"选项

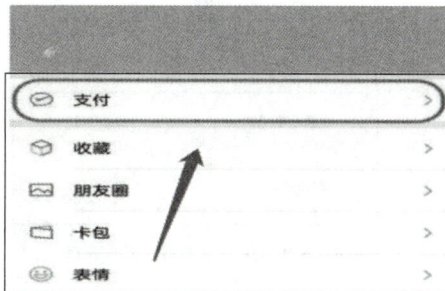

图 5-1-7　"支付"选项

第3步：点击"钱包"。对银行卡进行设置，如图5-1-8所示。

第4步：点击钱包最下方的"安全保障"选项，如图5-1-9所示。

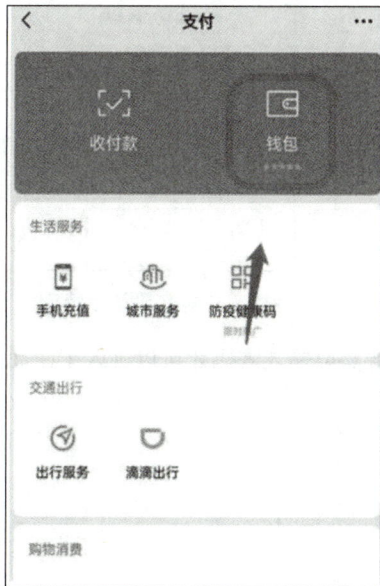

图 5-1-8　"钱包"选项

图 5-1-9　"安全保障"选项

第5步：点击"安全锁"选项，为支付页面设置安全密码锁，如图5-1-10所示。

第6步：选择自己需要设置的安全锁，这里以"手势密码解锁"为例，如图5-1-11所示。

图 5-1-10　"安全锁"选项

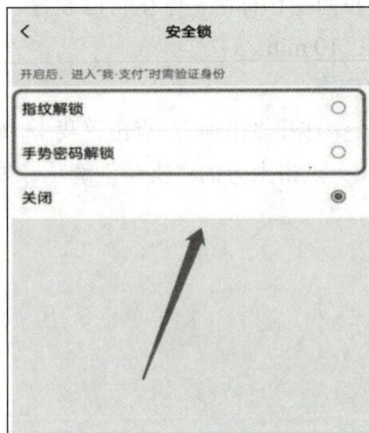

图 5-1-11　"手势密码解锁"选项

第7步：输入设置的六位数支付密码，通过身份验证，如图5-1-12所示。

第8步：设置需要使用的手势密码，随后再次确认手势密码，如图5-1-13所示。

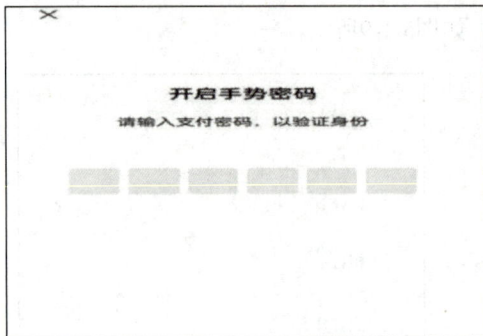

图 5-1-12　开启手势密码

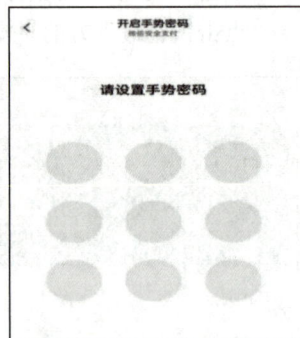

图 5-1-13　"再次确认手势密码"选项

第9步：返回微信页面，点击"支付"进入支付页面，就需要输入密码才可以进入了，如图5-1-14所示。

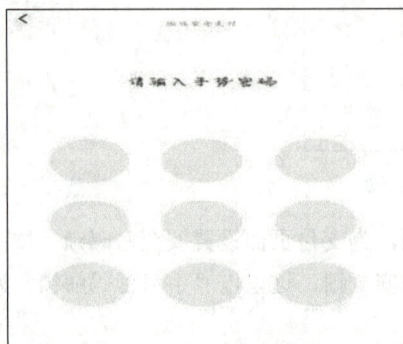

图 5-1-14　输入手势密码

任务 2　学会互联网思维

任务解析

本任务主要是对互联网营销师的互联网思维的训练，学生通过学习互联网思维相关知识并应用，可以认识到互联网不仅仅是可以用来提高效率的工具，它还是构建未来生产方式和生活方式的基础设施。

知识链接

一、互联网思维认知

习近平同志在庆祝改革开放40周年大会上的讲话中指出："只有顺应历史潮流，积极应变，主动求变，才能与时代同行。"身处互联网时代，各种先进的计算机信息技术、多媒体技术及数字化技术等被应用到各大领域，广大网民要顺应时代的发展，就要学会转变身份，摆脱传统思想观念和眼界的束缚，接受互联网这一"新生事物"。要主动学网，一方面要加强对互联网知识和技术的学习，将其视为工作、学习、交流的新途径，实现工作与现代信息技术优势接轨融合；另一方面要在学习中增强互联网思维和意识，在网络上汲取智慧和力量，利用互联网的优势推进服务更加高效化，社会治理更加精准化。

素质园地

进步源于学习，正是历代人的不懈学习与进取，才使得我们的生活如今充满了高科技的便利。例如AI技术，这一当前备受瞩目的领域，正是得益于人们持续不断的学习与研究，才达到了现今的先进程度。每一项发明的背后，都凝聚着大量的学习、探索与实验。我们同样需要勤勉学习，以推动社会的不断前行。

"终身学习"的理念深入人心，从生命的初始到终结，学习始终是人类及其个体的基本活动。无论是童年、少年、青年、中年还是老年，学习都伴随着人的一生，影响着个人的成长与发展。即便到了老年，我们仍需保持学习的热情，努力跟上时代的步伐。

（一）互联网思维的含义

互联网思维就是在（移动）互联网+、大数据、云计算等科技不断发展的背景下，对市场、用户、产品、企业价值链乃至对整个商业生态进行重新审视的思考方式。

互联网时代的思考方式，不局限在互联网产品、互联网企业。这里指的互联网不单指桌面互联网或者移动互联网，是泛互联网，因为未来的网络形态一定是跨越各种终端设备的，如台式计算机、笔记本计算机、平板计算机、手机、手表、眼镜等。互联网思维是降低维度，让互联网产业主动去融合实体产业。

案　例

颠覆传统思维的三只松鼠

三只松鼠股份有限公司成立于2012年，以安徽芜湖为总部，在南京设立了研发与创新中心。作为互联网森林食品品牌的佼佼者，三只松鼠在互联网销售领域的发展速度堪称中国电子商务史上的一个奇迹。

三只松鼠通过一系列的战略转型，实现了从单一品类向全零食品类的扩充，成功打通了线上线下全渠道，并推动了松鼠IP的人格化，打造了数字化的供应链，创新性地探索了新零售模式。这些举措不仅彰显了三只松鼠精准的战略眼光，也展现了其不断自我颠覆、再创业的决心和勇气。

创业之初，三只松鼠就秉持着"产业+文化"的发展理念，通过塑造萌萌的小松鼠形象，赋予了品牌独特的IP基因。从好吃的坚果、零食，到精彩的动画片、可爱的卡通玩偶，再到实用又美观的背包、抱枕、文具等，三只松鼠构建了一个全方位、多维度的产品链，丰富了松鼠的IP形象，也提升了品牌的知名度和美誉度。

三只松鼠还通过投食店等线下体验店，让消费者更加深入地感受松鼠文化，体验松鼠产品，从而进一步增强了用户黏性和品牌IP的影响力。三只松鼠还巧妙地将品牌植入热门影视作品中，使品牌的年轻、活力、可爱的内涵得到进一步传播，不断创造热点话题，提升了品牌的知名度和影响力。

展望未来，三只松鼠将继续推动数据的全产业链流通，提升柔性供应链服务能力，改造生产、改进品质，形成闭环，以满足人们对美好生活不断增长的需求。在互联网的助力下，三只松鼠将继续坚持做互联网顾客体验的第一品牌，通过产品体验的提升和互联网速度的加持，让产品更加新鲜、更快地到达消费者手中，为消费者带来更好的购物体验。

想 一 想

传统企业被颠覆的真正原因是什么？目前出现的传统企业的集体上线，对纯粹的互联网品牌形成新的挑战。

（二）互联网思维的本质

互联网思维的本质是人对全生态重新审视的思考方式。

1. 互联网思维更注重人的价值

在一个网状社会，一个"个体"跟一个"企业"的价值是由连接点的广度和密度决定的。连接越广、连接越密，价值就越大，这也是纯信息社会的基本特征。所以，开放变成一种生存的必需手段，不开放，就没有办法去获得更多的连接。

所以，互联网商业模式必然是建立在平等、开放的基础之上，互联网思维也必然体现着平等、开放的特征。平等、开放意味着人性化。从这个意义上讲，互联网是以人为本的经济，让商业回归人性。

2. 互联网思维是一种客户至上的思维

互联网时代，传统销售与传播环节已经变得不再重要，企业将直接面对消费者，消费者反客为主，拥有了消费主权，企业必须以更廉价的方式、更快的速度以及更好的产品与服务来满足消费者需求，客户至上不仅仅是一种终端服务概念，而是整个设计、生产、销售链条的原则。

互联网时代的商业思维是一种客户至上的思维。消费者同时成为媒介信息和内容的生产者和传播者，通过买通媒体单向广播、制造热门商品诱导消费行为的模式不成立了，生产者和消费者的权力发生了转变，客户至上时代真正到来。

3. 未来所有企业都将成为互联网企业

互联网企业是以网络为基础的经营，一般包括IT行业、电子商务、软件开发等。未来将不会再有互联网公司，因为所有企业都将成为互联网公司。所有行业、所有公司都会受到互联网的影响，无论是技术层面还是思维层面。所有的传统企业，需要思考的不是如何与互联网公司抢生意，而是自身怎样利用互联网完成转型和升级。

4. 互联网思维成为最根本的商业思维

互联网已经渗透到企业运营的整个链条中，从基础应用（如发电子邮件、用微信发通知、在百度查信息）到商务应用（如在线协同办公、在线销售、在线客服），乃至用互联网思维去优化整个企业经营的价值链条。

互联网正在成为现代社会真正的基础设施之一，就像电力和道路一样。互联网不仅仅是用来提高效率的工具，它是构建未来生产方式和生活方式的基础设施，更重要的是，互联网思维应该成为当前一切商业思维的起点。

（三）互联网思维的特征

1. 有强烈的危机感

运用互联网思维的企业自始至终都有很强的危机感，主要的原因有两点：一是企业面临的市场化变化瞬息万变，行业竞争日益加剧，今天的成功并不代表明天的成功；二是企业发展壮大了，容易自满、安逸，不思进取。所以，成功的企业总是有着强烈的危机感。

2. 快速

运用互联网思维的企业，一个显著特征就是快。快主要表现在决策快、产品推出快、行动快、产品迭代快、创新速度快、变革快和具有快速的市场反应能力。快能使企业迅速抓住机遇，捷足先登，掌握竞争的主动权。如互联网公司产品开发做到小步快跑、快速迭代，节奏是按天或周计算。

3. 客户至上

在运用互联网思维的企业奉行用户至上、以客户为中心的理念，并切实落实到企业经营管理全过程。它们想尽一切办法，利用新媒体拉近与客户的距离，挖掘客户的潜在需求和消费行为特征，并且让用户参与产品的设计、商业模式的策划，使用户真正成为企业运营管理的核心。

4. 追求极致的客户体验

在互联网时代，用户在供求关系中成为主导者，成功运用互联网思维的企业，都是为客户提供超过客户期望的产品或服务，为客户提供完美的客户体验，追求简单极致，客户体验成为企业市场制胜的决定性因素。

5. 平台思维

经济发展的最高境界，不是做产品，不是重质量，也不是高标准，而是打造平台。近年来，平台型企业发展很快，从门户网站、网络游戏、各种电子商务网站到社交网络、第三方支付、网络视频、互联网金融，再到孵化企业、各种交易市场、上海自贸区等，涌现出众多成功的平台型企业。运用互联网思维，必须运用平台的思想，通过平台规则、平台运营机制的创新，聚合双边或多边市场规模，打造有关利益方共赢的商业生态圈，实现平台模式的变革。

6. 创新精神

创新是互联网的精髓、灵魂与精神，是企业持续发展的核心动力，也是互联网思维的重要内容。创新思维不仅仅是产品创新、技术创新，还包括商业模式创新、平台模式创新、服务模式创新、盈利模式创新、机制创新、文化创新和运营模式创新，更重要的是观念创新。

7. 坚持开放性

开放是互联网经济的重要特征。运用互联网思维的企业都具有开放性，不仅对内部全员开放，更重要的是对外部开放。开放的最终目的是有效整合内外部资源，打造良好的生态环境，提高企业的竞争力。

8. 免费的商业模式

互联网思维首先强调的不是收入，而是用户规模和用户流量（如PV等），没有规模和流量商业模式难以成功。因为互联网应用若要收费，用户都可以找到同质化的免费产品，可以说免费模式是众多互联网公司成功的关键。对于进入互联网的企业，如果一开始就想着盈利，则很容易导致失败。

9. 专注精神

专注是运用互联网思维的企业一个重要特征，也是企业成功的关键要素。互联网是一个蓬勃发展的行业，孕育无限商机。纵观互联网成功企业，大多是从专注某一业务领域做起。

10. 组织更加敏捷、灵活和柔性

互联网思维强调开放、协作、分享，提高企业的效率、效益、灵活性是现代企业管理追求的目标，大而全、等级分明的企业很难贯彻互联网思维，因此，运用互联网思维的企业讲究小而美、化大为小、组织扁平化，这是企业适应移动互联网时代的一个重要判断标准。

二、互联网思维的分类

● 视频

互联网九大
思维

以人为核心的互联网思维，将是新商业文明时代的指导思想。互联网思维成为一种新的商业智慧。未来所有的商业行为，都要以互联网思维为起点。互联网九大思维分别是用户思维、简约思维、极致思维、迭代思维、流量思维、社会化思维、大数据思维、平台思维、跨界思维。

（一）用户思维

互联网思维最重要的就是用户思维，即在价值链各个环节中都要"以用户为中心"去考虑问题。从整个价值链的各个环节，建立起"以用户为中心"的企业文化，只有深度理解用户才能生存。没有认同，就没有合同。要遵循以下三个法则。一是获得大量"粉丝"。成功的互联网产品都抓住了"粉丝群体"的需求。QQ、百度、淘宝、微信、小米，无一不是借助"粉丝"获取成功。二是兜售参与感。按需定制和在用户的参与中去优化产品。让用户参与品牌传播，便是粉丝经济。品牌需要的是粉丝，而不只是用户。三是体验至上。用户体验从细节开始，让用户有所感知，并超出用户预期。

用户思维体系涵盖了最经典的品牌营销的Who-What-How模型：Who，目标消费者——粉丝；What，消费者需求——兜售参与感；How，怎样实现——全程用户体验至上。

（二）简约思维

互联网时代信息爆炸，用户的耐心越来越不足，所以，必须在短时间内抓住用户。要遵循以下两个法则。一是专注。专注才有力量，才能做到极致。二是简约。在产品设计方面，要做减法。外观要简洁，内在的操作流程要简化。

（三）极致思维

极致思维，就是把产品、服务和用户体验做到极致，超越用户预期。要遵循以下两个法则：一是要打造超出用户预期的产品。有三个方法：第一，"需求要抓得准"（痛点、痒点或兴奋点）；第二，做到自己能力的极限；第三，"管理要盯得紧"（得产品就成功）。一切产业皆媒体，在这个社会化媒体时代，好产品自然会形成口碑传播。二是服务即营销。为顾客制造惊喜，站在顾客角度为顾客提供细致的个性化服务。

（四）迭代思维

这是一种以人为核心、反复、循序渐进的开发方法，允许有所不足，不断试错，在持续迭代中完善产品。这里面有两个点，一个是"微"，一个是"快"。一是从小处着眼，微创新。要从细微的用户需求入手，贴近用户心理，在用户参与和反馈中逐步改进。二是精益创新，快速迭代。只有快速地对消费者需求做出反应，产品才更容易贴近消费者。

（五）流量思维

流量意味着体量，体量意味着分量。要遵循以下两个法则。一是免费。免费是为了更好地收费。二是坚持。坚持到质变的"临界点"。任何一个互联网产品，只要用户活跃数量达到一定程度，就会开始产生质变，从而带来商机或价值。把流量做上去，才有机会思考后面的问题，否则连生存的机会都没有。

（六）社会化思维

社会化商业的核心是网络，公司面对的客户以网络的形式存在，这将改变企业生产、销售、营销等整个形态。要遵循以下两个法则。一是利用好社会化媒体。二是众包协作。众包是以"蜂群思维"和层级架构为核心的互联网协作模式。传统企业要思考如何利用外脑，不用招募，便可"天下贤才入吾彀中"。小米手机在研发中让用户深度参与，实际上也是一种众包模式。

（七）大数据思维

大数据思维是指对大数据的认识，对企业资产、关键竞争要素的理解。要遵循以下两个法则。一是大数据的价值不在大，而在于挖掘和预测的能力。大数据思维的核心是理解数据的价值，通过数据处理创造商业价值。数据资产成为核心竞争力，小企业也要有大数据。二是用户是每个人。在互联网和大数据时代，企业的营销策略应该针对个性化用户做精准营销。

（八）平台思维

互联网的平台思维就是开放、共享、共赢的思维。全球最大的100家企业里，有60家企业的主要收入来自平台商业模式。所以要遵循三个法则：一是打造多方共赢的生态网络；二是善用现有平台；三是让企业成为员工的平台。

（九）跨界思维

随着互联网和新科技的发展，很多产业的边界变得模糊，互联网企业的触角已无孔不入，如零售、图书、金融、电信、娱乐、交通、媒体等。要遵循以下法则：用互联网思维，敢于跨界创新。

拥有互联网思维，才能在当今时代纵横商海，无往不胜。而所谓的互联网思维的精髓简单说就是：用户至上、体验至上、服务至上、平台至上。

Ⓐ 案　例

某家定位轻奢的餐厅，在开业仅仅三个月的时间里，便吸引了大量食客，每日顾客盈门，热闹非凡。该餐厅以其独特的互联网式产品思维进行运营，取得了显著成效。在菜品设计上，该餐厅追求简约而不简单，仅提供12道精心挑选的菜品，旨在将每一道菜都做到极致。在网络营销方面，该餐厅充分利用微博进行引流和客户服务，同时借助微信平台建立客户关系管理系统（CRM）。此外，该餐厅还成功打造了自己的粉丝文化，拥有了一批忠实的食客。

为了不断提升产品质量和服务水平，该餐厅特别组建了一支专业的团队，每天进行舆情监测，针对顾客反馈的问题进行持续优化和改进。这种以顾客为中心、追求极致品质的精神，正是该餐厅能够在竞争激烈的餐饮市场中脱颖而出的关键所在。

想一想

上述餐厅完美地诠释了互联网产品思维：互联网思维就是围着用户，把体验做到极致，然后用互联网方式推广。

三、"互联网+"认知

（一）"互联网+"的含义

"互联网+"代表一种新的经济形态，即充分发挥互联网在生产要素配置中的优化和集成作用，将互联网的创新成果深度融合于经济社会各领域之中，提升实体经济的创新力和生产力，形成更广泛的以互联网为基础设施和实现工具的经济发展新形态。"互联网+"行动计划将重点促进以云计算、物联网、大数据为代表的新一代信息技术与现代制造业、生产性服务业等的融合创新，发展壮大新兴业态，打造新的产业增长点，为"大众创业、万众创新"提供环境，为产业智能化提供支撑，增强新的经济发展动力，促进国民经济提质增效升级。

"互联网+"不仅深刻影响经济社会生活，更意味着思维方式的全新变革。"互联网+"需要思维摒弃封闭、迎接开放。故步自封，永远难有新的发展。互联网是开放的，"互联网+"思维更是如此。以顾客需求为圆心，以优质服务为半径，企业若能树立开放性思维，通过"互联网+"主动对接客户、对接市场，不断探索跨界行业合作，将会获得更多的优质资源，获得更广阔的发展空间。

"互联网+"，要求思维破除守旧、拥抱创新。墨守成规，终究会被时代抛弃。创新可以说是"互联网+"的天性。在"大众创业、万众创新"潮流下，更应该以创新思维要求、创新思维方式去拓展和创新社会实践空间，在创新中不断赢得新发展。

（二）"互联网+"的特征

（1）跨界融合。"+"就是跨界，就是变革，就是开放，就是重塑融合。敢于跨界，创新的基础就更坚实；融合协同，群体智能才会实现，从研发到产业化的路径才会更垂直。融合本身也指代身份的融合、客户消费转化为投资、伙伴参与创新等。

（2）创新驱动。粗放的资源驱动型增长方式已难以为继，必须转变到创新驱动发展。这正是互联网的特质，用所谓的互联网思维来求变、自我革命，也更能发挥创新的力量。

（3）重塑结构。信息革命、全球化、互联网业已打破原有的社会结构、经济结构、地缘结构、文化结构，议事规则、话语权不断在发生变化。

（4）尊重人性。人性的光辉是推动科技进步、经济增长、社会进步、文化繁荣的最根本的力量，互联网的力量也源于对人性的尊重、对人体验的敬畏、对人的创造性发挥的重视。

（5）开放生态。关于"互联网+"，生态是非常重要的特征，而生态的本身就是开放的。推进"互联网+"，其中一个重要的方向就是要把过去制约创新的环节化解掉，把孤岛式创新连接起来，让研发由人性决定的市场驱动，让创业并努力者有机会实现价值。

（6）连接一切。连接是有层次的，可连接性是有差异的，连接的价值是相差很大的，但是连接一切是"互联网+"的目标。

（7）法制经济。"互联网+"是建立在市场经济基础之上的法制经济，更加注重对创新的法律保护，增加了对于知识产权的保护范围，全世界对于虚拟经济的法律保护更加趋向于共通。

四、移动互联网的 5F 思维方法

视频

移动互联网的
5F 思维方法

互联网思维就是要对传统的工业思维进行颠覆。以企业为中心的"大而全、提供一站式购物体验"的 PC 互联网思维已经不能很好地满足消费者的需求。必须从 PC 互联网思维迅速切换到以消费者为中心、满足每个消费者个性化需求的"小而美、提供极致的私人购物体验"的移动互联网思维。移动互联网时代的 5F 思维训练方法如下：

（一）第一思维（First）

互联网已经基本形成固有的格局，而移动互联网似乎带来一次重新洗牌的可能，在同一条起跑线上，谁能赢得用户心中的第一，还是未知。如果说互联网时代还可以是百花齐放，那么，移动互联网时代绝对只能有一个"第一"。所以，"第一思维"是非常重要的。

移动互联网时代，只有"第一"，没有"第二"。"第一"并不仅指销售额第一。如果想要成为"第一"，就必须打破消费者的思维定式，成为消费者心智里的"第一"。如何建立第一思维，在自己定位的焦点市场赢得消费者心中的"第一"？作为互联网营销师，有以下两个关键的问题需要研究：

（1）如何定位，找到成为第一的路径？

（2）如何成为第一？

（二）焦点思维（Focus）

在移动互联网时代，"不做什么"比"做什么"更重要。第一，必须全神贯注聚焦自己想要解决的问题；第二，必须反复思考更多解决问题的方法；第三，必须直到找到结果为止才能停止思考这个问题，否则之前的努力将毫无意义。所以说，简单聚焦一件事可能比复杂更难做到，必须努力理清思路，才能使其变得简单。但最终这是值得的，因为一旦做到了，便可以创造奇迹。在移动互联网时代，从顾客焦点到需求焦点，从满足一大群人的全部需求到满足一小群人的某个需求，专注才有力量，才能做到极致。如何建立起焦点思维，从看似碎片的世界中汇聚商业的力量？有以下两个关键的问题需要思考：

（1）如何做减法，找到焦点战略？

（2）如何将焦点战略做到极致？

（三）碎片化思维（Fragment）

移动互联网连接的是消费者，这个连接是实时的。随着 5G 时代到来后，彼此实时连接起来的消费群的规模将越来越大；连接的成本越来越低，信息传播的速度越来越快；大家分享的内容越来越丰富，从文字、图片到短视频、电影，但信息的控制权已经从企业转移到消费者的手中。

在移动互联网时代，消费者渴望时间自由、空间自由、心灵自由。他们是全天候的消费群，在任何时间，如果他们产生了冲动，就可以立即购买；他们是全渠道的消费群，在任何地点，地面店、网店、移动商店或在社交媒体里面，他们如果想买，就可以立即购买；他们是个性化的消费群，只要是他们中意的，符合他们要求的，能够打动他们的，他们就可以立即购买。

移动互联网时代，用户的消费场景发生了巨大变化，接触消费者的地点越来越不固定，接触消费者的时间越来越短暂。移动互联网加剧了消费者的三个碎片化趋势：一是消费者购物地点的碎片化；二是消费者购物时间的碎片化；三是消费者购物需求的碎片化。

消费者每天通过微博、微信等各种社交媒体随时随地都在创造碎片化内容，如分享、评论、转

发、点赞、购物清单、心愿单、购物车、浏览记录、发布的心情、晒的照片、拍的视频等。一旦这些碎片化内容产生，又在微信朋友圈或粉丝中大规模传播，总是有人通知他们："这个世界刚刚发生了什么""我刚刚发生了什么""我有什么想法""我最近去了哪里""我最近关心什么话题"。于是，诸如短信、微博通知、微信聊天等大量的碎片信息，包围着每一个消费者，一方面打搅着他们的生活和工作，另一方面又影响着他们的购物决策，并产生了大量的即时冲动型需求，从而加剧了消费需求和购物时间的碎片化。无数的碎片化内容散落在浩瀚的社交信息的海洋里，却暗藏着每个消费者个性化需求的蛛丝马迹。

碎片时间成为赢得消费者的黄金窗口，如何建立起碎片化思维，从看似碎片的世界中汇聚商业的力量？作为互联网营销师，需要研究以下五个关键的问题：

(1) 如何让消费者在碎片时间主动选择你？

(2) 如何让消费者在一分钟内关注你？

(3) 如何在一小段时间里与消费者建立起令其心动的对话？

(4) 如何在一个碎片的时间窗口提供超出消费者预期的商品和服务？

(5) 如何通过全渠道覆盖消费者更多的碎片时间？

(四) 粉丝思维 (Fans)

在工业经济时代，只要产品足够好，分销渠道和零售终端布局得当，原则上就可以卖给世界上每一个人和卖到每一个角落。

在移动互联网时代，游戏规则已经发生改变。粉丝就是生产力，将粉丝经济学注入移动互联网，更是成为经典法则。在互联网时代，由产品经理通过和用户互动做出产品，再通过用户数据驱动前进。而在移动互联网时代，粉丝用户会提供大量需求，只要在大的格局和规划下满足他们的需求即可。粉丝已经成为产品成败的关键影响因素。

粉丝不仅仅是品牌忠诚的顾客，也是品牌的传播者和捍卫者。粉丝是一群认同品牌的价值观，对品牌、产品充满期待和热情的用户，是品牌的爱好者，是品牌声誉的捍卫者，是潜在的购买者，是免费的宣传者。粉丝是优质的目标消费者，对品牌、企业拥有高度的忠诚和热情。这些粉丝不仅会多次光顾购买产品和服务，而且会通过微博、微信等社交媒体向周围的人传播口碑，帮助品牌业务获得快速增长。

品牌是粉丝的精神家园。任何品牌都可以有自己的粉丝，都可以建立自己的自媒体。移动互联网时代，大部分公司都有强大的粉丝团。未来的顾客关系将从单向的、静态的会员体系走向双向的、动态的粉丝团体。每一个企业都必须热情拥抱自己的粉丝团体，通过真诚的对话，建立忠诚的消费群体。

如何建立起粉丝思维，从看似彼此竞争激烈的市场中汇聚粉丝的力量？有以下三个关键的问题需要研究：

(1) 如何重新定义品牌的理念和价值主张，吸引粉丝？

(2) 如何将品牌的消费部落打造成粉丝温暖的精神家园？

(3) 如何激发粉丝的激情和参与感？

(五) 快一步思维 (Fast)

在移动互联网时代，得到优势的时间和失去优势的时间可能同样短。如何建立起快一步思维？作为互联网营销师，有以下两个关键的问题需要研究：

（1）如何加速找到快速发展的道路？

（2）如何将整个组织的速度与顾客的速度协调一致？

任务实施

活动1：互联网创新思维培养——头脑风暴法

活动规则：

（1）从不同角度、不同层次、不同方位，大胆地展开想象，尽可能地标新立异，提出独创性的想法。

（2）禁止批评和评论，也不要自谦。对别人提出的任何想法都不能批判、不得阻拦。

（3）头脑风暴的目标是获得尽可能多的设想，设想越多，其中的创造性设想也就越多。

（4）限时限人原则。

活动要求：

（1）一般以8～12人为宜，也可略有增减（5～15人）。参与人数太少不利于交流信息、激发思维；人数太多则不容易掌握，并且每个人发言的机会相对减少，也会影响会场气氛。

（2）主张独立思考，不允许私下交谈，以免干扰别人思维。

（3）不强调个人的成绩，应以小组的整体利益为重。

（4）准备记录的工具，比如纸笔或者计算机。

（5）每组抽取一人在班级中进行展示，全班同学进行投票选出最优解决方案。

时间：30 min。

活动实施：

第1步：每组选出一个主持人员明确头脑风暴议题，维护会议秩序，确保会议过程商讨方向不跑偏，跑偏时需适时做提醒，并拉回正题；注意一定要有一名会议记录员。

第2步：热脑铺垫，可以通过做游戏、讲小故事打开思路，活跃思维，也可以根据主题来设计。比如，可以从提高互联网创新思维的小游戏开始。

第3步：所有参会人员围绕主旨议题进行短暂思考。

第4步：有序讨论，主持人注意控场。

第5步：筛选补充，集体讨论出好的"点子"后，进行筛选，进行深层次的思考，加以讨论和补充。

第6步：展示汇报。

每个小组选一个成员代表小组来分享。提出学习中的疑问，全班共同解决。最终投票选出最优解决方案。

第7步：学习评价，见表5-2-1。

表 5-2-1　学习评价

评价内容	4分	3分	2分	1分
要点评价	要点准确、合理；要点数量四个以上	要点准确、合理；要点数量三个	要点准确、合理；要点数量两个	要点准确、合理；要点数量一个

续表

评价内容	4分	3分	2分	1分
问题意识	在小组活动中能够提出三个以上想法，问题针对性强，且能提出解决办法，办法具有可行性	在小组活动中能够提出两个以上想法，问题针对性强，且能提出解决办法，办法具有可行性	在小组活动中能够提出一个以上想法，问题针对性强，且能提出解决办法，办法具有可行性	在小组活动中未能提出想法
同伴合作	与同组伙伴密切合作，效果好	与同组伙伴有合作，合作效果较好	偶尔与同组伙伴有合作，合作效果一般	没有与同组伙伴进行合作
反思与改进	形成了完善的自我反思，且包含全部细节描述，改进明显	基本形成了自我反思，且包含一些细节描述，有所改进	基本形成了自我反思，但未包含细节描述，有所改进	没有自我反思和改进

●●●● 任务3　培养信息素养 ●●●●

任务解析

本任务主要是对互联网营销师信息素养的训练，使学生通过学习并应用信息素养相关知识，具有良好的信息素养，感受信息社会，增强正确、有效的信息意识，从而发展成为适应信息时代要求的具有良好信息素养的公民。

知识链接

人类社会的发展对人们的能力提出了越来越高的要求。当信息化社会到来时，对信息素养的要求也应运而生。最开始的信息素养脱胎于图书馆的用户教育，即对用户的信息获取、加工、整理、利用能力进行培养。后来人们对这个概念进行了补充与丰富。网络自诞生以后，不仅自身不断演进，而且迅速与其他文化特质相结合，形成一个庞大的虚拟文化丛，其应用渗透到教育、经济、政治、科技等众多领域。网络文化不仅增强了不同地域文化和传统文化之间的接触与交流，而且对个体信息素养的影响越来越深远。

一、信息素养认知

视频

信息素养认知

（一）信息素养的含义

信息素养（information literacy）的本质是全球信息化需要人们具备的一种基本能力。信息素养这一概念是信息产业协会主席保罗·泽考斯基于1974年在美国提出的。他把信息素养定义为"人们在解决问题时利用信息的技术和技能"。它包括文化素养、信息意识和信息技能三个层面。具有信息素养的人能够判断什么时候需要信息，并且懂得如何去获取信息，如何去评价和有效利用所需的信息。

21世纪是信息时代，信息的获取、选择、掌握和应用，不仅直接影响知识的生产、科技的创新、成果的转化，而且影响人们的工作、学习乃至日常生活。当信息处于如此核心的地位，它对人的要求就不仅包括知识、技术和能力，而且包括规范、品质和道德，概括而言，也就是信息素养。在当今时代，信息素养作为人的整体素养的重要组成部分，成为衡量一个人素质高低的重要标准之一。

（二）信息素养的内容

信息素养是一种基本能力，是一种对信息社会的适应能力。它不仅包括利用信息工具和信息资源的能力，还包括选择、获取、识别、加工、处理、传递并创造信息的能力。主要包括以下四方面内容。

1. 信息意识

信息意识即人的信息敏感程度，是人们对自然界和社会的各种现象、行为、理论观点等，从信息角度的理解、感受和评价。通俗地讲，面对不懂的东西，能积极主动地去寻找答案，并知道到哪里、用什么方法去寻求答案，这就是信息意识。信息时代处处蕴藏着各种信息，能否很好地利用现有信息资料，是人们信息意识强不强的重要体现。使用信息技术解决工作和生活问题的意识，是信息技术教育中最重要的一点。同时，看一个人有没有信息素养、有多高的信息素养，首先要看他有没有信息意识，信息意识有多强。也就是碰到实际问题时，能不能用信息技术去解决。信息意识是指对信息、信息问题的敏感程度，是对信息的捕捉、分析、判断和吸收的自觉程度。

2. 信息知识

信息知识既是信息科学技术的理论基础，又是学习技术的基本要求。掌握信息技术的知识，才能更好地理解与应用它。具有基本的科学和文化常识，能够较为自如地对获得的信息进行辨别和分析，正确地加以评估，也是信息素质的一个重要体现。

3. 信息能力

信息能力包括信息系统的基本操作能力，信息的采集、传输、加工处理和应用的能力，以及对信息系统与信息进行评价的能力等。这也是信息时代重要的生存能力。发现信息、捕获信息，想到用信息技术去解决问题，是信息意识的表现。但能不能采取适当的方式方法，选择适合的信息技术及工具，通过恰当的途径去解决问题，则要看有没有信息能力了。信息能力是指运用信息知识、技术和工具解决信息问题的能力。它包括信息的基本概念和原理等知识的理解和掌握、信息资源的收集整理与管理、信息技术及其工具的选择和使用、信息处理过程的设计等能力。身处信息时代，如果只是具有强烈的信息意识和丰富的信息常识，而不具备较高的信息能力，还是无法有效地利用各种信息工具去搜集、获取、传递、加工、处理有价值的信息，不能提高学习效率和质量，无法适应信息时代对未来的要求。信息能力是信息素质诸要素中的核心，具备较强的信息能力，才能更好地在信息社会中生存和发展。

4. 信息道德

信息技术，特别是网络技术的迅猛发展，给人们的生活、学习和工作方式带来了根本性变革，同时也引出许多新问题，如个人隐私权、软件知识产权、软件使用者权益、网络信息传播、网络黑客等。针对这些信息问题，出现了调整人们之间以及个人和社会之间信息关系的行为规范，这就形成了信息伦理。能不能在利用信息能力解决实际问题的过程中遵守信息伦理，体现了一个人信息道德水平的高低。简言之，信息意识决定一个人是否能够想到用信息和信息技术；信息能力决定能不能把想到的做到、做好；信息道德决定在做的过程中能不能遵守信息道德规范、合乎信息伦理。信息能力是信息素养的核心和基本内容；信息意识是信息能力的基础和前提，并渗透到信息能力的全过程。只有具有强烈的信息意识，才能激发信息能力的提高。信息能力的提升促进了人们对信息及信息技术作用和价值的认识，进一步增强了应用信息的意识。信息道德则是信息意识和信息能力正确应用的保证，它关系到信息社会的稳定和健康发展。具有正确的信息伦理道德修养，就要学会对媒体信息进行判断和选择，自觉地选择对学习、生活有用的内容，自觉抵制不健康的内容，不组织、不参与非法活动，不利用计算机网络从事危害他人信息。

信息素养的四个要素共同构成一个不可分割的统一整体。信息意识是先导，信息知识是基础，信息能力是核心，信息道德是保证。信息的丰富程度还制约着人们对信息知识的进一步掌握。

二、信息素养的表现能力

信息素养主要表现为以下八个方面的能力：

（1）运用信息工具：能熟练使用各种信息工具，特别是网络传播工具。

（2）获取信息：能根据自己的学习目标有效地收集各种学习资料与信息，能熟练地运用阅读、访问、讨论、参观、实验、检索等获取信息的方法。

（3）处理信息：能对收集的信息进行归纳、分类、存储记忆、鉴别、遴选、分析综合、抽象概括和表达等。

（4）生成信息：在信息收集的基础上，能准确地概述、综合、履行和表达所需的信息，使之简洁明了、通俗流畅并且富有个性特色。

（5）创造信息：在多种收集信息的交互作用的基础上，迸发创造思维的火花，产生新信息的生长点，从而创造新信息，达到收集信息的目的。

（6）发挥信息的效益：善于运用接收的信息解决问题，让信息发挥最大的社会效益和经济效益。

（7）信息协作：使信息和信息工具作为跨越时空的、"零距离"的交往和合作中介，使之成为延伸自己的高效手段，同外界建立多种和谐的合作关系。

（8）信息免疫：浩瀚的信息资源往往良莠不齐，需要有正确的人生观、价值观、甄别能力以及自控、自律和自我调节能力，能自觉抵御和消除垃圾信息及有害信息的干扰和侵蚀，并且完善合乎时代的信息伦理素养。

三、互联网营销师信息素养的训练内容

视频

互联网营销师信息素养的训练内容和能力培训步骤

互联网营销师信息素养训练主要针对以下五方面的内容：

（1）热爱生活，有获取新信息的意愿，能够主动地从生活实践中不断地查找、探究新信息。

（2）具有基本的科学和文化常识，能够较为自如地对获得的信息进行辨别和分析，正确地加以评估。

（3）可灵活地支配信息，较好地掌握选择信息的技能。

（4）能够有效地利用信息、表达个人的思想和观念，并乐意与他人分享不同的见解或信息。

（5）无论面对何种情境，能够充满自信地运用各类信息解决问题，有较强的创新意识和进取精神。

素质园地

从在线教育领域内，学生及家长的信息素养对于保障在线学习的有效性具有重要影响，同时，在线办公、服务和消费等场景也强调了信息素养对于每个人的重要性。在信息社会，信息素养已成为每个人高效学习、工作和享受高质量生活的基石。

信息素养训练不仅局限于掌握信息技术知识和技能，更重要的是培养人们科学面对现实问题、综合运用多学科方法解决问题的能力，以及塑造正确的情感、态度和价值观。信息素养能让人们在信息社会中更加从容地应对各种挑战，提升在信息化环境中的生活幸福感，更加高效地获取成就和自信。同时，它还能激发人们的危机感，使人们能够准确判断个人现状与社会人才需求的差距，并积极参与社会的安全与进步建设。此外，信息素养还能启迪人们的使命感，使人们了解信息社会的发展特征，并内化自身所肩负的建设使命。

四、培养互联网营销师信息素养能力的步骤

（一）判断什么时候需要信息的能力

人们每时每刻都在获取着大量的信息，因为只要人的大脑神经有反应就会接收到信息，不管是听的、看的、触感的，还是声音、画面、风、雨等，都是信息，这些信息是自然而然被人们接收的，所以这里说的"什么时候需要信息的能力"并不指这些自然界或人们生活中的信息，而是指工作、学习中解决问题而需要的信息。那么，怎么判断什么时候需要信息了呢？

例如，在人的学习中、作业时，当遇到难题时，就是需要信息的时候；一般的应对方式有两种：一种是迎难而上；一种是另走捷径，更甚者干脆就是放弃。如果遇到问题时迎难而上、解决问题，就到了需要信息的时候了。这种能力也是良好信息素养的体现。

（二）获取有效信息的能力

获取有效信息在整个信息素养过程中非常重要，能够快速地获取有效的信息是对以后信息进行加工、管理、分析、评价等信息素养活动的关键。人们通过大脑中已知的知识，以及课本等学习资料、交流讨论、阅读访问、网上检索等获取信息的手段，快速、有效地获取到自己需要的信息。

（三）评价信息和有效利用所需信息的能力

当前社会中信息庞大复杂，只有会评价所获得的信息，才能有效地利用信息。如果把这种技能放在学习中，它就相当于解答一道阅读理解的题目；在审阅题干的时候，学生会从题干中得到解答本题的信息，得到的这些信息是根据大脑中已经存在的知识，自然体现出来的，然后再经过大脑的分析、加工才能得到基本有效的答题信息，得到这些基本信息后再经过运算、书写的过程，最后把题目解答出来。这就是典型的分析、评价、利用信息的过程。

（四）培养自身正确的信息道德修养

信息道德是指在信息领域中用以规范人们相互关系的思想观念与行为准则。信息道德可以规范人们的信息行为，它是人在获取、加工、处理等信息过程中的行为规范。它能够帮助人们科学地洞察和认识信息社会中道德特征和规律，从而正确地指导和纠正自己的信息行为，使人的信息行为符合信息社会基本的价值规范和道德准则。现在的信息社会并不是理想的安全状态，信息社会中的信息也是良莠不齐的，有些信息影响、破坏着社会的发展。所以，应该养成正确的信息道德修养，辨别信息的真假，增加抵御不良信息的能力，这也是良好信息素养的重要内涵。

随着教育信息化的发展，每个人都应该注重自身"信息素养"，因为作为信息时代的公民，信息素养已经成为人们必备的自身素养，成为适应社会发展的能力；每个人要重视自身良好的"信息素

养"的培养，才能感受现在的信息社会，增强正确、有效的信息意识，从而发展成为适应信息时代要求的具有良好信息素养的公民。

任务实施

活动1： 进行信息检索

活动规则：

（1）掌握信息内容的各种获取途径，以及反思信息查询过程，从而养成有效的信息检索与获取思维习惯。

（2）合理使用信息检索工具，将查询与获取的信息进行整理、组织和保存。

（3）可以两人一组，配合检索。

（4）随机抽取五组在班级中进行展示，全班同学进行评价。

活动要求：

（1）根据需要准备相关检索内容，确定关键词等。

（2）要尽量真实、客观、精确。

（3）学生提前准备计算机、纸和笔。

（4）检索结束后，请同学点评，要吸纳合理化建议并改进。

时间：30 min。

活动实施：

第1步：明确检索的主题和要求。检索的主题内容、要点、时间范围、文献类型等。比如，信息素养教育内容。

第2步：选择信息检索系统，确定检索途径。比如知网等。

第3步：选择信息检索系统的方法。从所熟悉的信息检索工具中选择，或者主动向同学请教，也可以通过网络在线帮助选择。比如顺查法、倒查法、抽查法。

第4步：选择检索词。选择规范化的检索词；主题中涉及的隐性主题概念作检索词或者核心概念作检索词等。

第5步：制定检索策略，查阅检索工具。将检索词的检索范围限定在篇名、叙词和文摘字段；使用逻辑"与"或逻辑"非"；运用限制选择功能；进行进阶检索或高级检索；选择全字段中检索。

第6步：处理检索结果。将所获得的检索结果加以系统整理，筛选出符合主题要求的相关文献信息辨认。比如文献类型、著者、篇名、内容、出处等项记录内容，输出检索结果。

活动2： 如何做百度词条

活动规则：

（1）对所创建的词条应给出尽量全面，完整并且客观的概念定义。

（2）设置合理的开放分类，准确概括该词条的某一属性。

（3）标明引用出处以及参考的文献资料。

（4）千万不要在编辑内容里面添加广告内容，是不允许通过的。

（5）可以四到六人一组，配合创建。

（6）随机抽取三组在班级中进行展示，全班同学进行评价。

活动要求：

（1）准确、清晰、有意义的词条，尽量使用全称。

（2）要尽量真实、客观、精确。

（3）学生提前准备计算机、纸和笔。

（4）做完百度词条后，请同学点评，要吸纳合理化建议并改进。

时间：30 min。

活动实施：

第1步：需要登录自己的百度账号。

第2步：单击首页右边的"创建词条"按钮，如图5-3-1所示。

图 5-3-1　"创建词条"按钮

第3步：在新页面上，可以根据创建引导页面，或者直接进入词条创建页面进行编辑，如图5-3-2所示。

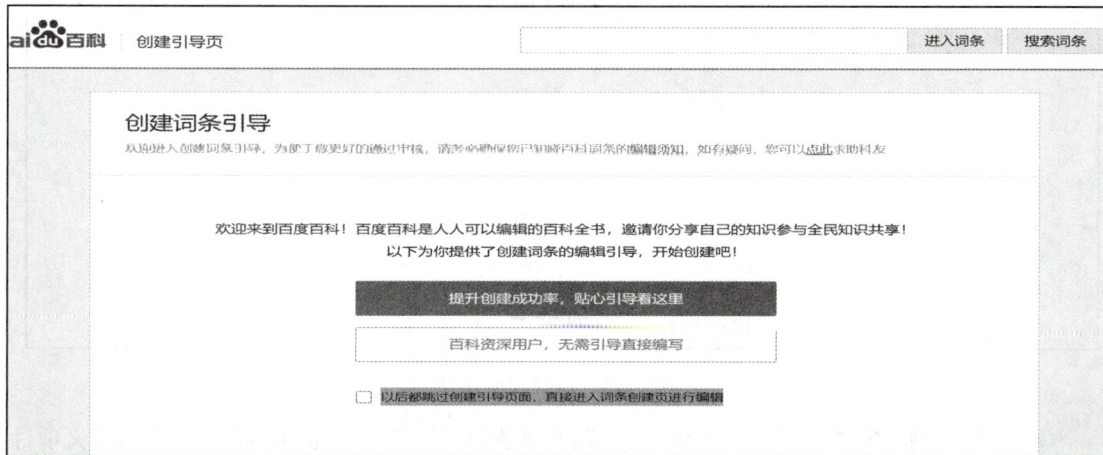

图 5-3-2　创建词条引导页面

第4步：输入要创建的词条名，然后单击下面的"创建词条"按钮，如图5-3-3所示。

图 5-3-3　"创建词条"选项

第5步：选择词条类型，根据实际情况选择填写，如图5-3-4所示。

图 5-3-4　选择词条类型

第6步：输入词条的"义项名"内容。然后输入词条的"信息栏"，也可以添加新的自定义项目。单击右上角的"预览"按钮来预览一项词条的内容。如果预览效果不错，就可以单击"提交"按钮了，如图5-3-5所示。

第7步：操作完成后，等待官方审核通过后，词条就发布成功了。

图 5-3-5　"信息栏"选项

●●●● 任务 4　养成数字素养 ●●●●

任务解析

　　本任务主要是对互联网营销师数字素养的训练，使学生通过学习并应用数字素养的相关知识，掌握互联网营销师数字化时代的素养。年轻人应该更好地把握数字技术带来的机遇，理解数字化时代对人才的需求；同时能应对不断发展的数字技术带来的挑战，加大数字素养培养、进一步提升全民全社会数字素养与技能。

知识链接

　　中央网信办、教育部、工业和信息化部、人力资源和社会保障部四部联合印发《2022年提升全民数字素养与技能工作要点》（简称《工作要点》）。《工作要点》要求，要坚持以习近平新时代中国特色社会主义思想为指导，以满足人民日益增长的美好生活需要、促进人的全面发展和全体人民共同富裕为根本目的，坚持目标导向、问题导向、结果导向，多措并举提升全民数字素养与技能。

一、数字素养

（一）数字素养的含义

　　中央网络安全和信息化委员会印发的《提升全民数字素养与技能行动纲要2022—2035》指出，数字素养是数字社会公民学习工作生活应具备的数字获取、制作、使用、评价、交互、分享、创新、安全保障、伦理道德等一系列素质与能力的集合。

视频 ●
数字素养认知

（二）数字素养的内容

1. 数字意识

具体来看，数字意识包括内化的数字敏感性、数字的真伪和价值，主动发现和利用真实的、准确的数字的动机，在协同学习和工作中分享真实、科学、有效的数据，主动维护数据的安全。

2. 计算思维

计算思维是指分析问题和解决问题时，主动抽象问题、分解问题、构造解决问题的模型和算法，善用迭代和优化，并形成高效解决同类问题的范式。

3. 数字化学习与创新

在学习和生活中，积极利用丰富的数字化资源、广泛的数字化工具和数字化平台，开展探索和创新。它要求不仅将数字化资源、工具和平台用来提升学习的效率和生活的幸福感，还要将它们作为探索和创新的基础，不断养成探索和创新的思维习惯与工作习惯，确立探索和创新的目标、设计探索和创新的路线、完成实践探索和创新的过程、交流探索和创新的成果，从而逐步形成探索和创新的意识，积累探索和创新的动力，储备探索和创新的能力，同时形成团队精神。

4. 数字社会责任

形成正确的价值观、道德观、法治观，遵循数字伦理规范。在数字环境中，保持对国家的热爱、对法律的敬畏、对民族文化的认同、对科学的追求和热爱，主动维护国家安全和民族尊严，在各种数字场景中不伤害他人和社会，积极维护数字经济的健康发展秩序和生态。

（三）数字素养的重要意义

当前，全球经济数字化转型不断加速，数字技术深刻改变着人类的思维、生活、生产、学习方式，推动世界政治格局、经济格局、科技格局、文化格局、安全格局深度变革，全民数字素养与技能日益成为国际竞争力和软实力的关键指标。各国和地区纷纷把提升国民数字素养与技能作为谋求竞争新优势的战略方向，出台战略规划，开展面向国民的数字技能培训，提升人力资本水平。党的十八大以来，党中央作出建设网络强国、数字中国战略决策，加快建设完善数字基础设施，不断提高数字经济、数字社会、数字政府发展水平，持续增强人民群众获得感。同时，也存在顶层设计缺失、数字鸿沟较大、资源供给不足、培养体系尚未形成、数字道德规范意识有待增强等问题，亟需加大工作力度，完善政策措施，整体提升全民数字素养与技能水平。

立足新时代世情国情民情，要把提升全民数字素养与技能作为建设网络强国、数字中国的一项基础性、战略性、先导性工作，切实加强顶层设计、统筹协调和系统推进，注重构建知识更新、创新驱动的数字素养与技能培育体系，注重建设普惠共享、公平可及的数字基础设施体系，注重培养具有数字意识、计算思维、终身学习能力和社会责任感的数字公民，促进全民共建共享数字化发展成果，推动经济高质量发展、社会高效能治理、人民高品质生活、对外高水平开放，为我国开启全面建设社会主义现代化国家新征程和向第二个百年奋斗目标进军注入强大动力。

同时，数字素养是数字社会的重要素养。数字素养是在媒介素养、信息素养和网络素养等概念基础之上的升级，是一个多维的概念，是数字时代人们不可或缺的"生存技能"。数字素养是数字社会对国民素质提出的新要求，是公民在数字化生存中所具有的综合品质或达到的发展程度，是数字社会公民学习、工作、生活应具备的技术使用、创新发展、安全保障、伦理道德等一系列素质与能力的集合。

各国非常重视数字素养，原因有：一是数字经济发展的新需要，数字经济是未来的经济形态，深刻改变着人类的思维、生活、生产、学习方式，推动政治、经济、科技、文化、安全等深度变革，新业态、新模式需要新型人才；二是提升国际竞争力的新举措，全球经济数字化转型不断加速加深，全民数字素养与技能日益成为国际竞争力和软实力的关键指标；三是提升公民素质的新要求，数字社会的公民应该具备数字获取、制作、使用、评价、交互、分享、创新、安全等素质与能力，掌握一定的数字技术才能避免数字鸿沟，适应社会的发展进步。

二、互联网营销师应具备的核心数字素养

（一）数字技能素养

1. 数字技能素养的含义

数字技能素养，即充分掌握数字产品的使用技能，熟练开展信息获取、交流互动，以及具备使用各种数字化工具从事社会生产的能力和素质。提升全民数字技能素养，是做强做优做大数字经济的必由之路，也是弥合数字鸿沟、促进共同富裕的关键举措。要努力提升全民数字技能素养，不断增强数字化适应力、胜任力、创造力，共同建设好数字中国。

视频

互联网营销师具备的数字素养和五种能力提升

2. 数字技能素养的主要内容

数字技能包括数字设备和软件操作、信息与数据素养、数字安全、数字化转型方面的相关技能。进行数字技能培训，前提是做好相关标准建设。《"十四五"职业技能培训规划》提出，加强数字技能相关标准建设，具体为：修订职业分类大典，对数字技能类职业进行标注，以及积极开发数字技能类新职业，制定数字技能职业标准和评价规范。数字技能相关标准建设，包括定义数字职业、提炼数字技术，建立职业等级等一套流程，因此修订职业分类大典、不断推出数字技能相关新职业是非常重要且紧迫的任务。

3. 数字技能素养的重要性

公共服务领域一直谈服务均等化，信息化在公共服务领域的应用初衷也是扩大均等化范围，但由于数字技能和素养的不均衡，反而造成"数字歧视""数字鸿沟"等问题。提升全民的数字素养和技能，解决数字化弱势群体的"数字贫困"问题，才能带动全民享有数字经济发展的红利，促进社会协调发展。还可以参与数字技能类的职业竞赛，设立与数字技能相关的比赛项目，全面推动数字技能提升。

（二）数字认知素养

1. 数字认知素养的含义

数字认知素养，即个人在数字时代生活、工作、社交时应当具有的基本思维、道德、情感、价值观等，并形成认知底线，无论在线上还是线下都不做有悖于法律和伦理的事情。对于生活在数字化时代的个体而言，数字素养意味着如何更好面对生存方式和生活方式的数字化。今大，人们越来越多地独自面对各种电子屏幕和数字界面，每个人的注意力和行为数据也成为数字技术持续获取的目标。这一趋势不仅产生了隐私保护、信息茧房、大数据杀熟、算法歧视与陷阱等问题，还造成了注意力缺失、游戏与短视频成瘾等心理与行为失调。改变的关键，在于个体能够在数字生活实践中反思数字技术对人的认知与行为的影响，学会自我调适、适度节制，让自己掌握信息获取和遨游数字世界的主动权，而不是被碎片信息所淹没，甚至沉溺于数字娱乐不能自拔。要让数字娱乐和虚拟

生活成为现实生活的补充，进而借助虚拟生活改善现实生活的质量，让数字技术服务于现实。

科学技术从来没有像今天这样深刻影响着国家前途命运，从来没有像今天这样深刻影响着人民生活福祉。随着数字化时代的到来，让科技造福社会和人民，需要全社会提升数字认知素养，让科技成为自我实现与追求美好生活的阶梯。

2. 数字认知素养的主要内容

数据认知素养包括对数据进行阅读、用数据语言开展工作，对数据进行分析和用数据进行沟通的能力。阅读数据就是对呈现在我们面前的数据信息进行查看和理解；用数据开展工作，就是为了达到某种目的或结果，进行的有关的脑力或体力活动，帮助组织实现愿景和目标；分析数据就是对事物的组成要素和结构给出详尽的检查，从海量信息中识别和筛选有用的数据。数据沟通是指分享或交换信息、或想法。

3. 数字认知素养的重要性

在谈到中国改革开放经济腾飞时，有学者分析扫除文盲运动是重要驱动之一。短时间内让大多数人扫盲，从基本技能储备上激发出人口规模的潜能，为中国制造业的腾飞做足了劳动力储备。当下，读书识字已经变成可以忽略不谈的基本素养，但在数字化背景下，无论是数字化行业还是传统行业，对数字认知素养的需求已经大大超出了读书识字范畴，数字认知素养和技能提升则可以说是数字化"扫盲"，为数字经济发展的预期的经济再次腾飞，储备大规模"心中有数"的人才。

（三）数字公民素养

1. 数字公民素养的含义

数字公民素养具体是指在数字社会中构建恰当的责任意识，保护隐私和安全，平衡权利和义务，重视社会参与和解决社会问题，从通晓数字技术的"互联网原住民"升华为擅长运用数字能力创造美好生活的合格"数字公民"。

数字公民是信息技术渗透到人类生存和发展而产生的概念，一般采用美国国际教育技术协会（International Society for Technology in Education，ISTE）的定义：数字公民是能够践行安全的、合法的、符合道德规范的使用数字化信息和工具的人。

本书借鉴公民素养的现有成果，结合数字公民的内涵和数字公民教育的内容，给出数字公民素养的定义如下：数字公民素养是数字时代下公民利用各种数字技术进行学习、工作和生活所需具备的关于安全、合法、符合道德规范的使用技术的价值观念、必备品格、关键能力和行为习惯。简而言之，就是"信息时代下合格数字公民所应具备的素养"。

2. 数字公民素养的主要内容

关于数字公民素养的内容，业界没有进行严格划分，一般直接以瑞布的九大要素为核心进行界定。一般将国内外八个比较成熟的与数字公民素养密切相关的标准研究进行了整理分析，形成了12个内容指标，并按照这些指标出现的频次进行了排列，从中归纳出数字公民素养的主要内容。数字公民素养的主要内容包括数字理解、数字素养、数字使用和数字保护四个部分，其中数字理解包括数字公民身份认同与管理、数字意识、数字情感与价值观；数字素养包括数字技术知识和数字技能；数字使用包括数字参与、数字交往与协作、数字商务；数字保护包括数字安全、数字健康、数字权责与法律。

3. 数字公民素养的重要性

互联网的普及，不只是应用数字技术对生产、生活效率的提升，更是在数字世界营造出具有社交、消费、娱乐、服务等功能的虚拟社会。在虚拟空间的规则，超越了物理世界的认知，一方面，法制、监管体系需要延伸到虚拟空间；另一方面，也亟须提升数字世界公民的素质，构建虚拟空间的道德规范体系。

素质园地

　　数字公民素养不仅是掌握网络礼仪的基础要求，它还体现了一种适应未来不断变迁世界的积极心态。正如在现实生活中的人际交往至关重要，网络世界中的交流互动同样不是孤立无援、与世隔绝的。因此，作为一名负责任的数字公民，在保障自身安全的同时，还需尊重他人，并以负责任的态度发表言论。数字公民素养对于塑造健康的网络文化和网络文明具有不可忽视的重要作用。

三、提升数字素养必备的能力

（一）数字生存能力

　　提升数字素养必备的最基本的能力是数字生存能力。包括：会在日常生活中使用App进行购物、出行、社交、看病等操作；会根据需要浏览、检索、查询相关的信息；会对自己的照片、视频等数字资产进行初步的整理、保存，防止丢失。中国的数字化程度越来越高，缺少这些能力，基本上会陷入"寸步难行"的境地。所以，国家提出要提升中国的全民数字素养，要特别关注老年人、残疾人、贫困人口等特殊群体的基本数字生存能力的获取。

（二）数字安全能力

　　数字世界，信息真假难辨，危险也无处不在。每一个人都需要具备数字安全能力，保护自己的数字资产或物理资产不被侵害。包括：个人数据和隐私的保护；对网络谣言、电信诈骗、信息窃取等不法行为的辨别能力和安全防护技能；对游戏、短视频等的自控能力，防沉迷。

（三）数字思维能力

　　数字思维能力是指能用数字技术（如大数据、人工智能等）解决自己或他人在生活、工作中的问题。包括：利用数字技术提升数字生活体验和生活水平，如智慧家庭等；利用数字技术提高工作效率，如在线办公、数字渠道营销推广、远程医疗等；具备数据思维能力，能利用数据发现问题、找到原因，进行精准研判或对未来进行预测。

（四）数字生产能力

　　数字生产能力是指能输出数字产品、数字内容或其他数字解决方案，帮助别人解决问题，提升自己或企业在数字世界的品牌和影响力。包括：数字内容创作（如短视频）；数字产品开发；数字解决方案集成等。

（五）数字创新能力

　　如果个人或企业在数字经济中要起到引领带头作用，就需要具备数字创新能力，提出自己独特的观点，或在基础技术、开放平台、商业模式等方面具备独特的竞争力。包括：数字基础设施创新，如底层芯片研发、算法研究、专利撰写等；数字开放平台创新，如人工智能平台、区块链平台、大数据平台等；数字应用和商业模式创新，如共享经济等。

数字素养五种能力如图5-4-1所示。

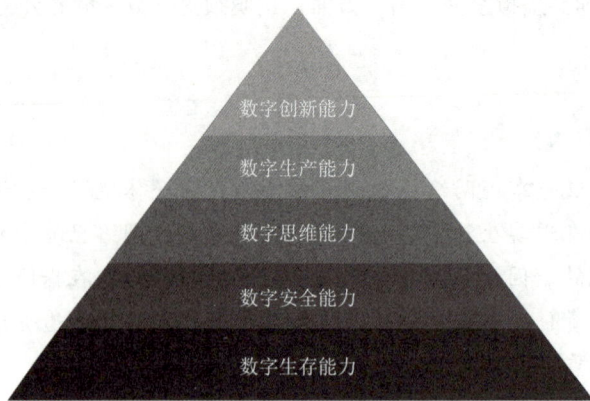

图 5-4-1　数字素养五种能力

四、数字素养的提升路径

针对不同的职业，所需要的数字素养是不一样的。通用的数字素养提升路径有四个。

（一）看

数字技术日新月异，要关注国家相关部委、领先企业在数字经济、数字技术方面的新战略、新规划、新产业、新业态、新模式，做到与数字世界信息和语言同步。

（二）学

要学习5G、大数据、人工智能、区块链、云、物联网等数字技术的知识，以在面对一些热点概念（如元宇宙、NFT、东数西算等）时，能看清事物和现象的本质，找到适合自己的参与方式。

（三）思

在数字经济时代，不仅仅企业需要数字化转型，人也需要数字化转型。要构建数字思维，善于运用数据帮助自己用数字的方式去发现问题的根因、辨明是非，帮助自己进行正确的决策。

（四）用

要理解数字技术在数字生活、数字工作、数字产业化、产业数字化等领域的应用场景，并尝试用数字技术来解决面对的问题。

数字素养是积极吸纳更是学会辨别。数字素养提升，其提出的主要背景是大众在数字化面前不会、不懂和不愿，要普遍地提升，当然是让大家更积极地参与、更广泛地学习、更开放地接纳。

五、数字素养与技能教育训练

数字素养与技能是数字社会公民学习工作生活应具备的数字获取、制作、使用、评价、交互、分享、创新、安全保障、伦理道德等一系列素质与能力的集合。在我国加快网络强国、数字中国、智慧社会建设的新征程中，为让每位社会成员都能感受到生存于数字社会的获得感、幸福感与安全感，加强数字素养与技能教育，就要遵循数字化发展规律，针对不同群体、不同年龄阶段的公民开展顶层设计，整体提升全民数字生活、学习、工作和创新能力。

（一）数字化生活能力训练

加强数字素养与技能教育，提高数字化生活能力。数字技术为人们创生出一个全新数字化生活环境，它在改变人们行为方式时，也潜移默化地改变着人们的思维方式。例如，当身处陌生环境时，能主动采用智能手机上的电子地图进行自我定位；当预订车票时，能有效利用订票互联网应用（App）查询车次，实现在线预订和安全付款。因此，加强数字素养与技能教育，就要引导人们积极主动地适应电子商务、移动支付、智能家居、智慧社区、智慧出行等新生态，通过易用、便捷和兼容的数字工具，畅享美好数字生活。此外，数字化生活环境的建设与应用更要关心老年人和残疾人群体，加大适老化智能终端供给，推动信息无障碍建设，通过形式多样、喜闻乐见、好理解、易接受的方式开展数字化培训，让每位社会成员都能享受到人性化的数字福利，提升全民数字化生活的幸福感。

（二）数字化学习能力训练

加强数字素养与技能教育，提高数字化学习能力。网络技术的发展与应用拓展了人们的学习空间，丰富了学习资源，加快线上线下的深度融合，创生出一个人人皆学、处处能学、时时可学的数字化学习环境。借助网络教育平台，人们可以找到自己最需要的学习内容，发现最适合自己的在线教师。通过"学分银行"，人们可以判断自己成长中的不足，有针对性地去学习。因此，加强数字素养与技能教育，一方面要提高人们数字化技能，掌握基本的数字工具使用方法，遵守数字社会法治道德规范，具备与数字社会相适应的思维方式与处理数字环境下相关问题的能力；另一方面要借助数字化环境改革教学方式，创新教育机制，让每位学习者都能及时找到适合自己的教育资源，从容应对社会发展变革，成为新时代终身学习者。

（三）数字化工作能力训练

加强数字素养与技能教育，提高数字化工作能力。数字技术与传统产业的结合促进了传统产业升级改造，催生出新的生产方式与服务业态，生产更加精细化，管理更加柔性化，加速了社会经济的发展。新时代高质量智慧农田建设、数字化油气管道维护、远程医务会诊等都呼唤着具有数字化能力的劳动者。可见，数字素养与技能教育不只是培养数字工具的消费者或操作者，更是要培养数字化环境下的生产者与创造者。面向数字社会发展需求，引导广大劳动者正确面对未来数字技术与经济社会各领域深度融合所带来的挑战，紧跟数字化推动产业发展的步伐，与时俱进，抓住数字化变革带来的机遇，利用新环境、新工具、新方法为经济发展贡献力量。

（四）数字化创新能力训练

加强数字素养与技能教育，提高数字化创新能力。移动通信、大数据、人工智能等新技术、新工具为人们认识世界与改造世界提供了新手段。"互联网+""大数据+""人工智能+"等技术的应用也呼唤着开放创新、协同创新人才的培养。例如，餐馆就餐时，借助"点餐二维码"，不仅顾客可以通过扫码进行点餐和付费，而且餐馆管理人员还可通过分析用餐数据，判断客源与大众用餐情况，依据数据分析结果合理安排服务人员，有针对性地购买原材料，创新餐馆经营模式。货物运输时，运货人员依托"货物运输平台"，提前安排运输计划，设计运货路线，实现精准运输，避免空车消耗。因此，当社会经济沿着数字化转换、数字化升级和数字化转型的路径快速发展时，全民数字素养与技能教育就要让每位社会成员认识到提升数字素养与技能的重要性，不断提高数字创新力，发展自我，积极推动数字社会的进步。

（五）坚持以人为本的原则

加强数字素养与技能教育，要坚持以人为本的原则。数字素养与技能教育要秉承发展为了人民、发展依靠人民的理念，遵循数字化发展规律，针对不同类型的群体、不同年龄阶段的公民，进行统筹谋划，有序推进。加强青少年数字素养与技能教育，应结合社会与家庭教育，充分发挥学校信息科技教育主渠道作用，不仅提高他们的数字化操作技能，也要引导他们合理、健康地使用数字技术，从接触数字技术起，就要养成使用数字技术的好方法、好行为、好习惯；加强从业人员数字素养与技能教育，健全从业者培训制度，针对从业人员的工作需求开展数字技能培训，提升他们获取数据、分析数据、运用数据的能力，引导他们运用数字技术分析行业发展动态、推动行业领域创新。加强老年人和残疾人的数字素养与技能教育，充分考虑老年人和残疾人群体特殊性，依托老年大学、开放大学、养老服务机构、残疾人服务机构、社区教育机构、老科协等，运用线上线下融合方式丰富数字技能教育形式与内容，推动形成社会各界积极帮助老年人、残疾人融入数字生活的良好氛围，构建全龄友好包容社会。

素质园地

作为当代先进生产力的典范，数字技术已成为推动社会经济发展的关键支柱和国际竞争中的核心支撑力量。随着数字技术以其新颖的理念、多样化的业态和创新性的模式全面渗透至人类经济、政治、文化、社会以及生态文明建设的各个层面，全民数字素养与技能教育必须紧跟数字化、网络化和智能化的发展步伐，紧密围绕数字化生活、学习、工作和创新的需求，致力于提升人们的数字化核心能力，从而为建设网络强国、数字中国和智慧社会培育出符合要求的数字公民。

任务实施

活动1：通过数据分析用户需求——用户画像

活动规则：

（1）数字素养表现为能够熟练应用各项数字技能，对海量数据进行收集、整理、评估和利用等生存技能和行为。

（2）获取信息的方法可以让小组成员自己填写。

（3）可以四人一组，相互提供信息。

（4）随机抽取四组在班级中进行展示，全班同学进行评价。

活动要求：

（1）可以是简图、表格、文字叙述或兼而用之。

（2）在罗列作为判断依据的描述时，要尽量真实、客观、精确。

（3）学生提前准备好纸和笔、计算机。

（4）随机抽取四人在班级中进行用户画像展示，全班同学进行评价。

时间：30 min。

活动实施：

第1步：收集到小组成员所有的相关数据，首先是成员相对稳定的信息，如性别、地域、职业、消费等级等。

第2步：收集小组成员的不停变化的行为信息，如浏览网页、搜索商品、发表评论、接触渠道等。

第3步：通过剖析上述数据为成员贴上相应的标签及指数，标签代表成员对该内容有兴趣、偏好、需求等，指数代表用户的兴趣程度。如动漫发烧友。

第4步：展示汇报。

每个小组选一个成员代表小组来分享。发表自己对成员画像分析的过程和结果，大家根据结果准确进行评价。

第5步：学习评价，见表5-4-1。

表5-4-1 学习评价

评价内容	4分	3分	2分	1分
要点评价	要点准确、合理；要点数量四个以上	要点准确、合理；要点数量三个	要点准确、合理；要点数量两个	要点准确、合理；要点数量一个
问题意识	在小组活动中能够提出三个以上问题，问题针对性强，且能提出解决办法，办法具有可行性	在小组活动中能够提出两个以上问题，问题针对性强，且能提出解决办法，办法具有可行性	在小组活动中能够提出一个以上问题，问题针对性强，且能提出解决办法，办法具有可行性	在小组活动中未能提出问题
同伴合作	与同组伙伴密切合作，效果好	与同组伙伴有合作，合作效果较好	偶尔与同组伙伴有合作，合作效果一般	没有与同组伙伴进行合作
反思与改进	形成了完善的自我反思，且包含全部细节描述，改进明显	基本形成了自我反思，且包含一些细节描述，有所改进	基本形成了自我反思，但未包含细节描述，有所改进	没有自我反思和改进

项目实训

实训1 互联网思维意识能力的调查问卷

实训目的

互联网思维是一个人在网络时代生存与发展的必备能力，也是决定一个人成功的必要条件。作为互联网营销师，具备敏锐的互联网思维是必要的。为了更好地了解团队成员的互联网思维意识的能力水平，设计问卷，同时诚挚邀请大家参与问卷调查。

实训准备

（1）智慧教室或一体化实训室，能上网的计算机或者手机。

（2）学习用具。

实训内容

（1）将学生分成四或五组，以小组为单位学习。

（2）每个小组成员制定一份互联网思维意识能力的测评问卷，如利用问卷星。

（3）班级组织交流，每个小组推选一名成员进行介绍，并现场完成问卷与评价。

实训要求

（1）每个同学必须积极参与研讨，不允许"搭便车"。

（2）每组同学要独立制定问卷，不许抄袭。

（3）展示交流时尊重发言同学，不允许随意打断。

成果要求

每组同学提交一份"互联网思维意识能力测评问卷"。

考核评价

（1）每组制定一份互联网思维意识能力测评问卷，并完成测评与评价，作为一次作业。

（2）根据在班级交流中的表现评定成绩。

实训2　数字教育大讲堂——数字素养和技能学习

实训目的

以提升数字素养与技能为目标，通过数字素养与技能的学习，增进对网络强国、数字中国战略的理解与认知，营造积极参与的浓厚氛围，全面提升数字化适应力、胜任力、创造力，提升全民数字素养和能力。

实训准备

（1）智慧教室或一体化实训室，能上网的计算机或者手机。

（2）学习用具。

实训内容

通过全民数字素养与技能提升平台或网上寻找《数字教育大讲堂》主题系列相关讲座，完成数字素养和技能的学习。

（1）将学生分成四或五组，以小组为单位学习。

（2）每个小组成员制定一份数字素养和技能的学习和提升方案。

（3）班级组织交流，每个小组推选一名成员进行介绍，并进行现场考核与评价。

实训要求

（1）每个同学必须积极参与研讨，不允许"搭便车"。

（2）每个同学独立制定学习和提升方案，不许抄袭。

（3）展示交流时尊重发言同学，不允许随意打断。

成果要求

每组同学提交一份"数字素养和技能的学习和提升方案"。

考核评价

（1）每人制定一份学习和提升方案作为一次作业。

（2）根据在班级交流中的表现评定成绩。

项目总结

数字世界是未来发展的必然趋势，数字素养是一个民族、国家提升自我实力和竞争力的外在要求。现代社会，国际竞争和合作并存，如何在世界上提升民族或国家竞争力，数字世界的到来既是挑战更是机遇，为了能抓住机遇，迎接挑战，培养数字素养是一个民族提升国家竞争力的外在要求。作为互联网营销师，数字素养是当下环境下求得可持续性发展与提升个人素质的一项必不可少的专业技能，要通过学习有效的应用培养自己数字素养，能够更好地面对挑战，更加清楚地认识数字世界。

素养测试

一、单项选择题

1. 互联网思维的核心不包括（　　）。
   A．去中心化　　　　B．快速精准　　　　C．情感品牌　　　　D．严谨性

2. 信息素养的四要素不包括（　　）。
   A．信息意识　　　　B．信息创新　　　　C．信息能力　　　　D．信息道德

3. 数字素养的内容不包括（　　）。
   A．数字意识　　　　　　　　　　　B．安全能力
   C．数字化学习与创新　　　　　　　D．数字社会责任

二、多项选择题

1. 网络的安全是指通过采用各种技术和管理措施，使网络系统正常运行，从而确保网络数据的
（　　）。
   A．可用性　　　　　B．完整性　　　　　C．保密性　　　　　D．真实性

2. 网络安全由于不同的环境和应用而产生了不同的类型，包括（　　）。
   A．系统安全　　　　　　　　　　　B．网络安全
   C．信息传播安全　　　　　　　　　D．信息内容安全

3. 移动互联网时代必须具备的5F思维包括（　　）。
   A．第一思维　　　　B．焦点思维　　　　C．碎片化思维　　　D．粉丝思维

4. 信息素养是一种基本能力，信息素养是一种对信息社会的适应能力。信息素养的要素包括
（　　）。
   A．信息意识　　　　B．信息知识　　　　C．信息能力　　　　D．信息道德

5. 互联网营销师具备的核心数字素养有（　　）。
   A．数字技能素养　　　　　　　　　B．数字认知素养
   C．数字公民素养　　　　　　　　　D．数字道德素养

6. 提升数字素养必备的能力有（　　）。
   A．数字生存能力　　　　　　　　　B．数字安全能力
   C．数字思维能力　　　　　　　　　D．数字创新能力

7. 互联网营销师的数字素养的提升路径有（　　）。
   A．"看"　　　　　　B．"学"　　　　　　C．"思"　　　　　　D．"用"

三、思考题

1. 如何提升互联网思维？
2. 如何学会转变思维？

项目六
创造性思维训练

项目导入

　　小张参加工作一年有余，在公司担任销售员，王经理是他的直接领导，由于客户关系都是王经理的，所以小张负责的客户每次遇到问题都直接找王经理解决。王经理每次帮客户解决问题后总是说小张工作没做到位，小张感到非常委屈。之后几天，小张主动找到王经理沟通，说可否以后客户再打来电话时，明确告诉客户，这个事情是小张负责的，让客户直接找小张处理。几次以后，原来的尴尬局面得到根本扭转。职场中遇到诸如此类很多问题，小张都是积极主动分析问题，运用创造性思维方式解决问题，既锻炼了自我管理能力，又提高了客户对他的信任度。

学习目标

知识目标：

（1）明确分析与解决问题的"十二步"基本程序。

（2）列举至少五种问题分析界定的方法与技术。

（3）领会创造力的来源。

（4）掌握创造性思维与创新技法。

能力目标：

（1）能够运用"十二步"程序分析解决问题。

（2）能够在具体问题情境中分析较为复杂的事件。

（3）能够上网搜集有关分析与解决问题的成功案例与经验。

（4）能够运用创造技法进行创新与决策。

素质目标：

（1）运用辩证唯物主义观点、方法分析问题。

（2）强化使命感，重视社会责任，科学地进行决策。

（3）内化数据化决策和创新决策方法，培养创造性思维的方法。
（4）厚植爱党、爱国、爱社会主义的情怀。

项目实施

●●●● 任务1　学会解决问题 ●●●●

任务描述

　　公司有一位重要客户到公司考察，行程三天，他要求与公司董事长会谈两个小时，同时考察公司2~3家下属企业。办公室主任找到小杨，让他拟订一份预算在5 000元以内的接待行程。

任务解析

　　通过案例分析、问题讨论等活动，对学生进行问题分析、界定训练；通过演练活动与小组讨论，让学生回到真实的问题情境中体验并学习适当的解决方法；通过小组合作学习，总结提升问题解决的策略与方法，提高问题解决的技能。

知识链接

一、问题的概述

　　人们在生命发展过程中会面临许许多多的问题，要通过解决问题才能求得自身目标的实现。工作职场中遇到大量形形色色的问题，要正确解决，首先必须发现问题。

视频

问题的概述

（一）什么是问题
1. 问题的含义
　　所谓问题，就是指一件事情的目标状态与现实之间的差距，当现状与目标有差距时，就产生了问题，如图6-1-1所示。

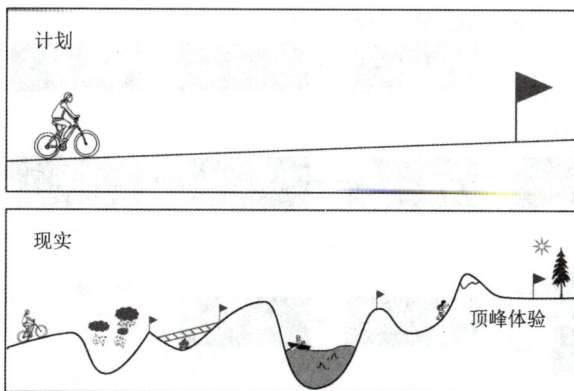

图 6-1-1　问题的本质

不论在生活中还是职场中，理想的计划是一条直线，但现实是在每条通往目标的路上，并不是平坦的直线。

很多时候，成功与否取决于遇到问题后想尽办法着手解决问题的能力。

当领导交给我们一项任务时，我们第一时间会去想如何去做；当我们在工作或生活中遇到问题时，第一反应是尽快将其解决，而很少去思考这个问题究竟是什么。

问题就是现状与期待的落差，解决问题的本质就是消除落差。

2. 分析和解决问题的基本程序

分析与解决问题的基本程序分为三个阶段12个步骤（"十二步"问题分析法）。

第一阶段：发现问题。

（1）明确标准。要发现问题就必须有明确的、可用来判断问题的预期标准（目标）。这个标准是客观的，可以是政策法规、制度规范、公司战略等。

（2）收集信息。建立高效的环境扫描系统，对事件进行实时监测，搜集相关信息。

（3）寻找差异。依据预期标准，对收集到的信息进行比较衡量，确定是否出现偏差，即问题。

（4）描述问题。对问题进行客观、准确地描述。

第二阶段：界定问题。

（1）确定问题性质与程度。包括客观、全面分析与评价该问题所造成的影响、后果与危害。

（2）找到原因与根源。分析问题的成因，并挖掘深层根源。

（3）分析环境与条件。对于这一问题相关的条件与环境进行分析与评价。

（4）提出破解方向。

第三阶段：解决问题。

（1）确定解决问题的工作目标。

（2）激发并形成解决问题的创意。

（3）拟订体现创意、解决问题的可行方案。

（4）将方案付诸实施，并进行跟踪控制，做必要的调整，以确保问题得到很好的解决。

3. 分析与解决问题的程序模型

分析与解决问题的程序模型，如图6-1-2所示。

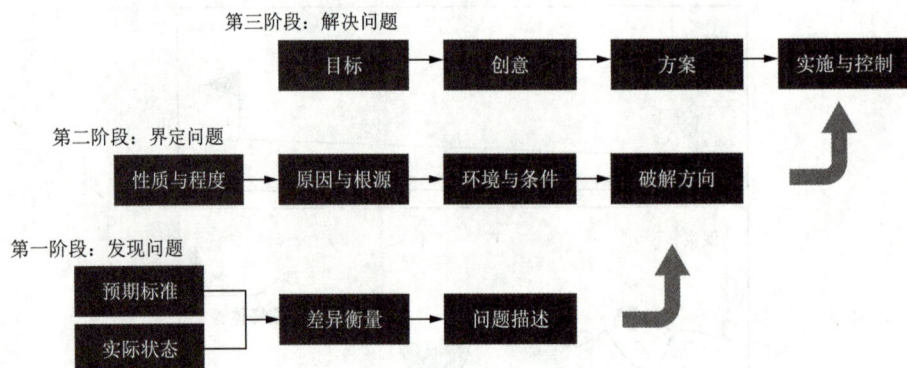

图 6-1-2　分析与解决问题程序模型

二、问题分析界定的方法

视频 ●

问题分析界定
的方法之——
5W2H分析法

（一）5W2H分析法

1. 概念

用五个以W开头的英语单词和两个以H开头的英语单词进行设问，发现解决问题的线索，寻找发明思路，进行问题分析，就是5W2H法。

（1）What——做什么：目的是什么，做什么工作。

（2）Why——为什么要做：可不可以不做，有没有替代方案。

（3）Who——谁：由谁来做。

（4）When——何时：什么时间做，什么时机最适宜。

（5）Where——何处：在哪里做。

（6）How——怎么做：如何提高效率，如何实施，方法是什么。

（7）How much——多少：做到什么程度，数量如何，质量水平如何，费用产出如何。

2. 应用程序

步骤1：做什么（What）。条件是什么？哪一部分工作要做？目的是什么？重点是什么？与什么有关系？功能是什么？规范是什么？工作对象是什么？

步骤2：怎样（How）。怎样做省力？怎样做最快？怎样做效率最高？怎样改进？怎样得到？怎样避免失败？怎样求发展？怎样增加销路？怎样达到效率？怎样才能使产品更加美观大方？怎样使产品用起来方便？

步骤3：为什么（Why）。为什么采用这个技术参数？为什么变成蓝色？为什么要做成这个形状？为什么采用机器代替人力？为什么产品的制造要经过这么多环节？为什么一定要按照这样的程序做？

步骤4：何时（When）。何时要完成？何时安装？何时销售？何时是最佳营业时间？何时工作人员容易疲劳？何时产量最高？何时完成最为适宜？需要几天才算合理？

步骤5：何地（Where）。何地最适宜某物生长？何处生产最经济？从何处买？还有什么地方可以做销售点？安装在什么地方最合适？何地有资源？

步骤6：谁（Who）。谁来办最方便？谁会生产？谁可以办？谁是顾客？谁被忽略了？谁是决策人？谁会受益？

步骤7：多少（How much）。功能指标达到多少？销售多少？成本多少？效率多高？尺寸多少？质量多少？

3. 优势

经过七个问题的审核，基本可以判断这一做法是可取的。如果七个问题中有一个答复不能令人满意，则表示这方面有改进余地。如果哪方面的答复有独创的优点，则可以扩大产品这方面的效用。因此，这一方法具有不可替代的明显优势：

（1）可以准确界定、清晰表述问题，提高工作效率。

（2）有效掌控事件的本质，抓住事件的主骨架，对事件进行复盘。

（3）简单、方便，易于理解、使用，富有启发意义。

（4）有助于思路的条理化，杜绝盲目性。有助于全面思考问题，从而避免在流程设计中遗漏项目。

（二）分析方法

视频

问题分析界定的方法——分析方法

（1）分解法，即将分析对象的整体分解为各个部分，再对各个部分逐个分析，从而认识、分析问题的方法。一个问题可以分解成各领域、各要素、各环节、各阶段、各因素等，层层分解，逐步深入，最后将问题分析透彻，认识到问题的本质与内在联系。

（2）因果分析法，即根据问题内在因素之间的因果关系来进行分析的方法。在分析中，可以依据一定的原因分析可能出现的结果，也可以根据现实中出现的结果来寻找造成这种结果的原因。

（3）比较分析法，分为横向比较和纵向比较两类，横向比较是与相关或同类事物的比较，而纵向比较则是指同一事物与其历史水平的比较。

（4）归纳法，是以一系列经验事物或知识素材为依据，寻找出基本规律或共同规律，并假设同类事物中的其他事物也遵从这些规律，是一种由特殊到一般的推理方法。其本质是透过具体的现象、个别的事例，归纳出规律性的东西。

（5）演绎法，是一种由一般到特殊的推理方法。面对问题，运用规律和原则进行分析，以此来认识问题的属性和特征。

（6）类推法，是一种由特殊到特殊的推理方法。在分析问题过程中，根据分析对象与过去的经验或相关事物的有些方面的相同或相似性，来推知它们之间在其他方面的相同或相似性。

（三）鱼骨图分析法

1. 鱼骨图分析法简介

鱼骨图分析图又名因果分析法，是一种发现问题的根本原因的分析方法，它在分析问题形成原因、寻找影响因素等方面具有特殊的价值。鱼骨图主要用于工商管理中建立分析模型，如图6-1-3所示。

视频

问题分析界定的方法之——鱼骨图分析法

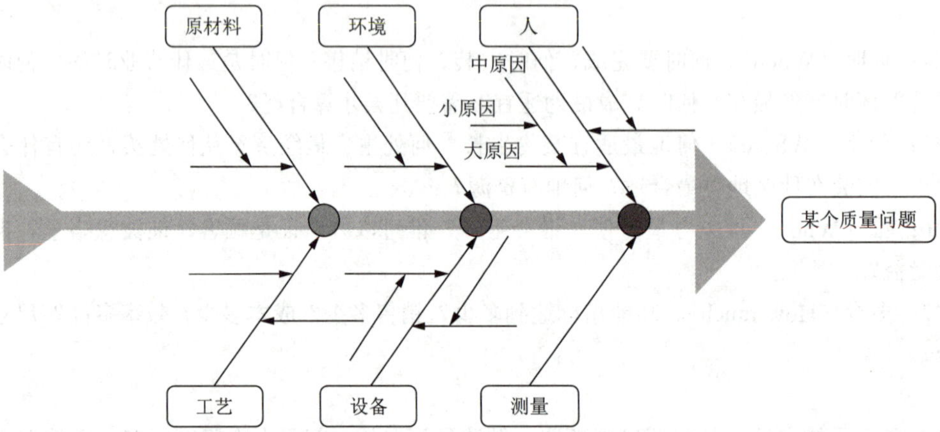

图 6-1-3 鱼骨图模型

2. 构成要素

所要分析的问题为鱼的骨干，在鱼的骨干两侧画出若干鱼刺，每根鱼刺代表一种导致问题的原因或影响因素，并予标出。根据需要，鱼刺上还可以生出更小的鱼刺，代表更次一级的原因或因素。这种方法将多层次、复杂的原因或因素直观化、条理化、明了化，是一种很有意义的分析手段。

3. 绘图过程

（1）填写鱼头（按为什么不好的方式描述），画出主骨。

（2）画出大骨，填写大要因。

（3）画出中骨、小骨，填写中小要因。

（4）用特殊符号标识重要因素。

要点：绘图时，应保证大骨与主骨成60°夹角，中骨与主骨平行。

4. 使用步骤

（1）确定要解决的问题。

（2）把问题写在鱼骨的头部。

（3）召集同事共同讨论问题出现的可能原因，尽可能多地找出问题。

（4）把相同的问题分组，并在鱼骨上标出。

（5）根据不同问题征求大家的意见，总结出正确的原因。

（6）以任一问题为例，研究为什么会出现这样的问题的原因。

（7）针对问题的答案继续追问，至少深入五个层次（连续问五个问题）。

（8）当深入到第五个层次，认为无法继续进行时，列出出现这些问题的原因，而后列出至少20种解决方法。

（四）六顶思考帽法

1. 简介

六顶思考帽思考法是英国学者爱德华·德·博诺博士开发的一个全面思考问题的模型。它提供了"平行思维"的工具，强调的是"能够成为什么"，而非"本身是什么"，是寻求一条向前发展的路，而不是争论谁对谁错，避免将时间浪费在互相争执上。

视频

问题分析界定的方法之——六顶思考帽法

2. 内容

六顶思考帽是管理思维的工具，白、红、黑、黄、绿、蓝六顶帽子，代表六种不同的思考模式。

（1）白色思考帽。白色代表中立和客观。白色思考帽让当事人描述客观事实和数据，尽力将主观推测、感情或判断排除在外。

（2）红色思考帽。红色代表情绪、直觉和感情。红色思考帽让当事人表达的是对一件事、一个问题感性的、情绪的看法。

（3）黑色思考帽。黑色代表冷静和严肃。黑色思考帽意味着小心和谨慎，它让当事人专注地分析某个观点或决策可能的风险或负面成分所在。

（4）黄色思考帽。黄色代表阳光和价值。黄色思考帽让当事人以乐观充满希望的视角，积极思考事物可能带来的美好或正面方面。

（5）绿色思考帽。绿色代表丰富、肥沃和生机。绿色思考帽让当事人以不同于以往的、创新的视角思考问题。

（6）蓝色思考帽。蓝色是冷色，也是高高在上的天空的颜色，在万物的上方总揽全局。蓝色思考帽让当事人关注整体思考过程，让其他思考帽能够充分发挥作用。

程序：明确主题—选择帽子—表达看法—遵循反馈。

六顶思考帽法模型如图6-1-4所示。

3. 应用步骤

（1）陈述问题事实（白帽）。

（2）提出如何解决问题的建议（绿帽）。

（3）评估建议的优缺点：列举优点（黄帽）、列举缺点（黑帽）。

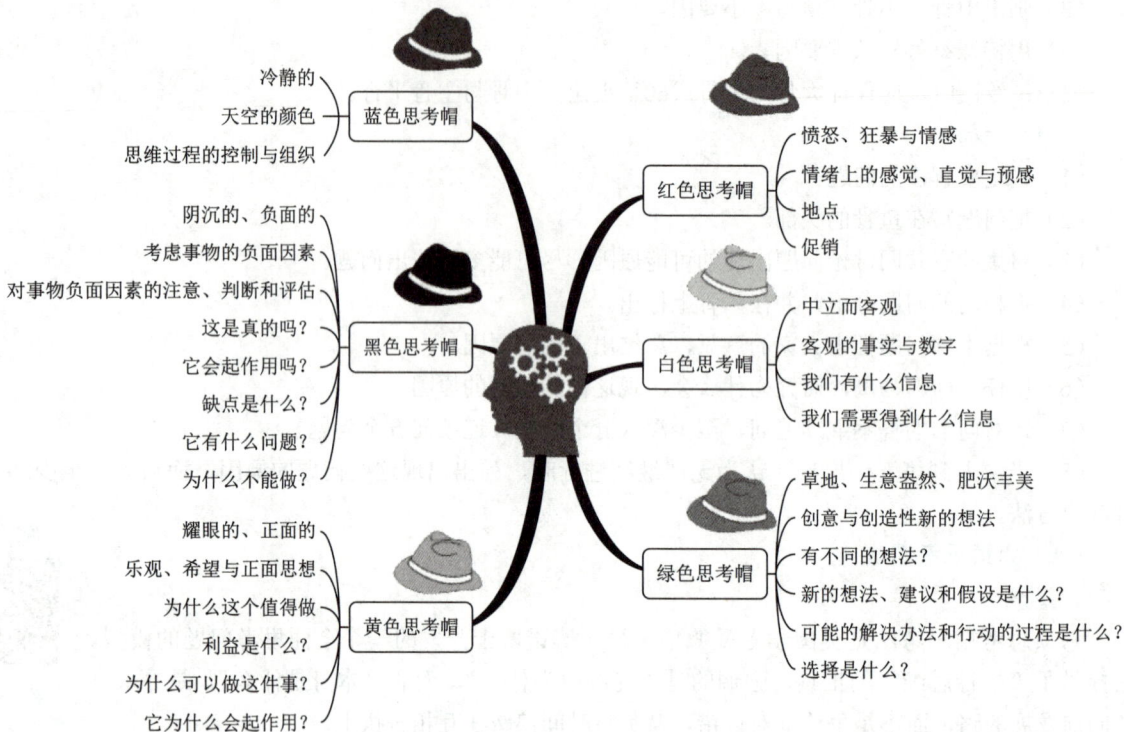

冷静的
天空的颜色 —— 蓝色思考帽
思维过程的控制与组织

阴沉的、负面的
考虑事物的负面因素
对事物负面因素的注意、判断和评估
这是真的吗？
它会起作用吗？ —— 黑色思考帽
缺点是什么？
它有什么问题？
为什么不能做？

耀眼的、正面的
乐观、希望与正面思想
为什么这个值得做
利益是什么？ —— 黄色思考帽
为什么可以做这件事？
它为什么会起作用？

愤怒、狂暴与情感
情绪上的感觉、直觉与预感
红色思考帽 —— 地点
促销

中立而客观
客观的事实与数字
白色思考帽 —— 我们有什么信息
我们需要得到什么信息

草地、生意盎然、肥沃丰美
创意与创造性新的想法
有不同的想法？
绿色思考帽 —— 新的想法、建议和假设是什么？
可能的解决办法和行动的过程是什么？
选择是什么？

图 6-1-4　六顶思考帽法模型

（4）对各项选择方案进行直觉判断（红帽）。

（5）总结陈述，得出方案（蓝帽）。

4. 优点

（1）培养不同的思考方式。人的思维有一些障碍和误区，很多都是由习惯性思维造成的。六顶思考帽法的第一个好处就是能克服习惯性思维，培养不同的思考方式。

（2）引导注意力。不同的人思考的方向会不同。六顶思考帽法是一个集体性的思维，它最大的好处是引导注意力，使集体的思考注意力集中到同一个方向。

（3）便于思考。众人都朝一个方向思考，想的都是一件事情，这样既便于思考，也便于交流，而且能在一个方向上把问题看深、看透。

（4）计划性思考。这完全是一个主动的，按照计划有所安排的思考，而不是碰到一件事后的突发反应。这种思考方式更适合于为了某一个事实或事件而进行群体性、小组性或集体性的思考。

（五）金字塔原理法

1. 概念

金字塔分为"塔尖、塔身、塔基"三个部分。金字塔原理，就是根据金字塔的结构，把金字塔分成纵向结构和横向结构。纵向结构就是从塔尖到塔身，再到塔基，横向结构就是塔身和塔身、塔基和塔基之间的逻辑结构。运用金字塔原理，简单来说就是：在解决问题的时候，要像金字塔结构一样，整体上把握纵向结构，突出重点；具体内容上把握横向结构，突出层次性和逻辑性。

● 视频

问题分析界定
的方法之——
金字塔原理法

2. 实质

金字塔原理是一种重点突出、逻辑清晰、主次分明的逻辑思路、表达方式和规范动作。

3. 基本结构

中心思想明确，结论先行，以上统下，归类分组，逻辑递进。先重要、后次要，先全局、后细节，先结论、后原因，先结果、后过程。

4. 优点

具体而言，它能够帮助使用者创造性地思考、清晰地辨析、准确地表达观点。

（1）定义复杂问题，建立清晰的写作目标。

（2）评估文章所要表达的各层思想及其相对重要程度。

（3）使推理结构化，使论述更为连贯、透明。

（4）分析、确定论据的效用。

三、决策评估和实施

（一）决策

1. 概念

决策是为实现预期目标，在调研分析的基础上，运用科学理论和方法设计与选择优化方案，用以实施的行为。

视频

决策的概述

读 一 读

有一个人在荒无人烟的戈壁滩上行走，已经精疲力尽，随身携带的水壶里的水越来越少，他感到自己马上要走到生命尽头了。就在这时，他意外发现不远处的一堵残垣断壁后面有一口井。他兴奋至极，立即上前去打水，这时却发现墙面上写了一行字：先往井里倒入一壶水，才会压上水！他犹豫了。显然，他面临两种选择：一是把自己壶里的水倒入井中，如果打上井水，就会解决自己的燃眉之急，如果打不上井水，自己就面临死亡；二是不把自己壶里的水倒入井中，但就目前壶里的水无法支撑自己走出戈壁滩。此时此刻，他会如何选择？这就是决策。

2. 类型

按照不同标准可将决策分为多种类型，如图6-1-5所示。

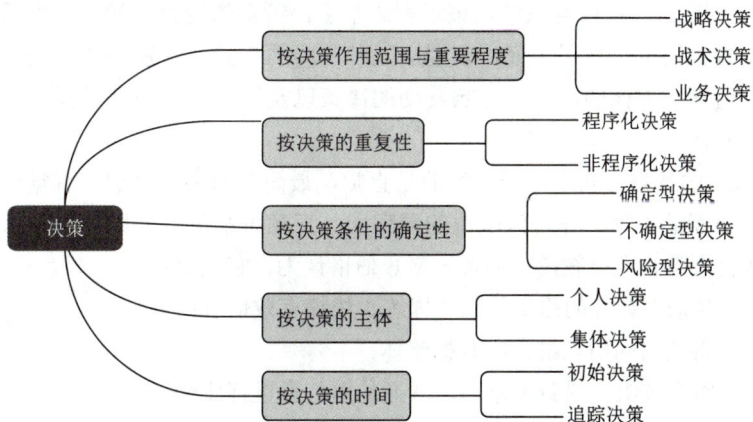

图 6-1-5　决策的类型

（1）按决策的重要性划分。

① 战略决策是指与确定组织发展方向和长远目标有关的重大问题的决策。具有全局性、长期性与战略性，解决的是"干什么"的问题。

② 战术决策是指实现战略目标所做的分阶段决策，或是对实现战略决策过程中所面临的其他问题而做出的决策，解决的是"如何做"的问题。

③ 业务决策是指日常工作中为提高生产效率、工作效率而做出的决策，牵涉范围较窄，只对组织产生局部影响。

（2）按决策的重复性划分。

① 程序化决策，又称常规决策，是指对经常出现的活动的决策。

② 非程序化决策，又称非常规决策，一般指涉及面广、偶然性大、不确定因素多、无先例可循、无既定程序可依的决策。

（3）按决策条件的确定性划分，可分为确定型决策、不确定型决策以及风险型决策。

（4）根据决策的主体不同划分，可分为个人决策与集体决策。

（5）从进行决策的时间上划分，可分为初始决策和追踪决策。

3. 决策程序

决策程序是一个提出问题、分析问题、解决问题遵循科学的完整的动态过程。决策程序包括四个基本步骤，如图6-1-6所示。

（1）提出问题，确定目标。

（2）拟定具备实施条件，能保证决策目标实现的可行方案。

（3）分析评估，方案择优。

（4）慎重实施，反馈调节。

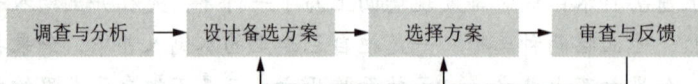

图 6-1-6 决策的程序

4. 决策的准则

（1）直觉决策。

① 概念。直觉决策是一种潜意识的决策过程。基于决策者的经验、能力，以及积累的判断，研究者对管理者运用直觉决策进行了研究，识别出五种不同的直觉，分别为基于经验的决策、基于认知的决策、基于价值观或道德的决策、影响发动的决策以及潜意识的心理过程。直觉决策快速，但失误率较高、风险大。

② 程序。在人类的行为方式中，最复杂的是直觉，最简单的也是直觉。直觉过程是人脑高速分析、反馈、判别、决断的过程，体现为敏锐的洞察力。直觉思维可以分成几个既相互独立又相互联系的程序。美国耶鲁大学心理学教授罗伯特·斯登伯格认为，它们是：

a. 选择性编码：从众多杂乱的原始信息中提炼、浓缩有效信息；

b. 选择性组合：将选出的信息组合成有机整体；

c. 选择性比较：将经过组合的新信息与已掌握的旧信息进行比较。

在实际过程中，这三步是同步完成的。

产生直觉的能力并不完全是天赋的，它可以通过后天的努力和锻炼逐渐得到增强。直觉决策的次数越多，管理决策者的经验越丰富，直觉决策的效果越好，管理决策者的水平越高。

③ 应用范围。

a. 用于启发思路。直觉往往能给人带来新的思路，根据它很可能找到解决问题的好办法。

b. 用于解决急事。关键时刻，没有多少时间思考，只能靠直觉来办事。

c. 用于快速解决问题。有些事情虽然不是急事，但还是要尽量提高效率，这时候就可以使用直觉思维。

d. 用于无关紧要的事情。这类事情办坏了也没有多大的影响，基本上凭直觉解决就可以了。

e. 用于解决难题。对于暂时解决不了的问题，可以暂时放一放，有空时再想一想，一段时间后，往往可以获得灵感而解决问题。因为大脑对某一问题经过长期思考之后，智力处于高度亢奋的状态，脑海里存储的许多相应的信息在自然地反应，当反应达到一定的程度时，就产生了灵感。这里的有空想一想，就是把脑海里解决某个问题的信息活跃起来，以利于产生灵感。

f. 用于解决长远的大问题。对许多长远的大问题，既有必要做些计划，又不可为之花费过多的时间和精力，这种情况下，可在有空时想一想，让大脑自然运作，以求得到较多的、较好的灵感。将这些灵感收集、整理，为以后解决问题提供依据。

灵敏的感觉是长期的经验积累、知识积累及感觉磨炼的结晶。比如，高手之间的比赛，双方几乎不可能做长时间的思考，多数情况下只能凭借感觉处理，这时感觉的灵敏度直接影响到胜负。

（2）理性决策。

① 概念。理性决策是指管理者基于深入分析，运用科学程序与方法以最佳化为标准的决策模式。（以理性假设和科学方法为前提）

② 基本条件。一是决策过程中必须获得全部有效的信息；二是寻找出与实现目标相关的所有决策方案；三是能够准确地预测出每一个方案在不同的客观条件下所能产生的结果；四是非常清楚那些直接或间接参与公共政策制定的人们的社会价值偏向及其所占的相对比重；五是可以选择出最优化的决策方案。

（3）有限理性决策。

① 概念。这是一种将理性决策与直觉决策有机结合，以"令人满意"为准则的决策模式。决策专家西蒙提出了区别于"最佳化"准则的"令人满意"决策准则。按照这一准则，全面搜集有关信息，积极进行科学分析，并结合经验与直觉，在现有或已知情况下，寻求尽可能好的决策结果。虽然它不是最好的结果，却是在可能情况下令管理者满意的结果。

② 决策阶段。按照西蒙的理解，决策过程包括四个主要阶段，即找出制定决策的理由；找到可能的决策方案；在诸行动方案中进行抉择；对已进行的抉择进行评价，这四个阶段缺一不可。

（4）最高决策准则——使命。

使命是在组织在社会中合法存在的原因与根本目的，同时也是组织对社会所做的预期贡献。包括组织服务面向，对自身利益目标的追求，对社会所做的贡献，所信守的经营哲学。所有社会组织进行决策时，使命是组织重大决策的最高准则。

读 一 读

使命：决策的根本准则

华为公司是全球领先的ICT基础设施和智能终端提供商，它的发展愿景是：将数字世界链接到社会上个人、家庭和组织，建立万物互联的智能世界。

基于联合国17个可持续发展目标，华为坚持可持续发展准则，立足企业的经济责任、社会责任和环境责任，从这"三重底线"出发，聚焦数字包容、安全可信、绿色环保、和谐生态等四个主要领域，制定了发展战略。华为正是基于使命进行决策，才发展到今天全球领先的地位，成为民族脊梁的企业代表。

四、提高决策能力

（一）决策能力内涵

1. 概念

决策能力是决策者所具有的参与决策活动，进行方案选择的技能和本领，是识别、理解问题和机遇，比较不同来源的数据，运用有效的方法来选择行动方针或发展适当方法，采取行动来应对现有的现实、限制和可能的结果。

2. 要素

决策能力是一个多层面的能力体系，它主要包括三类：

（1）基本能力。它是进行决策活动应具备的起码的技能和本领，像人的正常体力、学习能力、思维能力、认识能力、语言表达能力就属这一类。

（2）专业能力。它是使决策工作能达到预定目的，取得一定成效而需要的技能和本领，像决断能力、分析能力、综合能力、判断能力、组织能力、指挥能力、控制能力、自检能力就属这一类。

（3）特殊能力。它是使决策具有创造性、产生极大成效所需要的不同寻常的技能和本领，像逻辑判断能力、创新能力、优化能力、灵活应变能力、人际交往能力就属这一类。决策能力除了有类的区分外，还有量的差别。

视频

决策的六大陷阱

（二）决策的误区与盲点

1. 六个陷阱

（1）沉锚陷阱。

读 一 读

先入为主也是一只"沉锚"

有两家面馆，顾客数量和服务质量不分伯仲，但收入却总是不一样，总有一家面馆的销售额高于另一家。探其究竟，原来效益好的那家面馆的服务员为客人点餐结束后，总问："加一个鸡蛋还是一个火腿肠？"而另一家面馆的服务员总是问："加不加鸡蛋？要不要火腿肠？"在第一家面馆，顾客考虑的是加的是鸡蛋还是火腿肠的问题，二选一或者都加；在第二家面馆，顾客考虑的是加不加、要不要的问题，大部分会选择不加、不要。所以，第一家面馆在不知不觉地增加了营业额，这就是沉锚效应。

想一想

作为一种心理现象，沉锚效应普遍存在于生活中。第一印象和先入为主是其在社会生活中的表现形式。结合学习生活实际，想一想身边还有哪些现象属于沉锚效应，以及怎样才能走出沉锚陷阱。

素质园地

考虑做一个决定时，人们的大脑会对得到的第一个信息给予特别的重视。第一印象或数据就像沉入海底的锚一样，把我们的思维固定在了某一处。

"沉锚"效应表现方式多种多样，它可能是朋友无意中的一句话、报纸上的一个小事件、网络上的一个小数字。比如，你参加一个专家论坛，一位专家发表自己对未来三五年市场的趋势预测，你深信不疑，无论是分析竞争对手，还是思考市场策略，你都不由自主地想起他的论断，如果是这样，那位专家的意见和预测对你来说就是"沉锚"。

如何走出"沉锚"陷阱：

——多角度看问题；

——有自己的见解，不要被别人的意见左右；

——集思广益，开拓思维，打破原有的条框束缚；

——向他人征求意见时，要尽量客观公正地介绍情况，不要掺杂个人的观点和倾向。

（2）"有利证据"陷阱。

一家公司的产品准备进入上海市场，老板责成销售经理进行决策分析并提出决策方案。在搜集信息的过程中，他的一位从事相似业务的朋友警告他，千万不要贸然进入，理由是他自己刚刚失败而归，并给这位销售经理提供了许多不应进入的信息。于是，在事先得到的"有利证据"阴影的笼罩下，这位销售经理迟迟拿不出令自己信服的市场方案。

"有利证据"陷阱在人们日常生活中也随处可见，比如别人一次成功或失败的经历都可能成为束缚我们决策的证据。这种"有利证据"陷阱会诱使我们寻找那些支持自己意见的证据，躲避同自己意见相矛盾的信息。

如何走出"有利证据"陷阱：

——审查自己对各种信息是否给予了相同的重视，避免只接受"有利证据"的倾向；

——尽量逆向思维，朝与自己意见相反的方向去想，或者找一个你所信赖的意见分歧者，进行一次彻底的辩论；

——审视自己的动机，明确是在收集信息做出正确合理的决策，还是只是在为自己的决定找借口；

——征求别人意见时，多与有主张见解的人进行交流。

（3）"框架"陷阱。

趋利避害是人的本能。为了确保安全，人们倾向于接受事物最初的框架，而不愿意冒险突破框架，尝试新的可能性。比如，车轮一定是圆的，乌鸦一定是黑的……这些都是典型的框架思维模式。无论是你自己或是别人创造了问题的最初框架，千万不要自动地接受它。

如何走出"框架"陷阱：

——要对一切所谓的经验、模式、规律、习惯、习俗等敢于怀疑，敢于说"不"。

——尝试着使用几个不同的方式，假设思考模式，重新设定问题或机会的框架，从不同方面考察这个问题或者机会，预见不同的结果。

——要采取中立的态度，也就是决策的得失都要加以考虑，或者接受不同的参照点。

——在整个决策过程中，尝试问问自己：如果框架改变了，你的思路会有何变化？

（4）"霍布森选择"的陷阱。

1631年，英国剑桥商人霍布森贩马时承诺：买或是租我的马，只要给一个相同的低价格，可以随意选。其实这是一个圈套。他把马圈只留一个小门，大马、肥马、好马根本就出不去，出去的都是些小马、瘦马、赖马。霍布森允许人们在马圈里自由选择，可是大家挑来选去，自以为完成了满意的选择，到最后仍然得到一个最差的结果。可以看出，这种选择是在有限的空间里进行着有限的选择，无论你如何思考、评估与甄别，最终得到还是一匹劣马。人们的思维有时也是如此，常常受到自己"一亩三分地"的局限和影响，导致思维的自我僵化。

如何走出"霍布森选择"陷阱：

——读万卷书，行万里路，开阔视野，丰富阅历，打开思维空间。

——广交"智友"，定期与智者会晤，借脑生智。

——关注相关产业、同业、同行和竞争对手的变化，关注最好的，问"他们为什么这么好"；关注最差的，问"他们为什么这么差"。

（5）"布里丹选择"的陷阱。

有一个叫布里丹的外国人，他的驴子饿得咕咕叫，他就牵着驴子到野外去找草吃。看到左边的草很茂盛，他便带驴子到了左边，又觉得右边的草颜色更绿，他就带他的驴子跑到右边，但又觉得远处的草品种更好，他便牵着驴子到了远处。布里丹带着他的驴子一会儿左，一会儿右，一会儿远，一会儿近，始终拿不定主意。结果，驴子被饿死在寻找更好的草的路途中。

有些决策者总希望得到最优最佳的方案，这其实已经走进了认识的误区。完美无缺的决策方案是不存在的。避免犹豫的最好方法是对各种方案进行优先排序。主要矛盾和关键问题抓住了，次要的细节可以在今后的发展中逐步得到解决，甚至可以忽略不计。

如何走出"布里丹选择"的陷阱：

——既要善于选择，还要学会放弃。当我们选择了51%的价值，就要毫不犹豫地放弃49%的机会成本，全力把51%变成100%。

——善于决断是良好的思维品质。时代在发展，思维要提速，决策要缩短时间，这样才能从容应对复杂多变的局面。

（6）"群体思维"的陷阱。

集体决策是科学决策的基本方式，但不等于科学决策。在集体决策时，即使经验再丰富的管理者组成的团队也有可能犯下错误，共同选择一个失败方案，并带来灾难性的后果，这就是"群体思维"的陷阱。

群体思维理论的创始人詹尼斯对其界定为：群体思维是"这么一种思维方式，当人们深涉于一个内聚的小团体中，而且其成员为追求达成一致而不再尝试现实地评估其他可以替换的行动方案时，他们就坠入这一思维方式"。通俗地讲，就是在集体决策中决策成员因某种原因而追求表面一致，导致决策失败的思维方式。历史上，因为集体决策中的群体思维现象而导致严重后果的事件很多。

在集体决策中，群体思维现象很多，如决策过程中的"家长制"、"一言堂"、一锤定音等都是群体思维的具体表现。

如何走出"群体思维"的陷阱：

——参与决策的人员端正态度，树立公正的立场，明确决策原则。特别是组织者和领导者，更要审视自我的局限性，避免先入为主，自以为是，刚愎自用。

——提倡决策过程中的合理冲突，促进思想碰撞。

——引入科学的决策方法和工具，如头脑风暴法、德尔菲专家意见法、六项思考帽法以及其他决策技术。

——优化决策程序并借用外脑。

2. 四大盲点

美国宾州大学华顿（Wharton）商学院教授麦可·乌辛（Michael Useem）在《财星》杂志的决策专题中，提出经理人在决策过程中常见的四大盲点。

（1）缺乏足够的信息。一般人总是害怕做错决定，却忽略延迟决定或是不做决定会造成更难以挽回的局面。

（2）舍不得放弃。在关键时刻，就要有壮士断腕的决心。

（3）听不到真心的批评。"想要得到答案，就直接问问题；如果希望别人提出中肯的批评，就先批评自己。"

（4）过度焦虑不安。适度的焦虑可以提高专注力，但是过度的焦虑只会让人更犹豫不决、做不了决定。

（三）提高决策能力的方法

1. 确立高标准

高标准可能使人们以一种全新的方式进行思考，而不只是对传统做法进行细枝末节的调整。确立高标准，能使思维得到拓展。

2. 多问"5W"

目标驱使决策，经常问一问自己五个问题：怎么做才能实现我的目标？何时能实现这一目标？谁会将我带向目标？采取什么方式能够接近目标？有几种备选方案？

视频

提高决策能力的方法

3. 独立思考

在向他人咨询备选方案之前，不可过早地引入他人的想法。不要被其他人的想法和判断困扰，有时暂时忽略别人的意见是必要的。

4. 从经验中学习

接受历史经验教训，但不受历史束缚。看一看其他人在类似情况下是怎样做的，想一想以前是否遇到过类似情况，以及当时设计了什么方案，但不要把自己局限在以前想到的方案中。

5. 征求他人的意见

所谓旁观者清，在征求他人意见时，要找那些其他领域的人，在和他们谈话时，要有开放的思维。

6. 接纳各种创意

决策者只有接纳各种创意，才能形成好的方案。一个创意会引出另一个创意，创意越多，就越可能发现优秀创意。在提出方案的时候，不要对其进行评估，因为这样会使方案设计的进程变缓，并且阻碍创造力的发挥。即使方案具有明显缺点甚至潜在的致命缺陷，也要将它列入备选方案清单。只有扩展思路才能提出尽可能多的方案。

任务实施

活动1：帮助小杨做好接待前的准备工作

活动规则：

（1）四人形成接待小组，研究形成合理的接待方案。

（2）随机抽取四个小组，由小组代表汇报完成此项方案的步骤。

（3）全班对四个小组的鱼骨图和方案进行打分。

（4）选出最佳方案进行模拟演练。

活动要求：

（1）认真阅读并理解任务内容。

（2）各组制定合理的接待行程。

（3）做出鱼骨图。

（4）一组汇报时，其他小组认真听，并进行评分。

（5）最后胜出的方案的小组，可以在全班选择演员进行模拟演练。

时间：20 min。

活动实施：

第1步：明确任务内容

公司有一位重要客户到公司考察，行程三天，要求必须与公司董事长会谈两个小时，同时考察两至三家公司下属企业。办公室主任找到小杨，让他拟订一份接待行程，预算5 000元以内。小杨愉快地接受了任务。

学生四人一组，并进行角色分配。

第2步：请对方发确认函。小杨立刻与客户的秘书取得联系，请对方将来访事宜用公函方式通过传真或电子邮件发给本公司进行确认。

组内研讨：公函的内容有哪些？

最后达成一致：公函中应该包括来访日期、主要事项、来访人数、职务、性别、交通工具、住宿要求、费用承担、返程票预订、禁忌及注意事项等内容。

第3步：画出鱼骨图，明确接待中的主要任务和次要任务。

小杨主笔，先研究接待的主要任务，画出鱼骨图。小组制作PPT提交。

第4步：拟定接待方案，方案中包括接待日期、接待事项、责任人、经费预算等内容，并报请领导审批。

制定接待方案，做好日程表。小组制作PPT提交。

1. 接待时间

20××年11月24—26日，三天。

2. 接待内容

（1）与公司董事长会晤，两小时。

（2）参观下属企业两家。

3. 陪同领导

拟请公司副董事长、主管部门领导陪同。

4. 行程安排

按照行程时间，安排具体工作内容。

形式：可文字、可表格呈现。

5. 经费预算

略。

6. 工作分工

领导批准后，召开动员会，明确接待人员工作职责。

小杨召开动员会。

动员会，学生进行模拟演练。

活动分析：

通过完成这一接待准备工作，训练学生发现问题、分析问题和解决问题的能力。在模拟演练过程中，可以随机提出几个问题，让学生现场解决，效果会更好。

活动2： 假如我是小M

活动要求：

（1）认真阅读下面案例，并思考三个问题。

（2）以假如我是小M，我如何处理？

（3）对比小M的做法，谈谈你的感想。

时间：15 min。

活动实施：

第1步：认真阅读下面的案例。

某新建成写字楼的物业中心最近收到了很多投诉，大厦里的上班族们反映高峰时段电梯拥堵，而且电梯很慢，严重影响了他们的心情。甚至很多人因为等电梯耽误打卡而被扣钱。

由于资金问题，大厦老板S先生本想无视投诉，但没想到事态愈演愈烈。重压之下，他只能和上班族代表坐下来协商此事。之后，物业公司小M主动承担起电梯改造任务。

第2步：学生思考并回答下面两个问题。

问题1：假如你是小M，你怎么做？

问题2：你为什么这样做？

同学们一起总结出几套方案。

第3步：看看小M是如何做的。学生继续观看案例：

小M首先想到在电梯里和电梯旁边安装各式各样的镜子，让上班族们在等电梯和乘坐电梯的时候可以检查下自己的仪容，这样时间就会显得不那么"漫长"，即使拥挤也不那么重要了。

结果，抱怨和投诉的声音很快减少了。

接着，小M找到电梯公司进行检修，发现是由于被困在电梯主控箱里的老鼠尸体导致电梯速度缓慢。老鼠尸体被取出后，电梯速度恢复。

但是"电梯不够用"依然没有完全解决。

小M的调查还在继续。

他发现大厦旁边有一栋百货大楼，该商场生意惨淡，每天使用电梯的人寥寥无几。于是，他提议在两栋楼之间修一条人行通道，这样，当写字楼的电梯拥堵时，就可以通过通道去搭乘商场的电梯，还会为商场增加人流量，为商场招揽生意。可以说是"双赢"。

至此，电梯拥堵问题完全解决。

小M因此获得了丰厚的奖金和老板的赏识。

第4步：引导性分析。

在上面的故事中，开始"电梯拥堵"问题出现的时候，其实没有人真正发现"问题"是什么，直到小M出现。小M是如何"发现"问题的呢？

小M在遇到问题时，不是直接去想解决方案，而是对问题本身进行了分析：

（1）到底谁遇到了问题？

（2）问题究竟是什么？

（3）问题的本质是什么？

首先，到底是谁遇到了问题？"电梯问题"涉事者有两方：S先生、上班族。

其次，问题究竟是什么？

站在大厦上班族的角度来看，问题是：怎样花最少的时间和精力完成我的工作。

对于S先生来说，这个问题是：我要怎么处理这些投诉。

再次：问题的本质是什么？

问题的本质是理想状态和现实状态之间的差别。于是小M经过分析得出：在这件事中，理想的状态是乘坐电梯只需要等一小会儿，现实状态是等待的时间太长了。从这个角度看，可以通过调整理想状态或者改变现实状态来解决电梯问题：要么真正缩短等电梯的时间，要么想办法让等待的时间"显得"短一些。

于是，他想到了在电梯里和电梯旁边安装镜子的方案。接下来就一步一步循序渐进地将问题从逐渐缓解到彻底解决。

活动分析：小扬善于对问题进行深入、系统的分析，找到实际状态和预期状态的差异，即找到真问题。对与这一问题相关的环境与条件做出分析与评价，找到破解问题的方向，并运用创造性思维逐步解决问题。

●●●● 任务2 培养创造性思维 ●●●●

任务解析

通过拓展训练、合作学习、头脑风暴等活动，对学生进行创造性思维能力训练；通过演练活动与小组讨论，让学生在情境中体验并学习创新技法；通过小组合作学习，能够运用创造性思维与创新技法总结提升问题解决的策略与方法，经过深入思考，形成新的创意。

知识链接

一、创造性思维的内涵

（一）概念

创造性思维是一种具有开创意义的思维活动，即开拓人类认识新领域、开创人类认识新成果的思维活动。创造性思维是以感知、记忆、思考、联想、理解等能力为基础，以综合性、探索性和求新性为特征的高级心理活动，是需要人们付出艰苦的脑力劳动。一项创造性思维成果的取得，往往要经过长期的探索、刻苦的钻研，甚至多次的挫折之后才能取得，而创造性思维能力也要经过长期的知识积累、素质磨砺才能具备，至于创造性思维的过程，则离不开繁多的推理、想象、联想、直觉等思维活动。

视频

创造性思维内涵与特点

读 一 读

白鹤滩水电站百万千瓦电机组创新

2021年6月28日，金沙江白鹤滩水电站首批机组正式投产发电（见图6-2-1），现场一片欢呼。两台百万千瓦水轮发电机组高速转动，将金沙江的水能资源转化为电能，为"西电东送"工程提供了重要保障。这里提到的百万千瓦水轮发电机组，全球单机容量最大功率，是我国高端装备制造的重大突破。

白鹤滩百万千瓦水电机组的创新有两点：一是发电机部分，从原来的80万千瓦跃升到100万千瓦；二是水轮机部分，采用长短叶片转轮实现了宽负荷、高效稳定运行。

图 6-2-1　白鹤滩水电站

素质园地

创新是一个国家、一个民族发展进步的不竭动力。"十四五"期间，我国重大创新成果竞相涌现，创新能力持续提升，创新的"脉动"尤为强劲。越是伟大的事业，越充满艰难险阻，越需要艰苦奋斗，越需要开拓创新。科技创新，自立自强是时代使命。

（二）创造力的来源

创造力的大小受很多因素影响和制约，创造力来源模式如图6-2-2所示。

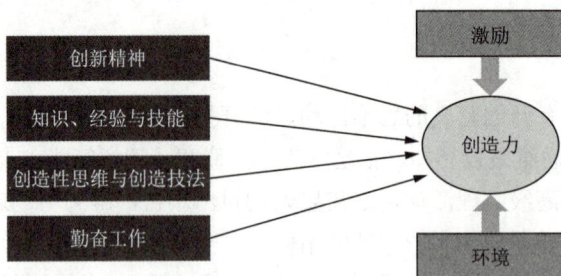

图 6-2-2　创造力来源模式

1. 直接来源：来自内部个人层面的因素

（1）创新精神。创新精神是指要具有能够综合运用已有的知识、信息、技能和方法，提出新方法、新观点的思维能力和进行发明创造、改革、革新的意志、信心、勇气和智慧，这是创新的灵魂。

（2）知识、经验与技能。创新是对传统的突破，是在过去知识、经验与技能基础上的飞跃。一个人理论基础知识越扎实，工作经验越丰富、专业技能越高超，就越有条件进行创新。

（3）创造性思维与创新技法，创造性思维与创新技法是激发创造力，实现工作创新的智力支持与实现路径。

（4）勤奋工作。创新不是主观臆想出来的，卓有成效的创新也依赖于脚踏实地、勤奋工作。

2. 间接来源：来自外部的影响因素

（1）激励。激励给创造者注入动力，激励主要包括对创造者以精神激励，特别是激发他们的成就感和追求成功的欲望，同时包括各种形式的奖励。

（2）环境。环境是技法或抑制创新的重要条件，营造宽松而富有激励的环境会有效地促进创新。以上两个方面六种因素的综合作用，就会产生巨大的创造力。

（三）创造性思维的特点

1. 思维的新颖性

体现在思路的选择上、在思考的技巧上、在思维的结论上，具有独到之处，在前人、常人的基础上有新的见解、新的发现、新的突破，从而具有一定范围内的首创性、开拓性。

2. 思维的求实性

体现在善于发现社会的需求，发现人们在理想与现实之间的差距。从满足社会的需求出发，拓展思维的空间。而社会的需求是多方面的，有显性的和隐性的。显性的需求已被世人关注，若再去研究，易步人后尘而难以创新，而隐性的需求则需要创造性地发现。

3. 思维的批判性

体现在敢于用科学的怀疑精神，对待自己和他人的原有知识，包括权威的论断；敢于独立发现问题、分析问题、解决问题；敢于打破常规去思维，另辟蹊径、独立思考，运用丰富的知识和经验，充分展开想象的翅膀，这样才能迸射出创造性的火花，发现前所未有的东西。

4. 思维的连贯性

一个日常勤于思维的人，就易于进入创造思维的状态，就易激活潜意识，从而产生灵感。创新者在平时就要善于从小事做起，进行思维训练，不断提出新的构想，使思维具有连贯性，保持活跃的态势。每一次的创新看似偶然而绝非偶然，偶然是必然的结果。

5. 思维的灵活性

创造性思维善于寻优，选择最佳方案，机动灵活，富有成效地解决问题。善于从全方位思考，思路若遇难题受阻，不拘泥于一种模式，能灵活变换某种因素，从新角度去思考，调整思路，从一个思路到另一个思路，从一个意境到另一个意境，善于巧妙地转变思维方向，随机应变，产生适合时宜的办法。

6. 思维的跨越性

创造性思维的思维进程带有很大的省略性，其思维步骤、思维跨度较大，具有明显的跳跃性。

7. 思维的综合性

任何事物都是作为系统而存在的，都是由相互联系、相互依存、相互制约的多层次、多方面的因素，按照一定结构组成的有机整体。这就要求创新者在思维时，将事物放在系统中进行思考，进行全方位多层次多方面的分析与综合，找出与事物相关的、相互作用、相互制约、相互影响的内在联系。而不是孤立地观察事物，只是利用某一方法思维，应是多种思维方式的综合运用。不是只凭借一知半解、道听途说，而是详尽地占有大量的事实、材料及相关知识，运用智慧杂交优势，发挥思维统摄作用，深入分析、把握特点、找出规律。

二、创造性思维的形式

（一）发散性思维

发散性思维又称扩散性思维、辐射性思维、求异思维。它是一种以问题为中心，如图6-2-3所示，从不同的方向、途径和角度去设想，探求多种答案，最终使问题获得圆满解决的思维方法。分类有立体思维、多向思维、想象思维、联想思维、联结思维与反联结思维、逆向思维。

（1）立体思维：就是突破线性或平面思维定式，从多维进行观察和思考。

（2）多向思维：从不同的方向对一个事物进行思考。如数学中的"三点找圆心法"，就是从三个角度去探试，还有古人看庐山"横看成岭侧成峰，远近高低各不同"角度就更多一些。这样才能对事物有更全面、更透彻的了解，才能抓住事物的本质，发现他人不曾发现的规律。

图 6-2-3　发散性思维

（3）想象思维：是人体大脑通过形象化的概括作用，对脑内已有的记忆表象进行加工、改造或重组的思维活动。想象思维是形象思维的具体化，是人脑借助表象进行加工操作的最主要形式，是人类进行创新及其活动的重要的思维形式。

想象思维有再造想象思维和创造想象思维之分。再造想象思维是指主体在经验记忆的基础上，在头脑中再现客观事物的表象。创造想象思维则不仅再现现有事物，而且创造出全新的形象。如文学创作中的艺术想象属于创造性想象，是形象思维的主要形式，存在于整个过程之中。即作家根据一定的指导思想，调动自己积累的生活经验，进行创造性的加工，进而形成新的完整的艺术形象。

（4）联想思维：即通过一个事物联想到其他事物的过程就是联想思维，平常讨论问题采用的头脑风暴也属于联想思维。

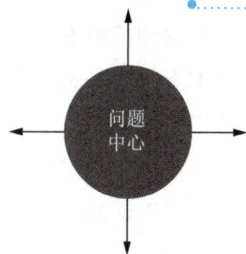

视频

创造性思维的形式

（5）联结思维与反联结思维：联结思维指将相关的或表面看起来不相关的事物以某种方式组合起来加以认识；反联结思维则是指将整体分解或利用其中一部分的方式进行思维，两者的目的都是寻求新事物。

（6）逆向思维：即改变原有的思维方向，倒过来向相反方向思维的一种形式。

（二）收束性思维

收束性思维是指在解决问题的过程中，尽可能利用已有的知识和经验，把众多的信息和解题的可能性逐步引导到条理化的逻辑序列中去，最终得出一个合乎逻辑规范的结论。它本身不产生创造性成果，但要靠它运用逻辑思维，将发散性思维产生的各种思维成果逻辑化、系统化。

（三）灵感思维

灵感思维是指凭借直觉而进行的快速、顿悟性的思维。它不是一种简单逻辑或非逻辑的单向思维运动，而是逻辑性与非逻辑性相统一的理性思维整体过程。它是创造性思维的重要形式。灵感是在偶然机遇的外部作用下，靠显性意识和潜意识交互作用而出现的"顿悟"。

灵感思维是在无意识的情况下产生的一种突发性的创造性思维活动。它与形象思维和抽象思维相比，主要有以下三个方面的特征：

（1）突发性。这是灵感思维最突出的特征。灵感往往是在出其不意的刹那间出现，使长期苦思冥想的问题突然得到解决。在时间上，它不期而至，突如其来；在效果上，突然领悟，意想不到。

（2）偶然性。灵感在什么时间可以出现，在什么地点可以出现，或在哪种条件下可以出现，都使人难以预测且带有很大的偶然性。

（3）模糊性。灵感的产生往往是闪现式的，而且稍纵即逝，它所产生的新线索、新结果或新结论使人感到模糊不清。要精确，还必须有形象思维和抽象思维辅佐。灵感思维所表现出的这些特征，从根本上说都是来自它的无意识性。形象思维、抽象思维都是有意识地进行的，而灵感思维则是在无意识中进行的，这是它们的根本区别所在。

促进灵感思维激发的主要途径，一是要有广博的知识和信息；二要积极深入地进行思索；三要创造适时的松弛。

三、创新思维的障碍

视频

创新思维障碍

（一）外部因素

（1）社会观念。它包括社会文化传统、社会道德、行为准则等，这些直接制约着人们的创新思维的开展。如果社会观念认为创新超越了现有的思维框架，是一种除旧布新的行动，被认为是逾越了社会文化传统所涵盖的道德、行为准则，就会对创新行为带来巨大的压力。

（2）环境因素。分为宏观环境和微观环境。宏观环境主要指社会的政策、体制和社会文化环境。微观环境是指小环境，如创新小组成员之间是否配合默契，家庭成员是否支持，创新者与领导、财务、设备等部门是否关系融洽，工作环境是否安静、清洁，资金、房屋是否落实，周围人对于存在的问题和暂时的失败是否有幸灾乐祸的表现等。

（3）信息障碍。信息障碍是对信息资料的价值缺乏足够的认识，没有利用有关的情报资料来考察自己想法的新颖性，没有查阅与项目或题目相关的资料。面对这样的障碍，可以在确定项目或者有了想法后，在图书馆、专利网和相关网站搜索关键字进行查找，看是否有和自己想法一致的产品，这样就可以避免重复创造，或者因为不掌握同类的技术信息而导致低效的创造。

（二）内部因素

（1）个人情绪。心理情绪对创新思维的影响具有直接性、内在性、调控性。要提高创新思维水平，应努力培养乐观心理以及自信心、想象力、好奇心、意志力等良好的心理情绪素质，并善于调控自己的心理情绪。

（2）思维定式。思维定式对于解决经验范围以内的常规性问题是有用的，它可以使人们的思维驾轻就熟，简捷、快速地对问题做出反应。但是它们对于创造性地解决问题，则是一种障碍，它使人们局限于某种固定的反应倾向，跳不出框框、打不开思路，从而限制了人们的创新思考。要想成为有创造力的人，最关键的是突破思维定式。常见的思维定式有从众心理和权威心理。

① 从众心理。从众，就是跟从大众，它是心理障碍中最常见、最重要的一种。从众心理严重的人，往往在认知和是非判断上，附和别人比较多，这样的人多为没有主见、缺乏独立思考的能力。

从众心理严重的人对新观念有着一种强烈的抗拒心理。对创新而言，从众心理是最大的障碍。除了从众心理，如对自己缺乏自信心，总觉得自己不如别人；对事物的不敏感，思维不活跃；认识片面，过于自信；好钻牛角尖等思维障碍都会不同程度地影响着某些人群。

② 权威心理。权威，就是人在成长和社会生活中形成的对权威人士的服从，以其言行作为判断正误的标准。权威心理主要体现在政治权威和知识权威。政治权威是人与人之间关系的产物，通过法律和权力体现出来，并通过信念及道德使人自觉或被迫服从。

（3）传统观念。传统观念是思维创新的重要障碍，它顽强地维护着它赖以存在的实践和社会基础，反对思维对现存事物进行超越。受传统观念的影响，人们就会因循守旧，墨守成规，导致思维受原有的思维空间的限制，跳不出原有的框框，因此，传统观念是思维创新的大敌。

（4）风险规避意识。长期以来，成功企业难以实现增长的一个最重要原因就是对失败的恐惧，规避风险是创新的一大障碍。

四、创新思维能力训练

（一）四个阶段

（1）准备阶段。即搜集资料、发现和分析问题的阶段，以发现问题为起点，不断丰富自己的想象空间和信息库。

（2）酝酿阶段。创新思维需要有酝酿期，如科学创造研究是要经过长期的酝酿，艰苦地琢磨，对心智的严峻考验，才能取得成功。

（3）灵感期（顿悟）。这是创新思维的突变阶段。这种顿悟往往是不期而遇的，经过长期的准备和酝酿，创造者也许筋疲力尽，当他要放弃或者转移注意力时，突然蹦出的一种"顿悟"，以至于研究者有一种迫不及待喊出后的冲动，我们称这种体验为"啊哈体验"。

（4）验证阶段。此阶段是创造性思维的最后一个阶段，创造者通过采取行动验证"突变"得来的想法或经验是否正确，是对整个创造过程的反思。

（二）训练方法

要想培养出良好的创新思维，就要每天坚持去做，坚持去想。只有这样，大脑才能不断地开发，思维不断地创新，在未来的某一天创造出全新的事物。

1. 三三两两讨论法

每两人或三人自由成组，在3 min限时内，就讨论的主题互相交流意见及分享，3 min后再回到团体中进行汇报。

2. 头脑风暴法

头脑风暴法是由现代创造学的创始人、美国学者阿历克斯·奥斯本于1938年首次提出的，最初用于广告设计，是一种集体开发创造性思维的方法。原理是通过强化信息刺激，促使思维者展开想象，引起思维扩散。在短期内产生大量设想，并进一步诱发创造性设想。

在组织头脑风暴活动时，应该遵循以下几条原则，如图6-2-4所示。

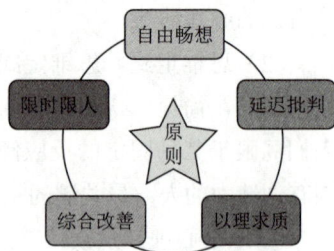

图 6-2-4　头脑风暴法原则

（1）自由畅想。要求参加者不受任何条条框框限制，放松思想，让思维自由驰骋。

（2）延迟批判。在组织头脑风暴会议时，必须坚持当场不对任何设想做出评价的原则。

（3）以量求质。头脑风暴会议的目标是获得尽可能多的设想，增加设想的数量，以便获得有价值的创造。

（4）综合改善。鼓励与会者对别人的设想补充完善成新的设想，会后对所有设想做综合改善的工作。

（5）限时限人。会议通常限定时间为30～60 min，人数为10人左右。

"头脑风暴活动"不是简单起到集中多人智慧的作用，还有在小组营造氛围强化信息刺激的作用，大家相互影响，强化信息刺激，从而促使思维者展开想象，引起思维扩散，在短期内产生大量设想，从而为进一步构思方案打下基础。

3. 六六讨论法

六六讨论法是以脑力激荡法作为基础的团体式讨论法，将大团体分为六人一组，只进行六分钟的小组讨论，每人一分钟。然后再回到大团体中分享及做最终的评估。

4. 思维导图

思维导图是一项流行的全脑式学习方法，它能够将各种想法以及它们之间的关联性以图像视觉的景象呈现。思维导图有六大要素：

（1）中心主题。一个思维导图只有一个中心主题，必须放在纸的中央位置，纸张必须横放。中心主题的文字适当地大一些，最好使用三种以上颜色的图片，便于记忆。中心主题词一定要选择准确，充分代表这个思维导图的中心思想。

（2）分支。分支分为与中心主题相连的主分支（一级分支）和二级、三级、……分支，主分支必须由粗到细，与中心主题连接的地方粗，然后逐渐变细，除主分支是有粗细之分外，其他分支可以相同粗细。分支要连接，不能断开。分支最好是横画，方便写关键词。一个大分支使用一个颜色，符合大脑对颜色的识别习惯，记忆的时候不容易混淆。

（3）关键词。分记忆性关键词和创意性关键词。记忆性关键词是容易产生图像、形象鲜明的名词，动作感强烈的动词，如电视机、高楼大厦、爆炸等。创意性关键词是概念笼统、难以产生图像的词，如渗出、美丽、奇怪等词。关键词尽量简短、精练，一般使用名词或者动词，少用形容词。

不要使用长词组和长句子。关键词必须写在分支的上方，不能写在分支的中间、下方和末端，必须书写工整，方便认知和记忆。

（4）图片。分为插图和联想记忆图、文字转换图。

（5）颜色。在条件允许的情况下一定使用颜色，颜色能够帮助大脑记忆和使大脑兴奋。一个大分支一个颜色，中心图形尽量使用三种以上的颜色。思维导图的颜色不能过于丰富，否则大脑容易疲劳，影响记忆效果。

（6）结构。这是指导图本身的外形的结构布局和内部的逻辑结构。外形的结构布局是指图形尽量对称，内部逻辑结构是指内部主分支的逻辑分类，和分支上的关键词的逻辑关系。主分支必须与中心主题紧密相扣，排列的逻辑顺序必须正确。

5. 创意分合法

创意分合法是创意思维训练方法之一，由戈登（Gordon）提出，分为两种心理运作过程：一是使熟悉的事物变得新奇（由合而分）；二是使新奇的事物变得熟悉（由分而合）。此法主要是将原不相同亦无关联的元素加以整合，产生新的意念。分合法利用模拟与隐喻的作用，协助思考者分析问题以产生各种不同的观点。

6. 逆向思考法

逆向思考是一种为实现某一创新或解决某一常规思路难以解决的问题，而采取反向思维寻求解决问题的方法。实践证明，逆向思维是一种重要的思考能力。个人的逆向思维能力，对于全面人才的创造能力及解决问题能力具有非常重大的意义。它有三种类型：

（1）反转型逆向思维法是指从已知事物的相反方向进行思考，产生发明构思的途径。"事物的相反方向"常常从事物的功能、结构、因果关系等三个方面进行反向思维。比如，市场上出售的无烟煎鱼锅就是把原有煎鱼锅的热源由锅的下面安装到锅的上面。这是利用逆向思维，对结构进行反转型思考的产物。

（2）转换型逆向思维法是指在研究问题时，由于解决这一问题的手段受阻，而转换成另一种手段，或转换思考角度，以使问题顺利解决的思维方法。如司马光砸缸救落水儿童的故事，实质上就是一个用转换型逆向思维法的例子。

（3）缺点逆向思维法是一种利用事物的缺点，将缺点变为可利用的东西，化被动为主动，化不利为有利的思维方法。这种方法并不以克服事物的缺点为目的。相反，它是将缺点化弊为利，找到解决方法。例如，金属腐蚀是一种坏事，但人们利用金属腐蚀原理进行金属粉末的生产，或进行电镀等其他用途，无疑是缺点逆用思维法的一种应用。

7. 列举法

列举法是一种借助于某一具体事物的特定对象（如特点等），从逻辑上进行分析并将其本质内容罗列出来，经过批评、比较、选优等手段，挖掘创造主题新意的创造技法。列举法可分为属性列举法、希望点列举法、优点列举法、缺点列举法。

（1）属性列举法是美国尼布拉斯加大学的克劳福德教授在1954所提倡的一种著名的创意思维策略，此法强调使用者在创造的过程中观察和分析事物或问题的特性或属性，然后针对每项特性提出改良或改变的构想。

具体实施步骤：

① 将物品或事物分为下列三种属性：

名词属性：全体、部分、材料、制法

形容词属性：性质、状态

动词属性：功能

② 接下来进行特征变换。

③ 再提新产品构想。依变换后的新特征与其他特征组合可得到新产品。

（2）希望点列举法是一种不断地提出"希望""怎么样才会更好"的理想和愿望，进而探求解决问题和改善对策的技法。此法是通过提出对该问题的事物的希望或理想，使问题和事物的本来目的聚合成焦点来加以考虑的技法。

希望点列举法的实施主要有三个步骤：

① 激发和收集人们的希望。

② 仔细研究人们的希望，以形成"希望点"。

③ 以"希望点"为依据，创造新产品以满足人们的希望。

（3）优点列举法是一种逐一列出事物优点的方法，进而探求解决问题和改善对策。

（4）缺点列举法是一种不断地针对一项事物，检讨此事物的各种缺点及缺漏，并进而探求解决问题和改善对策的技法。

8. 检核表法

检核表法是指美国创造学家奥斯本率先提出的一种创造技法，被称为"创造技法之母"。其特点是根据需要解决的问题，或需要创造发明的对象，列出有关的问题，然后一个个来核对讨论，以期引发新的创造性设想。

常见的检核表法主要包括思路检核表法、5W2H检核表法、发明十步检核表法。

（1）思路检核表法。

① 加一加：加高、加厚、加多、组合等。

② 减一减：减轻、减少、省略等。

③ 扩一扩：放大、扩大、提高功效等。

④ 变一变：变形状、颜色、气味、音响、次序等。

⑤ 改一改：改缺点、不便、不足之处。

⑥ 缩一缩：压缩、缩小、微型化。

⑦ 联一联：原因和结果有何联系，把某些东西联系起来。

⑧ 学一学：模仿形状、结构、方法，学习先进。

⑨ 代一代：用别的材料代替，用别的方法代替。

⑩ 搬一搬：移作他用。

⑪ 反一反：尝试颠倒。

⑫ 定一定：定个界限、标准，能提高工作效率。

（2）5W2H检核表法。

所谓5W是指为何（Why）、何事（What）、何人（Who）、何时（When）、何地（Where）；2H是

指如何（How）、多少（How Much）。

（3）发明十步检核表法。

① 抛弃一切陈旧迂腐的观念，使思维自由奔放。

② 深入细致的调查，做到心中有数。

③ 掌握与发明对象有关的知识，做到融会贯通。

④ 善于捕捉自己的灵感，并努力使之实现。

⑤ 按自己头脑中的印象进行实际试验。

⑥ 对试验中的数据和现象进行认真分析。

⑦ 了解是否实用，反复寻求新的发现。

⑧ 再试验，如不行，再寻求发明。

⑨ 如初获成功，就使其日臻完善。

⑩ 使发明成为一种有实用价值的新产品。

思维能力的训练是一种有目的、有计划、有系统的教育活动，对它的作用不可轻估。思维能力训练主要目的是改善思维品质，提高思维能力，只要能在实际训练中把握住思维品质，有的放矢地努力，就能顺利地坚持下去。

任务实施

活动规则：

（1）四人组建学习小组，研究形成一份合理的沙漠逃生方案。

（2）随机抽取四个小组，由小组代表汇报本组方案。

（3）全班对四个小组的方案进行打分。

（4）选出最佳方案进行分析。

活动要求：

（1）个人分别单独将这些物品按对个人生存的重要性排序，不得与其他人讨论，时间为5 min。

（2）将自己排序情况与小组其他人员进行讨论，并得出小组一致同意的"排序"，时间为10 min。

（3）注意前提假设：假设机上幸存者与你们组人数相同，大家选择共进退，不会各自行动。

时间：20 min。

活动实施：

第1步：明确情境和问题。

沙漠求生

假设某年7月28日中午12:00，你乘坐的直升飞机迫降在某沙漠区域。惊魂未定的你迫使自己冷静下来，发现飞行员遇难，机身严重损坏，机身起火，同伴幸存。在飞机迫降时，你已得知迫降地点距离原定目标80 km左右，离飞机迫降点约50 km附近有个村落。炎炎夏日，在这不毛之地，沙漠温度已达50 ℃。你和同伴身穿T恤、短裤和户外鞋，随身带有手帕。你们总共有1 000元人民币、一盒香烟和一支碳素笔。飞机即将燃烧，机上还有有15件物品性能良好，现在请你们把这些物品进行排序（按照重要程度），如果只能抢救出其中的五项，你们会选择什么？又会如何逃生？

1. 手电筒（四节电池大小）
2. 迫降区的地图
3. 每人1 mL清水
4. 降落伞（红白相间）
5. 每人一副太阳镜
6. 指南针
7. 手枪和六发子弹
8. 书——《沙漠里能吃的动物》
9. 塑料雨衣
10. 每人一件外套
11. 一瓶白酒
12. 急救箱
13. 折刀
14. 化妆镜
15. 盐片一瓶（1 000片）

重要性排序	物品编号	
	个人排序	小组排序
1		
2		
3		
4		
5		
6		
7		
8		
9		
10		
11		
12		
13		
14		
15		

第2步：物品排序。

首先进行个人排序，然后小组讨论每件物品的功能，形成小组排序。

曾有专家研究在沙漠中求生的问题，他搜集了无数事件和生还者的资料，结合本任务情景，解释如下：

1. 化妆镜

在各项物品中，镜子是获救的关键，在日间用来表示你的位置，是最快和最有效和工具；镜子在太阳光下，可产生相当于三至七万支的烛光；如反射太阳光线，在地平线另一端也可看到；如没有其他物品，只有一面镜，你也有80%获救的机会。

2. 每人一件外套

如失事的位置被获悉，在营救未到前，要设法减低体内水分消失；保持镇定可减低脱水的速度。穿上外套能减低皮肤表面的水分散发。假如没有外套，维持生命的时间便减少一天。

3. 每人1 mL清水

如有上述一项或两项物品，可生存三日。水有助减低身体内脱水的速度，口渴时，最好饮水，使头脑清醒，尤其在第一天，要制造遮蔽的地方。但当身体开始脱水时，饮水也没有多大效用。

4. 手电筒（四个电池大小）

在晚上，手电筒是最快和最可靠的发信号工具。化妆镜和手电筒24小时都可以发出信号；手电筒也有其他用途，日间可用电筒的反光镜和玻璃做信号及引火点燃之用；装电池的部分可用来挖掘或盛水（参考塑料雨衣部分之蒸馏作用）。

5. 降落伞

可用作遮阴和发信号，用仙人掌做营杆，降落伞做营顶，可降低20%的温度；红白色在沙漠很显眼，关键时刻亦可引燃。

6. 折刀

刀可切碎坚韧的仙人掌或切割营杆，也有其他用途，可排列较前的位置。

7. 塑料雨衣

可做"集水器"。在地上挖掘出一洞后，用雨衣盖在上面，然后在雨衣中央放一小石块，使之成漏斗形，日夜温度的差距可使空气的水分附着在雨衣上。将雨衣上的水滴在电筒盖中储存。这样做，每日大约可提取半升的水，但也可消耗两倍可收集的水分。

8. 装有子弹的手枪

第二天之后，你们说话和行动已很困难，身体已经产生了6% ～10%的脱水；手枪于是成为很有用的工具；弹药有时要做引火之用；国际的求救讯号是连续发三个短的讯号，在无数事件中，由于求生者不能发出求救声音，所以没有被人发现。另外，枪柄可作锤子用。

9. 每人一副太阳镜

用降落伞遮阴可避免眼睛受损，也可用黑烟将眼镜熏黑；用手绢或纱布蒙眼，也可避免眼睛被太阳光灼伤。但用太阳镜则更舒适。

10. 急救箱（含薄纱布等）

沙漠湿度低，伤口暴露会加快身体水分流失。纱布可当绳子或包扎脚部、足踝、头部及面部作保护之用。

11. 指南针

除用其反射面作发信号之用，指南针并无用处，反而有引诱人们离开失事地点的风险。

12. 迫降区地图

可用来起火或当厕纸，也可用来遮盖头部或眼睛。它也会引诱人们走出沙漠做错误的决定，因此排名靠后。

13. 书——《沙漠里能吃的动物》

目前最大的问题是脱水，并不是饥饿，打猎所得等于失去的水分，沙漠中动物也甚少可见。吃食物也需要大量的水来帮助消化。

14. 一瓶白酒

剧烈的酒精会吸收人体内的水分，更可致命。酒只可作暂时降低体温之用。

15. 盐片一瓶（1 000片）

人们过分高估盐的作用。若血液内的盐分增加，同时也需要大量的水以降低体内含盐量。

第3步：计算得分。

根据所选定的最重要的前五项物品编号，依据下表对应关系，累加得分。

物品编号	得　分	物品编号	得　分
1	4	4	5
2	12	5	9
3	3	6	11

续表

物品编号	得　分	物品编号	得　分
7	8	12	10
8	13	13	6
9	7	14	15
10	2	15	1
11	14		

成绩对照：

15～25分　　　　　优异

26～32分　　　　　优良

33～45分　　　　　良好

46～55分　　　　　一般

56～64分　　　　　有少许生还希望

65分　　　　　　　没有生还希望

第4步：战略思维和选择。

（1）等待救援。因为科技日新月异，飞机失事后可能很快就有救援，茫茫沙漠，如果错过了可能就失去了获救机会。

（2）维持生命。有可能要等待一段较长的时间才能获得救援，所以在等待期间要尽可能地延长生命，保护好自己。

（3）自行逃生。在沙漠中面对酷热、沙暴，自行逃生基本是不可能的，即使是酷热后的傍晚或夜间（白天的酷热煎熬，脱水已有些严重，昼夜的温差和无助），所以放在最后。

项目实训

实训 1　对令你烦心的一个问题进行分析

实训目的

（1）运用"十二步"问题分析法，遇到处理自己的问题。

（2）训练分析与解决问题的能力。

（3）学会对复杂问题进行科学分析，找到合适的解决办法，提高决策能力。

实训内容

（1）以小组为单位，找找身边正在发生或者已经发生的较为复杂、难以分析的问题和事件。

（2）请每个小组提出合理的问题解决的方法。

实训要求

（1）分组进行：每组三至五人，选取一名组长。

（2）调研学习，采取实地调研或上网搜集有关分析与解决问题的成功案例与经验；学习分析与解决问题的基本程序、信息搜集方法和科学分析的方法等知识。

（3）寻找现在或过去发生的一个问题。按照所学的"十二步"问题分析法，进行问题分析，找到解决办法。

（4）成果要求：编写问题分析典型案例。

考核评价

典型案例在班级进行交流。

对每个小组的典型案例进行评估；根据每个小组在班级交流会上的表现进行评估。

实训 2　头脑风暴游戏

实训目的

（1）训练学生发散性思维能力，搜求各种方法解决问题。

（2）激发学生的创造性思维，鼓励他们更有创造力地去解决问题。

（3）引导学生掌握头脑风暴思维训练方法。

实训内容

（1）确定一样物品，可以是铅笔或者其他任何东西，让学员在1 min以内想出尽可能多的用途。

（2）8～10人为一个小组，每个组选出1人记载本组所想出的主意的数量，在1 min之后推选出本组中最新奇、最具有建设性的主意，想法最多、最新奇的组获胜。

（3）讨论：

头脑风暴对于解决问题有何好处？它适于解决什么样的问题？

实训要求

（1）准备铅笔或者其他任何物品，场地不限。

（2）不允许有任何批评意见，只考虑想法，不考虑可行性。

（3）想法越新奇越好，鼓励异想天开。

（4）可以寻求各种想法的组合和改进。

考核评价

统计每组想出的主意数量，确认最新奇、最具有建设性的主意，想法最多、最新奇的组获胜。

实训 3　一项活动策划创意

实训目的

（1）训练学生创造性思维。

（2）运用创造性思维与训练方法，提高创造性解决问题的能力。

（3）掌握头脑风暴思维训练方法。

实训内容

（1）学生自选题目（或者所要解决的问题）。在调研基础上，运用创造性思维策划一项活动，形成一个创意。

（2）8～10人为一组，运用头脑风暴法，进行研讨，集思广益，形成小组创意。

（3）召开创意方案论证会。

① 各组汇报策划创意。

② 其他人可现场质疑、建议、启发与完善。

实训要求

（1）搜集有关活动创意策划的案例与资料，了解所选择活动本身的信息。

（2）选题应是学生生活中的或熟悉的内容，并尽可能与所学专业相关。

（3）不允许有任何批评意见，只考虑想法，不考虑可行性。

（4）想法越古怪越好，鼓励异想天开。

（5）可以寻求各种想法的组合和改进。

考核评价

（1）标准：

① 组内必须实施头脑风暴法。

② 运用创造性思维，对活动进行策划且具有一定的创新性。

（2）评价：对每个人的创意方案进行二分评估；对每个组的情况进行二分评估；对在论证会上各组表现进行二分评估。

项目总结

面对现实生活中的纷繁复杂的问题，我们不仅要识别它，还要很好地分析并解决它，问题解决能力是互联网营销人员在工作中需要具备的重要能力之一。通过自己的观察、分析和训练，我们能够不断提高解决问题的能力。社会是日新月异、不断变化的，唯有创新的思维和行动，才能突破陈规，产生有价值的新思想、新举措和新事物，进而以创新实践推动社会进步和发展。

素养测试

1. "十二步"问题分析法具体表现为（　　　）三个阶段。

　　A. 发现问题　　　　B. 界定问题　　　　C. 解决问题　　　　D. 评价问题

2. 在分析问题形成原因、寻找影响因素等方面具有特殊价值的问题分析界定的方法是（　　　）。

　　A. 分解法　　　　B. 因果分析法　　　　C. 类推法　　　　D. 鱼骨图法

3. 下面不属于决策程序基本步骤的是（　　　）。

　　A. 提出问题，确定目标

　　B. 拟定具备实施条件、能保证决策目标实现的可行方案

　　C. 开展培训，提高管理者素质

　　D. 分析评估，方案择优

4. 创造性人才与普通人最大的区别在于（　　　）。

　　A. 智商超过常人很多　　　　　　　　B. 体力超过常人很多

　　C. 思维方式与众不同　　　　　　　　D. 情商高于常人

5. 以下关于头脑风暴法描述错误的是（　　　）。

　　A. 头脑风暴以8～12人为宜

　　B. 头脑风暴的时间不宜太长

  C．如果有人的想法非常荒谬，应该及时指出

  D．应该及时整理头脑风暴的结果

6．思维导图包含的基本组成要素包括（ ）。

  A．核心主题与分支   B．关键词与联系线

  C．颜色与图形   D．以上都是

7．要想成为有创造力的人，最关键的是（ ）突破思维定式。

  A．突破思维定式   B．打好知识基础

  C．发现自己的不足并加以弥补 D．提高逻辑思维能力